영어독해. 부분에서 헤매지 말고, 글 전체 구조를 보라!

이 책을 쓰신 분들

이창봉　가톨릭대학교 영어영문학부

이미영　백석대학교 어문학부

김혜영　가톨릭대학교 영어영문학부

이 책을 검토하신 분들

최은주　고양일고등학교

유윤정　대전글꽃중학교

지소철　영어전문저자

Ryan P. Lagace　감수. 영어전문저자

디딤돌 구조독해 III

펴낸날 [초판 1쇄] 2023년 5월 1일

펴낸이 이기열

펴낸곳 (주)디딤돌 교육

주소 (03972) 서울특별시 마포구 월드컵북로 122 청원선와이즈타워

대표전화 02-3142-9000

구입문의 02-322-8451

내용문의 02-325-3224

팩시밀리 02-323-2808

홈페이지 www.didimdol.co.kr

등록번호 제 10-718호

구입한 후에는 철회되지 않으며 잘못 인쇄된 책은 바꾸어 드립니다.

이 책에 실린 모든 삽화 및 편집 형태에 대한 저작권은

(주)디딤돌 교육에 있으므로 무단으로 복사 복제할 수 없습니다.

Copyright ⓒ Didimdol Co. [2360330]

Photo credit

www.alamy.com

여러분의 독해, 안녕한가요?

쉽고 재미있는 글만 읽을 때는 문제가 없었습니다.
하지만 수능에 출제되는 글을 접하면 상황이 달라집니다.
정답률 34%의 이유, 왜일까요?

구조독해로 시작,
수능까지 연결되는 독해력!

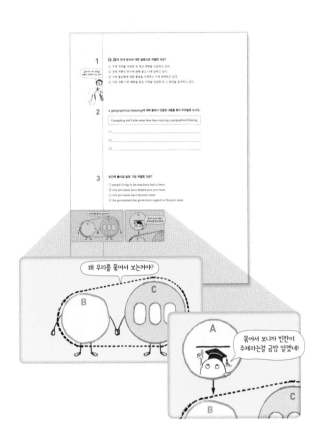

구조로 보면!

글쓴이가 말하려는 핵심과 핵심이 아닌 내용을 구조 속에서 명확하게 구분하게 되고, 출제자의 질문에 정확히 답할 수 있게 됩니다.

글쓰기 전략과 어휘·어법

글쓴이가 효과적으로 주제를 전달하기 위해 사용한 다양한 글쓰기 전략, 전개 방식, 어휘나 어법의 의도를 알면 글쓴이의 생각과 의도, 글의 전체 구조를 파악하는 데 효과적입니다.

부분에서 헤매지 말고, 글 전체 구조를 보라!

독해가 안 되는 이유!

글쓴이 생각의 흐름, 즉 글의 구조를 보지 않고 부분에서 헤매기 때문입니다.

해석	VS	구조독해

<table>
<tr><td>

끊고 끊고 또 끊고
모든 문장이 새롭다!

</td><td>

문장해석이 아니라 구조 속 문장의 의미!

해석 따로, 글 따로가 아니라 개별 문장이 구조 속에서 갖는 의미를 파악할 줄 안다.

➡ 하나의 주제를 보여주기 위해 다양한 문장들이 구조 속에서 연결되어 있기 때문이다.
글 전체를 몇 개의 단락으로 나눠 보는 것도 그 연결고리를 알기 위해서다.

</td></tr>
<tr><td>

한 문장 한 문장,
스타카토!
모든 문장이 중요하다!

</td><td>

구조 속에서 강약 조절!

힘줘서 읽어야 할 내용과 그렇구나 하고 넘어갈 문장을 구별할 수 있다.

➡ 모든 문장이 똑같은 크기로 중요한 것은 아니다. 각자의 역할이 구조 속에서 정해지기 때문이다.

</td></tr>
<tr><td>

낯선 단어,
어떻게 처리하는지
모른다.

</td><td>

단어의 의미는 문맥으로!

글의 흐름에 따라 문장 속 단어들의 관계, 앞뒤 문장의 관계로
단어의 의미를 정해가며 이해할 수 있다.

➡ 단어의 사전적 의미에만 얽매이면 문장의 의미가 와닿지 않거나 심지어 꼬일 수도 있다.
단어의 의미는 문맥이 결정하기 때문이다. 문맥을 활용하면 낯선 단어의 의미도 추론할 수 있다.

</td></tr>
</table>

산의 전체 모습을 모르고 헤매면 길을 잃듯이
글도 전체 구조를 봐야 헤매지 않습니다.
글쓴이의 생각이 무엇이고 어디에 있는지 정확하게
알려면 글의 전체 구조를 봐야 합니다.

내 생각을 가장
효과적으로 전달하기 위해
구조로 썼으니까!

글쓴이 생각이 뭔지,
구조 속에 답이 있을 걸!

왜 구조로 봐야 할까?

글을 쓴 목적과 주제에 따라 내용을 담는 형식인 구조도 달라집니다.
그런데 이러한 생각의 구조에도 일정한 흐름이 있어서 몇 가지를 알면
글쓴이가 뭘 말하려고 이런저런 내용을 언급하는지 분명하게 보일 뿐 아니라,
내용을 예측하면서 효과적으로 글쓴이의 생각에 도달할 수 있습니다.

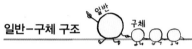

일반-구체 구조

앞에서 쾅! 주목시키고 이어서 조목조목.

관심을 끌기 위해 주제부터 먼저!
그리고 구체적인 내용 속에서 명쾌하게 이해시키기!

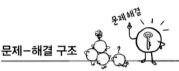

문제-해결 구조

문제 상황으로 몰아넣고 해결책을 제시!

관심을 기울이도록 문제 상황 먼저!
문제의 원인 속에서 해결책 제시하기!

판단-근거 구조

판단으로 강하게 단도직입! 탄탄한 근거로 마무리!

주장부터 제시하고 타당한 근거로 설득하기!

대립 구조

통념을 꺾고! 내 생각을 주장하기!

일반적인 통념을 먼저,
No! 내 생각은 달라! 탄탄한 근거로 설득하기!

구체-일반 구조

이야기로 슬슬 끌어들이고 결론으로 몰아가기!

공감대를 넓히기 위해 이야기부터 먼저!
이야기의 흐름을 따라가다 보면 당연해지는 교훈과 결론!

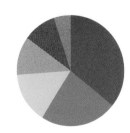

질문-답변 구조

궁금하게 질문부터! 내 생각은 답에서!

생각을 집중시키기 위해 질문부터 먼저!
그리고 구체적으로 이해시키기!

수능에 출제되는 글도 6개 구조로!

수능에 출제되는 글의 성격

– 학문의 각 영역에서 다루는 주요 개념과 사실
– 인간이 삶에서 지향하는 중요한 가치와 태도
– 세상 속 다양한 이슈에 대한 해석과 판단
– 문제를 해결하기 위한 다양한 정책과 실행 방안

수능·모평에 출제된 글의 구조 (실용문 제외)
- 일반-구체 구조의 글: 약 35%
- 판단-근거 구조의 글: 약 24%
- 구체-일반 구조의 글: 약 16%
- 대립 구조의 글: 약 11%
- 문제-해결 구조의 글: 약 10%
- 질문-답변 구조의 글: 10% 미만
  답변의 내용이 다양한 구조로 제시됨

그래서 구조독해!

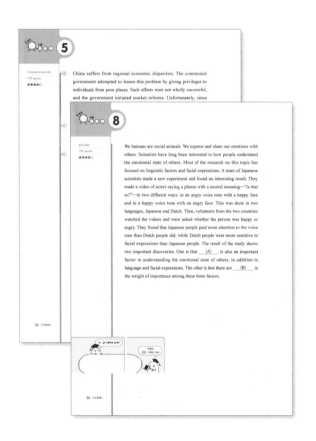

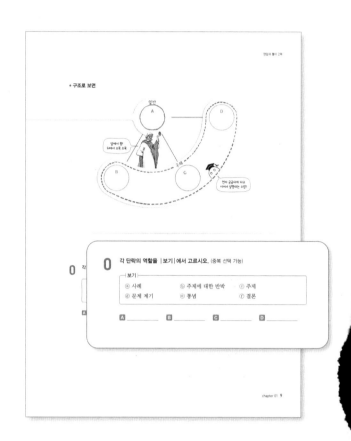

생각을 어떻게 전개했을까?

글쓴이가 자신의 생각을 가장 효과적으로 전달하기 위해 어떤 구조를 선택하고 내용을 전개했을지를 생각하며 읽습니다. 단락으로 나눠진 글에서 시작해서 글 전체를 구조로 읽을 수 있도록 지문이 배치되어 있습니다.

구조로 보면

구조로 글 전체를 보면 글쓴이가 어떤 의도로 단락들을 구성했는지 알 수 있습니다. 0번 문제로 글 전체의 흐름과 단락들의 역할과 관계를 파악했는지 확인할 수 있습니다.

글 전체의 구조 · 단락의 관계와 역할 · 각 단락의 핵심 요약

구조 독해

영어 독해. 부분에서 헤매지 말고, 글 전체 구조를 보라!

디딤돌

독해,
어떻게 하는 거야?

왜냐고?
독해가 안되는 이유는
단어와 문장에만 매달렸기 때문이야!
부분에만 집중하니, 전체가 안 보이지!

구조로 글 전체를 봐!

글쓴이는 글을 쓰기 전에 이런 생각부터 해.
어떻게 하면 내 생각을 가장 효과적으로 전달할 수 있을까?
주제와 생각을 효과적으로 전개하려면 어떻게 설계해야 할까?
설계도를 짜는 이유가 바로 여기에 있어.

그래서 글을 읽을 때
글쓴이가 설계한 구조를 알고 글 전체를 보면
글쓴이가 어디쯤에서 중요한 생각을 말하게 될지,
핵심과 핵심이 아닌 게 뭔지를 구분해내면서
효과적으로 독해할 수 있게 돼.

구조로 글 전체를 봐야 하는 이유야!
글쓴이의 생각을 정확히 볼 수 있으니까!

구조를 봐야 글쓴이 생각이 보인다!

글쓴이가 구조를 먼저 생각했으니까!

> 이 문제를 풀 수 있어? 못 풀겠지?
> 지금까지 잘못된 독해를 해서 그래!
> 부분에만 집중하느라
> 전체 구조를 못 봤던거지!

왜 구조로 썼을까?

> 왜긴? 내 생각을 가장
> 효과적으로 전달하려고!

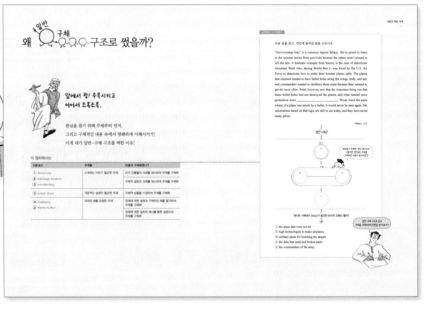

주제를 다루는 글쓴이 의도에 따라
글의 설계도는 달라질 수밖에 없어.
그럼 글이 백 개면 설계도가 백 개냐 그렇지 않아.
검증된 몇 가지 핵심 구조가 있거든.
글쓴이가 어떤 구조를, 왜 선택했는지를 알면
글을 쉽게, 효과적으로 이해할 수 있어.

그래서, 구조로 봐야 한다!

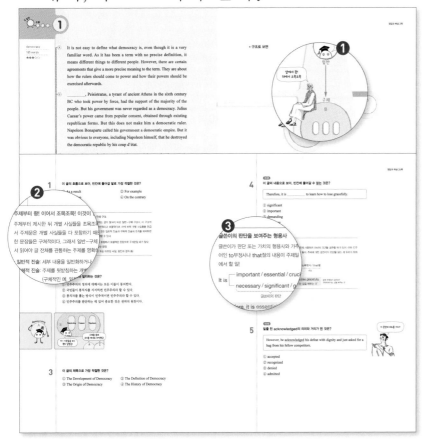

❶ 구조로 보면!
글쓴이의 설계 의도를 따라가면서 단락의 역할과
관계를 파악하다 보면 구조에도 패턴이 있음을
알게 되고, 글을 구조로 보는 습관이 생겨.

❷ 글쓰기 전략을 알면
다양한 전개 방식 속에서 글의 구조와 생각을
효과적으로 파악할 수 있고, 실전에 도움이 되는
팁도 얻을 수 있어.

❸ 어휘 · 어법, 문맥으로 이해하고 쓰임을 알면
글쓴이의 의도와 글의 구조를 효과적으로 파악할 수
있고 문맥 추론능력까지 생겨.

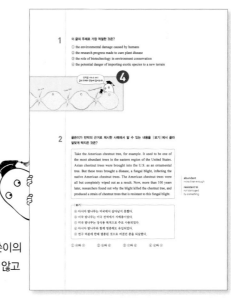

❹ 구조로 글을 보는 나!
제시된 글을 구조로 읽고 흐름을 구분하면서 글쓴이의
생각을 역추적하다 보면 어떤 지문을 봐도 헤매지 않고
글의 요지를 정확히 파악할 수 있게 돼!

부록 단어장

**문맥으로 보고,
반복해서 확인하는 어휘**

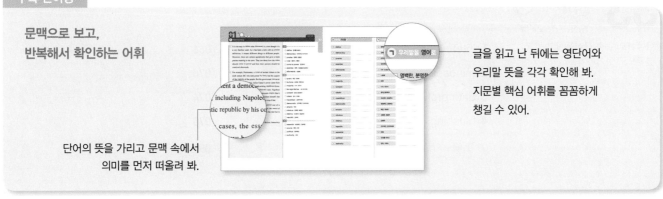

글을 읽고 난 뒤에는 영단어와
우리말 뜻을 각각 확인해 봐.
지문별 핵심 어휘를 꼼꼼하게
챙길 수 있어.

단어의 뜻을 가리고 문맥 속에서
의미를 먼저 떠올려 봐.

구조독해 III

01 CHAPTER 일반 구체

앞에서 쾅! 주목시키고
이어서 조목조목.

02 CHAPTER 판단 근거

판단으로 강하게 단도직입!
탄탄한 근거로 마무리!

03 CHAPTER 구체 일반

이야기로 슬슬 끌어들이고
결론으로 몰아가기!

CHAPTER 01

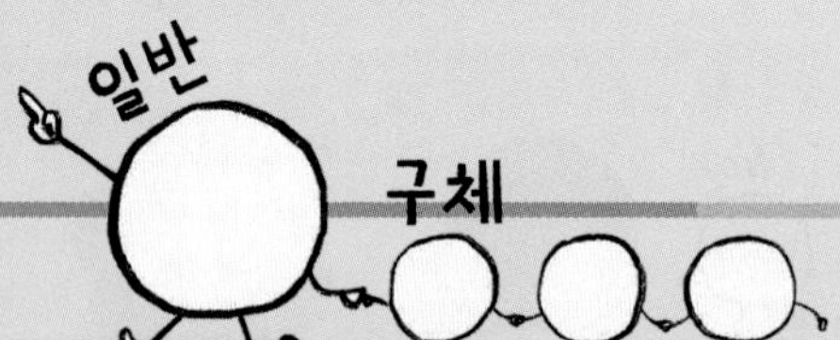

일반

구체

앞에서 쾅! 주목시키고 이어서 조목조목.

다음 글을 읽고, 빈칸에 들어갈 말을 고르시오.

"Survivorship bias" is a common logical fallacy. We're prone to listen to the success stories from survivors because the others aren't around to tell the tale. A dramatic example from history is the case of statistician Abraham Wald who, during World War II, was hired by the U.S. Air Force to determine how to make their bomber planes safer. The planes that returned tended to have bullet holes along the wings, body, and tail, and commanders wanted to reinforce those areas because they seemed to get hit most often. Wald, however, saw that the important thing was that these bullet holes had not destroyed the planes, and what needed more protection were ＿＿＿＿＿＿＿＿＿＿＿. Those were the parts where, if a plane was struck by a bullet, it would never be seen again. His calculations based on that logic are still in use today, and they have saved many pilots.

*fallacy: 오류

① the areas that were not hit
② high technologies to make airplanes
③ military plans for bombing the targets
④ the data that analyzed broken parts
⑤ the commanders of the army

이 글의 구조에서
주제와 빈칸의 관계는?

democracy

185 words

★★★☆☆

(A) It is not easy to define what democracy is, even though it is a very familiar word. As it has been a term with no precise definition, it means different things to different people. However, there are certain agreements that give a more precise meaning to the term. They are about how the rulers should come to power and how their powers should be exercised afterwards.

(B) _____, Peisistratus, a tyrant of ancient Athens in the sixth century BC who took power by force, had the support of the majority of the people. But his government was never regarded as a democracy. Julius Caesar's power came from popular consent, obtained through existing republican forms. But this does not make him a democratic ruler. Napoleon Bonaparte called his government a democratic empire. But it was obvious to everyone, including Napoleon himself, that he destroyed the democratic republic by his coup d'état.

(C) As can be seen in these cases, the essential test of a democratic government has always been this: the source of political authority must be and remain not in the ruler but in the people.

Carl Becker, *Democracy*

● **구조로 보면**

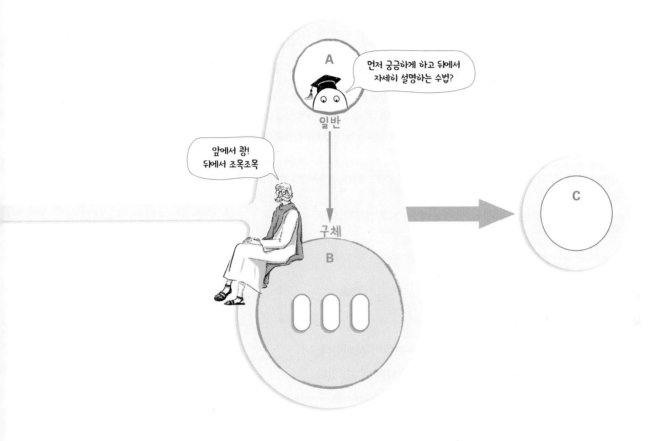

0 **각 단락의 내용을 |보기|에서 고르시오.**

┤보기├
ⓐ 민주주의 정의에 대한 합의
ⓑ 민주주의 정부를 판단하는 기준
ⓒ 과거 통치자들의 사례

A _____ B _____ C _____

1   이 글의 흐름으로 보아, 빈칸에 들어갈 말로 가장 적절한 것은?

① As a result

② For example

③ In addition

④ On the contrary

주제부터 쾅! 이어서 조목조목! 이것이 일반-구체 구조

주제부터 제시한 뒤 개별 사실들을 조목조목 설명하는 글의 형식이 바로 일반-구체 구조다. 이 구조에서 주제문은 개별 사실들을 다 포함하기 때문에 일반적이고 포괄적이며, 이에 비해 개별 사실들을 언급한 문장들은 구체적이다. 그래서 일반-구체 구조의 글은 일반적 진술과 구체적 진술의 관계를 파악하면서 읽어야 글 전체를 관통하는 주제를 명확하게 이해할 수 있다.

• **일반적 진술**: 세부 내용을 일반화하거나, 부분을 다 포함해서 포괄적인 문장으로 주제문일 때가 많다.
• **구체적 진술**: 주제를 뒷받침하는 개별 사실을 언급한 문장

       (구체적인 예, 일화, 과정, 유래, 비교 또는 대조된 사실, 원인과 결과 등)

---

2   이 글의 내용과 일치하는 것은?

① 민주주의의 정의에 대해서는 모든 이들이 동의한다.

② 국민들이 통치자를 지지하면 민주주의라 할 수 있다.

③ 통치자를 뽑는 방식이 민주적이면 민주주의라 할 수 있다.

④ 민주주의를 판단하는 데 있어 중요한 것은 권위의 원천이다.

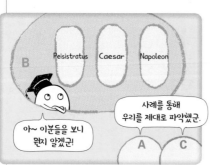

3   이 글의 제목으로 가장 적절한 것은?

① The Development of Democracy

② The Definition of Democracy

③ The Origin of Democracy

④ The History of Democracy

4

제시된 단어들의 관계와 동일한 관계가 되도록 빈칸에 적절한 말을 찾아 쓰시오.

consent : agreement

(1) come to power : _____ power

(2) political power : political _____

5

이 글의 내용으로 보아, 빈칸에 들어갈 말로 가장 적절한 것은?

As can be seen in these cases, the _____ test of a democratic government has always been this: the source of political authority must be and remain not in the ruler but in the people.

문맥에 맞는 단어를 사용할 수 있어?

① fundamental
② typical
③ everlasting
④ optional

2

Ⓐ The founding spirit of the United States of America as a nation is *individual freedom*. The early settlers came to this country to seek political and economic independence and religious freedom as well. Ever since then, individual freedom has become the most basic value for Americans.

Ⓑ Individual freedom means the desire and the ability of all individuals to control their own lives. There is a hard truth about individual freedom; that is, you cannot have individual freedom if you depend on other people in your life. For this reason, Americans value self-reliance more than any other quality. Self-reliance means being able to support yourself in your life without any help from others. Most Americans are well aware that they must be self-reliant in order to keep their freedom.

Ⓒ Americans strongly believe that they have to achieve both financial and emotional independence from their parents as early as possible, no later than the age of 21. Although many American college students receive financial support from family, the government, or charity, it is _____. Most of them have part-time jobs and at least try to appear to be self-reliant.

● **구조로 보면**

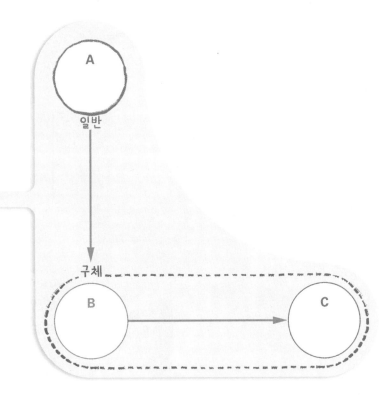

일반

구체

0 각 단락의 핵심어를 본문에서 찾아 쓰시오.

A _____

B _____

C _____

1

글쓴이가 생각을 어떻게 구체화했는지 파악했어?

이 글의 흐름으로 보아, 빈칸에 들어갈 말로 가장 적절한 것은?

① likely to change in the near future

② a major concern for their parents

③ what most of them depend on

④ not something they feel proud of

2

이 글의 제목으로 가장 적절한 것은?

① The Change in American Values in Recent Times

② Individual Freedom and Self-reliance for Americans

③ Increasing Financial Dependence Among American Youth

④ Americans' Attitudes Toward Government Programs

3

밑줄 친 seek의 의미로 가장 적절한 것은?

> The early settlers came to this country to <u>seek</u> political and economic independence and religious freedom as well.

① prevent something from happening
② try to achieve something
③ stay away from something
④ get control of something

4

이 글의 내용으로 보아, 다음 단어들과 어울리지 <u>않는</u> 행동은?

> self-reliance   independence   individual freedom

① to control your own life
② to support yourself without others' help
③ to ask someone else to make a decision for you
④ to be able to decide things by yourself

글쓴이가 이 단어들을 통해 말하려는 내용은?

3

Ⓐ According to sociologist Irving Goffman, the concept of "proper dress" is totally dependent on the situation. You should wear proper clothes that fit the atmosphere of a given situation.

Ⓑ If you don't dress properly, you can get in trouble. For example, if you go to work in a conservative office wearing colorful shorts, you will be considered absent-minded and not seriously committed to work. In fact, if you insist on this kind of fashion, you can even be fired. On the other hand, if you show up in a suit and tie at a pool party, an event that usually requires informal clothes, people will frown at you. Wearing the proper clothes expresses your awareness of a given situation.

Ⓒ However, it is interesting to notice that _____.
When there are other important factors that you must consider, rules about proper dress don't apply. If a father with a very busy schedule drops by his daughter's pool party wearing a formal suit, no one will blame him. A father's love is more important than a dress code.

Ⓓ To sum up, the "proper dress" rule should be observed depending on a situation, but there are some exceptional cases.

● **구조로 보면**

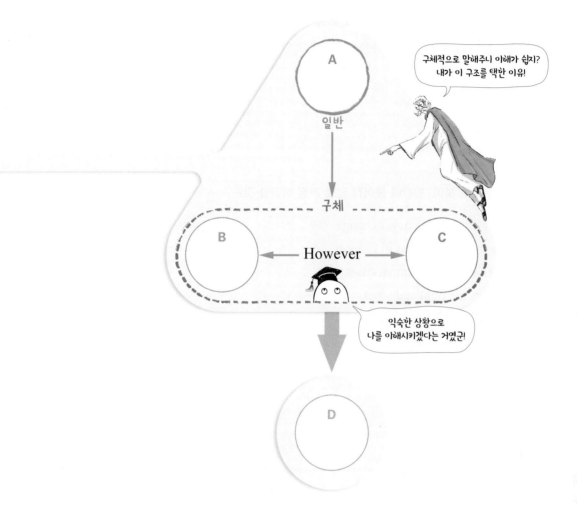

A
일반

구체

B ← However → C

구체적으로 말해주니 이해가 쉽지?
내가 이 구조를 택한 이유!

익숙한 상황으로
나를 이해시키겠다는 거였군!

D

0 각 단락의 내용을 |보기|에서 고르시오.

┤보기├

ⓐ proper dress 규칙이 적용되지 않는 상황

ⓑ proper dress 규칙이 적용된 상황

ⓒ proper dress의 개념

ⓓ proper dress 규칙에 대한 결론

A _____ **B** _____ **C** _____ **D** _____

1 **이 글에 대한 설명으로 적절하지 <u>않은</u> 것은?**

① **A**는 인용을 통해 개념을 소개하고 있다.
② **B**는 구체적인 사례를 대조하여 개념을 설명하고 있다.
③ **C**는 앞서 제시한 사례와 달리 꼭 지켜야 할 경우를 언급하고 있다.
④ **D**는 글 전체를 요약하면서 글을 마무리하고 있다.

2 **이 글의 흐름으로 보아, 빈칸에 들어갈 말로 가장 적절한 것은?**

① people's dress codes never change
② people show no interest in fashion
③ there are some exceptional cases
④ these rules are tight and strict

누구나 겪을 수 있는 상황으로 주제를 구체화

글쓴이가 '누구나 겪을 수 있는 상황'을 가정하여 제시할 때가 있다. 이 글의 글쓴이가 상황에 맞는 '적절한 옷'을 입는 경우와 아닌 경우를 보여 준 것처럼 말이다. 글쓴이는 이렇게 상황을 가정하여 보여줌으로써 글의 주제를 더 쉽고 구체적으로 전달할 수 있다. if와 동사의 현재형을 써서 예를 들고 있다면 그 내용에 주목하자. 예로 든 내용이 주제로 이어지니까.

---

3 **proper dress 규칙에 대한 설명으로 적절하지 <u>않은</u> 것은?**

① 직장에서 지켜야 할 중요한 예의범절 중 하나이다.
② 자신이 처한 상황에 맞는 옷을 입어야 한다는 규칙이다.
③ 적절한 옷을 입지 않으면 곤란한 상황에 처할 수도 있다.
④ 이 규칙은 언제 어디서나 반드시 지켜야 할 덕목이다.

4

어휘

밑줄 친 conservative의 의미와 가장 가까운 것은?

> If you go to work in a underline conservative office wearing colorful shorts, you will be considered absent-minded and not seriously committed to work.

① modern   ② traditional   ③ urban   ④ informal

5

어휘

밑줄 친 observed의 의미와 거리가 먼 것은?

> The "proper dress" rule should be observed depending on a situation, but there are some exceptional cases.

함께 사용된 단어들로
이 단어의 뜻을
추측할 수 있어?

① His book was seen as a field manual for studying wild birds.
② The sailors obeyed the captain's order.
③ The safety regulations must be kept.
④ This procedure should be followed even in an emergency.

Goldilocks

231 words

★★★☆☆

A Goldilocks is a girl in the children's fairy tale "Goldilocks and the Three Bears." This little girl with blond hair (hence the name, "Goldilocks") enters the house of the three bears. Uninvited, she chooses from sets of three items, ignoring the ones that are too extreme. For example, she eats the meal that is "not too hot or too cold," sits on the chair that is "not too big or too small," and sleeps on the bed that is "not too hard or too soft."

B Starting from this origin, the term "Goldilocks" came to mean _____. (①) "Goldilocks economy" refers to an economy that shows a steady growth, preventing a recession, but not so much growth that inflation rises too much. Astronomers say that the earth is situated in the "Goldilocks Zone" in which our planet is in the right distance from the sun to allow temperatures for liquid water — not too hot, not too cold. If the earth were positioned slightly closer or farther from the sun, we would not exist. (②) In a democratic society, the government also seeks to follow the Goldilocks principle through dividing power and checks and balances. (③) This often creates a dilemma for governments which often find it hard to find a balance that is "just right." (④)

● **구조로 보면**

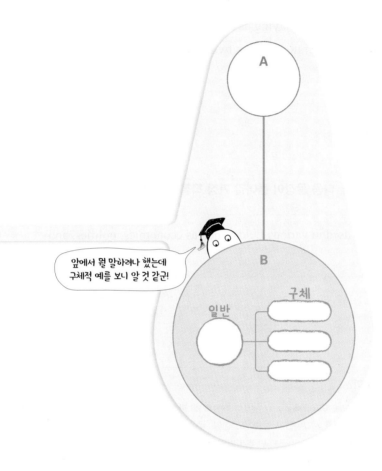

O 각 단락의 내용을 | 보기 | 에서 고르시오.

| 보기 |

ⓐ Goldilocks로 인한 문제점

ⓑ Goldilocks의 유래

ⓒ Goldilocks의 의미와 사용된 분야

A _____ B _____

1

구체에서 일반으로 역추적할 수 있어?

이 글의 흐름으로 보아, 빈칸에 들어갈 말로 가장 적절한 것은?

① a person with a bad attitude and manners

② a variety of choices which confuse people

③ the proper etiquette for behaving as a guest

④ something that is moderate between two extremes

2

이 글의 흐름으로 보아, 다음 문장이 들어갈 가장 적절한 곳은?

> The term is now used in various fields, such as economics, politics, and astronomy.

①　　　　　②　　　　　③　　　　　④

for example만 예시의 시그널일까?

글쓴이가 구체적인 내용을 제시할 때 for example처럼 우리에게 익숙한 연결어를 사용하면 좋겠지만, 글의 내용에 따라 연결어 없이, 또는 다른 시그널을 사용하기도 한다. 글쓴이가 in many ways, various fields, various problems 등의 표현으로 글의 방향과 범위를 제시했다면 예시의 연결어가 없더라도 뒤에 그 범위에 포함되는 개별 내용들이 이어질 것이라고 예측할 수 있다. 또한 such as도 자주 사용되는 예시의 시그널이다. 글의 구조를 보여주는 다양한 시그널을 포착하는 것, 독해할 때 꼭 필요한 일이다.

3

이 글의 제목으로 가장 적절한 것은?

① What Are the Goldilocks Conditions?

② The Goldilocks Effect: How to Control It

③ Goldilocks Effect and Its Real-life Applications

④ The Need to Promote the Goldilocks Principle

어휘

4 밑줄 친 right의 의미로 가장 적절한 것은?

Astronomers say that the earth is situated in the "Goldilocks Zone" in which our planet is in the <u>right</u> distance from the sun to allow temperatures for liquid water — not too hot, not too cold.

이 예를 든 이유를
구조 속에서 파악했나?

① adequate
② closer
③ farther
④ steady

어휘

5 밑줄 친 checks and balances의 의미를 쓰시오.

In a democratic society, the government also seeks to follow the Goldilocks principle through dividing power and <u>checks and balances</u>.

> _____

microlending

230 words

★★★★☆

(A) With the help of microlending, the opportunity is given to the poor to earn a living and even to climb the social ladder. Before the coming of microlending, there was no way for poor people to borrow money from banks when they try to start a small business. Even if they are honest and are able, banks would not lend them money. The banks are afraid that the poor cannot pay back the loan. This is not fair because the poor cannot have the opportunity to escape from poverty. However, it is now possible for the poor to break the cycle of poverty, thanks to microlending. Microlending is a system that loans money to people with low income through "borrowing groups." For example, an organization called *Good Faith* lends a small amount of money to persons who want to start a business through the system of borrowing groups. (①) Every person must do two things to borrow money. (②) One is taking classes in business and the other is joining a borrowing group. (③) If everyone in the group agrees to the loan of a member, *Good Faith* will lend him money. (④) It is this peer pressure that makes microlending successful. In this way, microlending helps to give the poor more opportunities.

● **구조로 보면**

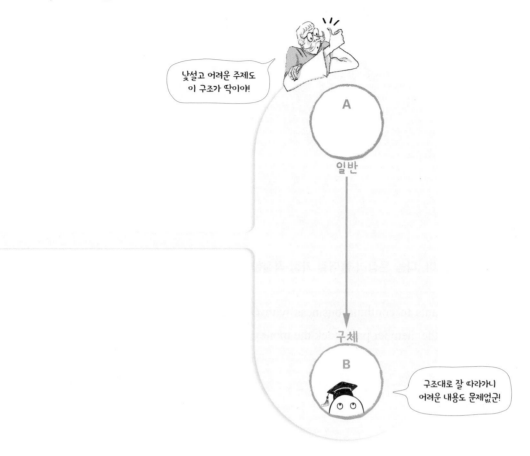

O 이 글을 두 단락으로 나눌 때, B가 시작되는 부분의 첫 단어를 네모 안에 쓰고, 각 단락의 내용을 |보기|에서 고르시오.

┤보기├

ⓐ 마이크로렌딩의 운영방식

ⓑ 마이크로렌딩의 의미와 생겨난 배경

B

A _____ B _____

1 마이크로렌딩이 운영되는 방식이 <u>아닌</u> 것은?

① 대출그룹을 통해 돈을 빌려준다.
② 대출을 받으려면 일정한 교육을 이수해야 한다.
③ 수입이 적은 사람은 누구라도 대출을 받을 수 있다.
④ 소규모 창업을 하려는 사람에게 돈을 빌려준다.

2 이 글의 흐름으로 보아, 다음 문장이 들어갈 가장 적절한 곳은?

As the group wants to continue business with *Good Faith*, the group makes sure that the member pays back the money.

①　　　　②　　　　③　　　　④

3 이 글의 주제로 가장 적절한 것은?

① the microlending of banks
② the influence of economic inequality
③ the role of microlending
④ ways to deal with societal inequality

어휘

4 단어들의 관계가 나머지와 <u>다른</u> 것은?

① borrow : lend

② pay back : loan

③ agree : approve

④ earn : spend

어휘

5 이 글의 내용으로 보아, 빈칸에 들어갈 말로 적절하지 <u>않은</u> 것은?

Microlending gives the poor the opportunity _____.

① to start a business

② to climb the social ladder

③ to end their poverty

④ to get rich

어법

6 다음 중 밑줄 친 부분과 쓰임이 <u>다른</u> 것은?

<u>It</u> is this peer pressure <u>that</u> makes microlending successful.

이 문장의
의도를 아나?

① <u>It</u> wasn't until that evening <u>that</u> he heard the news.

② <u>It</u> was from advertising <u>that</u> the magazine earned a huge profit.

③ <u>It</u> is not surprising <u>that</u> humans use all their five senses to analyze food quality.

④ At present <u>it</u> is little more than 1% of the world's power needs <u>that</u> are met by wind power.

특정 내용을 강조하거나 생각을 표현할 때 사용하는 It ～ that 구문

❶ 글쓴이가 문장의 특정 내용을 강조할 때가 있어. 말로 하면 소리로 강조할 수 있지만 글로 표현할 땐 그에 맞는 형식이 필요해. 그중 하나가 「It ～ that」 구문이야.

It is this peer pressure that makes microlending successful.
→ 마이크로렌딩을 성공적으로 만든 요인은 다름 아닌 동료들의 압력

❷ 판단의 형용사와 함께 「It ～ that」 구문을 써서 자신의 생각을 표현할 수 있어.

It is not fair that the poor cannot have the opportunity to escape from poverty.
→ 가난한 사람들이 빈곤에서 벗어날 기회를 가질 수 없다는 사실이 공평하지 않다는 글쓴이의 생각
(It = 가주어 that절 = 진주어)

Memento Mori

239 words

★★★★★

(A) Take a close look at the paintings above. The three paintings belong to different genres — still life, portrait, and modern art — but they all have something in common: there is a skull in all three pictures. These paintings, called Vanitas paintings, are closely linked with "Memento Mori," which is one of the central ideas through the history of art.

(B) The Latin phrase "Memento Mori" means "Remember you must die." Memento Mori originated from ancient Rome. During military victory parades, a slave would stand behind the victorious general and whisper, "Memento Mori!" to remind him that the glory will end soon, but life continues. The purpose of Vanitas paintings is to remind people of their mortality and the fragility of human life. So, in many Vanitas paintings objects symbolizing death or vanity of life — skulls, burning candles, soap bubbles — are placed alongside with objects representing wealth and power, such as books, maps, jewelry, instruments, etc. We can also find items symbolizing time such as watches, hourglasses, withering flowers, rotting fruit, etc. Objects are often displayed in a disorganized way as a symbol of confusion brought on by materialism. So next time you see a painting with a skull, don't be spooked. The artist's intention is not to arouse fear or to depress us. Rather, it is to clarify, motivate, and inspire; reminding ourselves of our mortality helps us prioritize and reshape what's important and enjoy the small things in life.

● **구조로 보면**

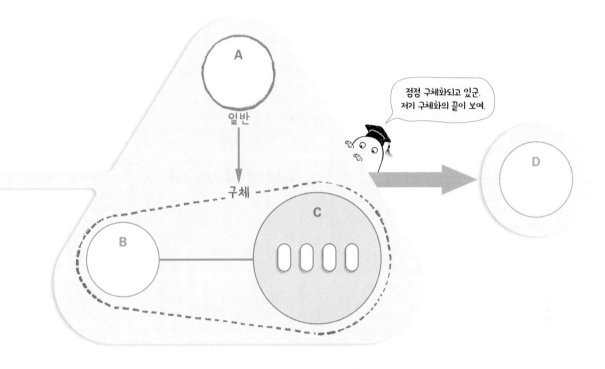

O 이 글을 네 단락으로 나눌 때, **C**와 **D**가 시작되는 부분의 첫 두 단어를 네모 안에 쓰고, 각 단락의 내용을 |보기|에서 고르시오.

┤보기├

ⓐ 바니타스 그림이 표현하고자 하는 내용

ⓑ 바니타스 그림과 메멘토 모리

ⓒ 메멘토 모리의 진정한 의미

ⓓ 메멘토 모리의 기원

C [   ]   **D** [   ]

A _____   **B** _____   **C** _____   **D** _____

1 바니타스 작품에 묘사된 사물들과 작품의 표현방식이 상징하는 바를 쓰시오.

작품에 묘사된 사물 또는 표현방식	상징하는 바
해골, 촛불, 비눗방울	(1) _____
책, 지도, 보석, 악기	(2) _____
시계, 모래시계, 시들어가는 꽃, 썩어가는 과일	(3) _____
(4) _____	물질만능주의로 인한 혼란

2 이 글의 제목으로 가장 적절한 것은?

macabre
섬뜩한, 으스스한

① Memento Mori in Art and Literature
② Decorating with Death: The Depressing World of Vanitas Paintings
③ How Art History's Most Macabre Genre Carries an Optimistic Message
④ Memento Mori: Life and Death in Western Art from Skulls to Still Life

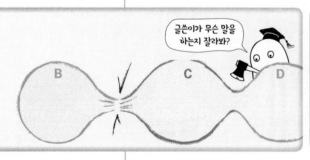

3 **[어휘]**

각 단어와 유사한 의미의 단어를 |보기|에서 찾아 쓰시오.

> **|보기|**
>
> death   weakness   meaninglessness   symbol

(1) mortality > _____

(2) fragility > _____

(3) vanity > _____

4 **[어휘]**

빈칸에 알맞은 말을 |보기|에서 찾아 쓰시오.

문맥에 맞게
단어를 사용할 수 있어?

> **|보기|**
>
> fragility   genre   materialism   mortality   vanity   intention

(1) Monks do not believe in _____; They give up all of their possessions for their religion.

(2) Because of the _____ of the artwork, it is protected by a glass frame.

(3) The _____ among the infected rose daily.

(4) He realized the _____ of earthly riches in the face of death.

5 **[어휘]**

우리말 뜻에 가까운 동사를 |보기|에서 모두 찾아 쓰시오.

> **|보기|**
>
> symbolize   motivate   represent   inspire   remind

(1) 나타내다, 상징하다 > _____

(2) 북돋우다 > _____

(3) (기억에서) 떠올리게 하다 > _____

왜 일반 구체 구조로 썼을까?

앞에서 쾅! 주목시키고 이어서 조목조목.

관심을 끌기 위해 주제부터 먼저.

그리고 구체적인 내용 속에서 명쾌하게 이해시키기!

이게 내가 일반-구체 구조를 택한 이유!

이 챕터에서는

지문에서	주제를	어떻게 구체화했나?
① democracy ② individual freedom ⑤ microlending	소개하는 이유가 필요한 주제	과거 인물들의 사례를 제시하여 주제를 구체화
		구체적 설명과 사례를 제시하여 주제를 구체화
③ proper dress	객관적인 설명이 필요한 주제	구체적 상황을 가정하여 주제를 구체화
④ Goldilocks ⑥ Memento Mori	유래와 예를 포함한 주제	유래에 대한 설명과 구체적인 예를 열거하여 주제를 구체화
		유래에 대한 일화와 예시를 통한 설명으로 주제를 구체화

다음 글을 읽고, 빈칸에 들어갈 말을 고르시오.

"Survivorship bias" is a common logical fallacy. We're prone to listen to the success stories from survivors because the others aren't around to tell the tale. A dramatic example from history is the case of statistician Abraham Wald who, during World War Ⅱ, was hired by the U.S. Air Force to determine how to make their bomber planes safer. The planes that returned tended to have bullet holes along the wings, body, and tail, and commanders wanted to reinforce those areas because they seemed to get hit most often. Wald, however, saw that the important thing was that these bullet holes had not destroyed the planes, and what needed more protection were _____. Those were the parts where, if a plane was struck by a bullet, it would never be seen again. His calculations based on that logic are still in use today, and they have saved many pilots.

*fallacy: 오류

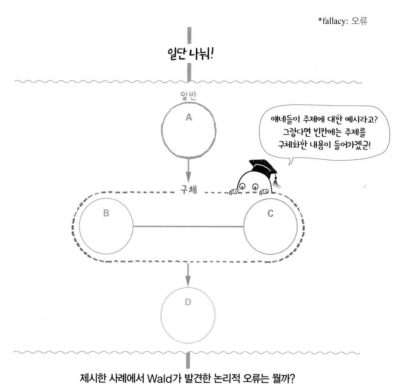

제시한 사례에서 Wald가 발견한 논리적 오류는 뭘까?

① the areas that were not hit
② high technologies to make airplanes
③ military plans for bombing the targets
④ the data that analyzed broken parts
⑤ the commanders of the army

CHAPTER 02

판단으로 강하게 단도직입! 탄탄한 근거로 마무리!

다음 글을 읽고, 빈칸에 들어갈 말을 고르시오.

One unspoken truth about creativity — it isn't about wild talent so much as it is about _____. To find a few ideas that work, you need to try a lot that don't. It's a pure numbers game. Geniuses don't necessarily have a higher success rate than other creators; they simply do more — and they do a range of different things. They have more successes *and* more failures. That goes for teams and companies too. It's impossible to generate a lot of good ideas without also generating a lot of bad ideas. The thing about creativity is that at the outset, you can't tell which ideas will succeed and which will fail. So the only thing you can do is try to fail faster so that you can move onto the next idea.

*at the outset 처음에

① sensitivity
② superiority
③ imagination
④ productivity
⑤ achievement

이 글의 구조에서
빈칸이 포함된 문장의 역할은?

1

pace of life

152 words

★★☆☆☆

(A) We are all different. We all look different on the outside. We feel and think different things on the inside. It is also interesting that we are so different in our lifestyles. Everyone has a different pace of life. The pace of life is a matter of tempo, just like music. The tempo each person likes is extremely subjective.

(B) You may take only about 5 minutes to eat a hamburger, but your friend might take at least 20 minutes to finish the meal. Some students spend a week to write a short essay carefully, whereas others prefer to complete it overnight. One of my friends said that he traveled to Europe for two months, but another friend hurried across the same route in a week. A newspaper reporter may spend almost a month to write an article, while another reporter writes quite a few articles a day, racing from headline to headline.

● 구조로 보면

왜 저렇게 생각하는지
알려주겠지?

판단

근거

의견부터 제시하고
근거로 탄탄하게!

A

B

0 각 단락의 역할을 |보기|에서 고르시오.

|보기|

ⓐ 통념   ⓑ 주장   ⓒ 반론   ⓓ 예시

A _____   B _____

1 각 문장에서 두 대상의 다른 점이 무엇인지 우리말로 쓰시오.

> (1) You may take only about 5 minutes to eat a hamburger, but your friend might take at least 20 minutes to finish the meal.
>
> > _____
>
> (2) Some students spend a week to write a short essay carefully, whereas others prefer to complete it overnight.
>
> > _____
>
> (3) One of my friends said that he traveled to Europe for two months, but another friend hurried across the same route in a week.
>
> > _____
>
> (4) A newspaper reporter may spend almost a month to write an article, while another reporter writes quite a few articles a day, racing from headline to headline.
>
> > _____

2 이 글의 요지로 가장 적절한 것은?

① We should slow the pace of life.

② We all have our own tempo of life.

③ We should always plan ahead.

④ We tend to behave differently when observed.

근거를 통해 글쓴이의 생각을 파악할 수 있나?

3 밑줄 친 subjective의 의미와 가장 가까운 것은?

> The tempo each person likes is extremely <u>subjective</u>.

① flexible

② universal

③ individualistic

④ controversial

단어의 의미를 이어지는
사례 속에서 파악할 수 있나?

4 some, others, one, another 중 적절한 단어를 골라 문장을 완성하시오.

(1) Some bats eat fruit or nectar, while _____ mostly catch insects.

(2) The book was written by one person and edited by _____ person.

불특정한 대상들을 구분해서 가리키는 some, others, one, another

① some과 others는 여럿 중에서 대상들의 특징을 대비하여 설명할 때 사용해.

There are many dogs. Some are white and others are black.
많은 개들이 있다. 몇몇은 하얀색이고 다른 몇몇은 검은색이다.

② one과 another는 셋 이상의 불특정한 대상들을 하나씩 구분해서 설명할 때 사용해.

I have three apples. One is unripe, another is ripe, and the other is rotten.
사과가 세 개 있는데, 하나는 덜 익었고, 다른 하나는 잘 익었고, 나머지 하나는 썩었다.

work ethic

180 words

★★★☆☆

(A) Koreans are well known for their strong work ethic. This feature accounts for Korea's economic miracle in the 1970s and 1980s. Korea has now emerged as one of the advanced countries in the world. It is really amazing that a small rural country has turned into one of the economic powers in less than 50 years.

(B) _____ , this fast and remarkable achievement belies a dark side. There is a downside to the excessive emphasis on work. The never-ending push for achievement has caused high levels of depression.

(C) Korea is now ranked first in the world in suicide rate. A recent survey has found that young Koreans are now the unhappiest group among the OECD countries. Subway stations in Seoul have barriers that prevent people from jumping on the tracks. Every bridge along the Han River has suicide-watch cameras with messages that urge people to think again before jumping down to the river.

(D) Korea is now rich as a nation, but its people are not happy. In the next section, we will try to find a logical explanation for this turnaround.

● **구조로 보면**

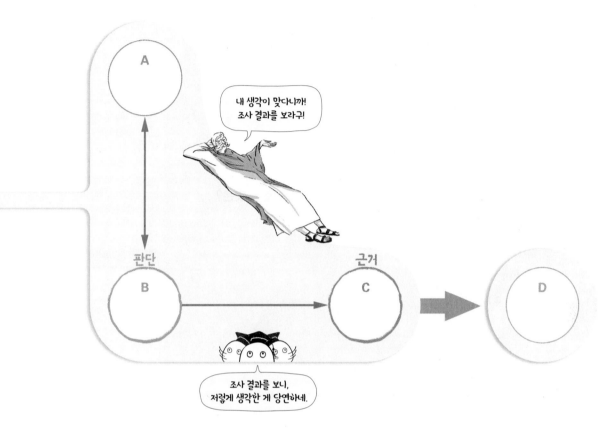

0 **각 단락의 내용을 |보기|에서 고르시오.**

┤ 보기 ├
ⓐ Korea's suicide rate

ⓑ a dark side of the achievement

ⓒ a rich nation but unhappy people

ⓓ Koreans' strong work ethic and Korea's economic miracle

A _____ **B** _____ **C** _____ **D** _____

1 **이 글의 전개 방식으로 가장 적절한 것은?**

① 현상의 이면을 보고 주목할 점을 지적하고 있다.
② 통념을 반박하는 구체적인 실제 사례를 들고 있다.
③ 두 가지 주장의 장단점을 효과적으로 비교하고 있다.
④ 흔한 오류를 지적하고 주장을 설득력 있게 제시하고 있다.

2 **이 글의 흐름으로 보아, 빈칸에 들어갈 말로 가장 적절한 것은?**

이 단락의 역할을 알아?

① However
② Therefore
③ For instance
④ As a result

객관적인 자료를 끌어와 주장하기
글쓴이가 주장하는 바가 개인의 의견에만 그친다면 그 글은 설득력이 떨어질 수밖에 없다. 그래서 글쓴이는 그렇게 생각하게 된 근거를 제시한다. 특히 통계 수치나, 연구 결과, 전문가의 견해 등 객관적으로 검증된 자료를 인용하면 주장에 설득력이 생기고 읽는 이들의 동의를 구하기가 쉬워진다. 따라서 인용된 내용을 잘 파악해야 글쓴이의 주장을 정확히 알 수 있다.

---

3 **이 글의 흐름으로 보아, D 다음에 이어질 내용으로 적절한 것은?**

주장과 결론에서 일관되게 이어갈 수 있는 내용은?

① 한국 경제의 강점과 약점을 분석한 전문가들의 의견을 소개할 것이다.
② 부유한 한국 사회에서 왜 국민들은 불행하다고 느끼는지 더 분석할 것이다.
③ 자살을 방지하기 위해 서울시에서 시행하고 있는 방안들을 더 소개할 것이다.
④ 한국이 급격한 경제 성장을 하게 된 요인들을 좀 더 논리적으로 분석할 것이다.

4

〔어휘〕

밑줄 친 belies의 의미와 가장 가까운 것은?

> This fast and remarkable achievement <u>belies</u> a dark side.

① hide
② avoid
③ cause
④ support

5

〔어휘〕

밑줄 친 downside의 의미와 가장 가까운 것은?

> There is a <u>downside</u> to the excessive emphasis on work.

① useful aspect
② promise
③ negative part
④ solution

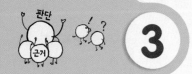

Jackie Robinson

220 words

★★★☆☆

(A) Among the pioneers who stood up against racism, Jackie Robinson, who became the first African American Major League Baseball (MLB) player against all odds, must be remembered. Jackie Robinson should be respected not only for his talents as a baseball player but for his courage against racism.

(B) Jackie Robinson heard his name announced as the first baseman of the Brooklyn Dodgers on April 15, 1947, with pride. On that day, he became the first African American to play in MLB. Before him, African Americans could only play in Negro leagues or minor leagues, regardless of their talents. Robinson broke the color barrier in MLB.

(C) _____, the racial discrimination in baseball still remained, and Jackie Robinson's career was not trouble free. After his MLB debut, Jackie Robinson had to hear his name called with disdain and had to watch his honor insulted with hatred. Robinson refused to respond to racist remarks. Robinson endured all these prejudices and racial discrimination and proved his worth as a baseball player with excellent records. He was the MLB Rookie of the Year in 1947, was an All-Star from 1949 through 1954, and won the National League MVP Award in 1949. Today, Jackie Robinson is respected not only for his unquestionable talent, but also for his character that tolerated all vicious racial discrimination with complete calm.

● **구조로 보면**

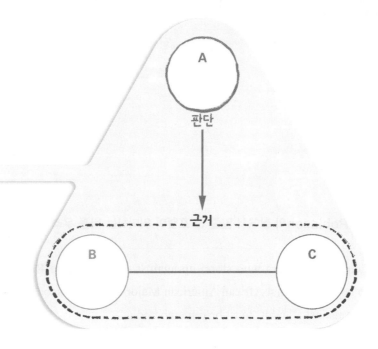

0 **각 단락의 역할을 |보기|에서 고르시오.** (중복 선택 가능)

┤보기├
ⓐ 일화   ⓑ 통념   ⓒ 주장   ⓓ 반박

Ⓐ _____   Ⓑ _____   Ⓒ _____

1

이 글의 흐름으로 보아, 빈칸에 들어갈 말로 가장 적절한 것은?

① Besides
② Therefore
③ Otherwise
④ However

2

Jackie Robinson의 삶에서 밑줄 친 표현이 의미하는 바를 우리말로 쓰시오.

근거를 통해 파악할 수 있어?

> Among the pioneers who stood up against racism, Jackie Robinson, who became the first African American Major League Baseball (MLB) player <u>against all odds</u>, must be remembered.

> _____

3

이 글의 제목으로 가장 적절한 것은?

① The History of African American Players in MLB
② Jackie Robinson's Talent as a Baseball Player
③ Jackie Robinson's Triumph Against Racial Discrimination
④ MLB's Development After the Breaking of the Color Barrier

일화를 통해 글쓴이가
말하고자 하는 바는?

어휘

4 밑줄 친 the color barrier의 의미와 관계있는 것을 |보기|에서 모두 고르시오.

Robinson broke <u>the color barrier</u> in MLB.

|보기|

| discrimination | prejudice | honor |
| racism | pioneer | disdain |

> _____

> _____

> _____

> _____

어휘

5 밑줄 친 endured와 같은 의미의 단어를 C에서 찾아 쓰시오.

Robinson <u>endured</u> all these prejudices and racial discrimination and proved his worth as a baseball player with excellent records.

> _____

4

capitalism

213 words

★★★★☆

(A) In a capitalist society, there are many inequalities, such as wage inequality, so many people argue that there are fundamental problems in capitalism. However, inequality is an essential ingredient of capitalism, and without it, capitalism cannot work properly.

(B) The definition of capitalism is an economic system in which capital is owned privately and resources are distributed according to the principle of free markets with minimal government intervention. Then, why is inequality an essential ingredient of capitalism? There are two main reasons.

(C) The first is the profit motive. A fundamental principle of capitalism is that individuals are motivated by the profit incentive. Businesspersons undertake a risky venture because they anticipate a substantial profit if they succeed. If there were not this profit incentive, they would not take on the risk of _____. The potential of reward makes inequality a necessary ingredient of capitalism. The second is the work incentive. If every worker received the same wage regardless of their skills and efforts, there would be no reason to work hard. Without wage inequality, it is impossible to motivate workers.

(D) Some people argue that the government should redress the inequalities of the capitalist society. However, when the government intervenes, it means that society is becoming less capitalist and less effective in creating profit.

● **구조로 보면**

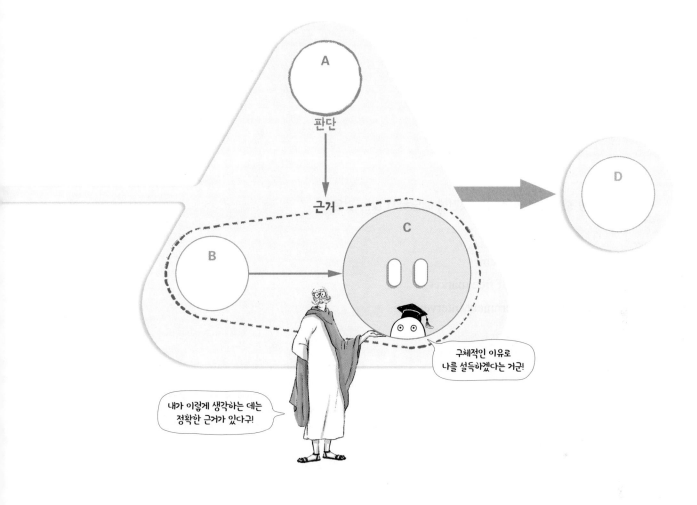

0 **A~C** 단락의 내용을 | 보기 | 에서 고르시오.

> | 보기 |
>
> ⓐ 이윤 추구와 임금 격차
> ⓑ 자본주의의 필수 요소
> ⓒ 자본주의의 정의

A _____   B _____   C _____

1 이 글의 흐름으로 보아, 빈칸에 들어갈 말로 가장 적절한 것은?

① hiring employees
② starting a business
③ investing in research
④ taking out a loan

2 다음 중 자본주의의 기본 요건에 해당하지 <u>않는</u> 것은?

① profit motive
② same wage system
③ the principle of free market
④ minimal government intervention

3 이 글을 통해 글쓴이가 말하고자 하는 바로 가장 적절한 것은?

① 자본주의에서 불평등을 시정하기 위한 정부 개입은 불가피하다.
② 자본주의에서 불평등은 심각한 사회문제를 유발한다.
③ 자본주의 체제에서 정부의 시장 개입은 효과적이어야만 한다.
④ 자본주의는 이윤과 노동 동기에 의해 작동하기 때문에 불평등은 불가피하다.

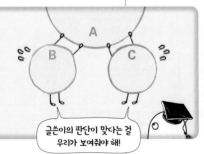

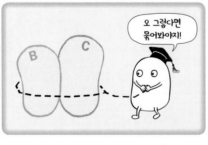

4

어휘

밑줄 친 motivate의 의미와 거리가 <u>먼</u> 것은?

Without wage inequality, it is impossible to <u>motivate</u> workers.

① encourage
② move
③ induce
④ prevent

5

어휘

밑줄 친 redress의 의미와 가장 가까운 것은?

Some people argue that the government should <u>redress</u> the inequalities of the capitalist society. However, when the government intervenes, it means that society is becoming less capitalist and less effective in creating profit.

글쓴이와 생각이
다른 사람들의 주장은?

① anticipate
② correct
③ allow
④ acknowledge

Shaun White

203 words

★★★☆☆

We all have to compete at every stage in life. Whenever there is competition, someone has to lose, and it could be you. Therefore, it is essential to learn how to lose gracefully. The first thing to do is to let your feelings out. Losing hurts, and it's okay for you to cry and be angry. Just keep your feelings under control and try not to look foolish. Second, accept your loss. No one respects a person that cries out for a second chance and is revengeful towards a winner. Next, acknowledge the winner with dignity. Even though you lost this time, you will earn respect and can be given a second chance. One example of a good loser is Shaun White, a three-time Olympics gold medalist in men's halfpipe. At his third Olympics in Sochi in 2014, the judges ranked him as the fourth against people's expectations, and he did not receive any medal. However, he acknowledged his defeat with dignity and just asked for a hug from his fellow competitors. Knowing how to lose gracefully, he won _____ from his fellow competitors and many TV viewers worldwide. Eventually, he won the gold medal at the Pyeongchang Olympics in 2018.

● **구조로 보면**

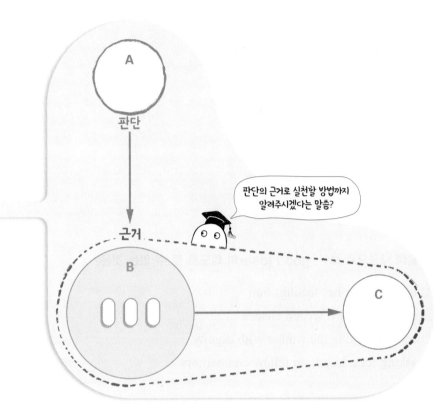

판단의 근거로 실천할 방법까지
알려주시겠다는 말씀?

O 이 글을 세 단락으로 나눌 때, 각 단락이 시작되는 부분의 첫 두 단어를 네모 안에 쓰고,
각 단락의 내용을 |보기|에서 고르시오.

┤보기├
ⓐ 우아하게 지는 법
ⓑ Shaun White
ⓒ 우아하게 지는 법을 배울 필요성

A [   ] **B** [   ] **C** [   ]

A _____ **B** _____ **C** _____

1

이 글의 흐름으로 보아, 빈칸에 들어갈 말로 가장 적절한 것은?

① pity and compassion
② prize and victory
③ respect and admiration
④ anger and resentment

2

이 글의 내용으로 보아, good loser의 태도로 볼 수 <u>없는</u> 것은?

① letting his or her feelings out
② crying out for a second chance
③ acknowledging the winner with dignity
④ asking for a hug from fellow competitors

근거의 구체적인 내용을 확인했어?

3

이 글의 제목으로 가장 적절한 것은?

① When to Acknowledge Your Failure
② How to Be a Winner in Your Life
③ How to Earn Respect from People
④ What to Do to Be a Graceful Loser

4

어휘

이 글의 내용으로 보아, 빈칸에 들어갈 수 <u>없는</u> 것은?

> Therefore, it is _____ to learn how to lose gracefully.

① significant

② important

③ demanding

④ necessary

글쓴이의 판단을 보여주는 형용사

글쓴이가 판단 또는 가치의 형용사와 가주어 It을 함께 사용하여 자신의 의견을 표현할 때가 있어. 이때 진주어인 to부정사나 that절의 내용이 주제일 가능성이 높아. 주제에 대한 글쓴이의 판단을 읽는 게 우리가 독해에서 할 일!

It is ┌ important / essential / crucial ┐ + to부정사 / that절
　　　 └ necessary / significant / good ┘
　　　　　　　　글쓴이의 판단　　　　　　　　주제

Therefore, it is essential to learn how to lose gracefully.　글의 주제이자 요지는?
글쓴이가 필수적이라고 생각하는 건 '우아하게 지는 법을 배우는 것'　우아하게 지는 법을 배우는 것

5

어휘

밑줄 친 acknowledged의 의미와 거리가 먼 것은?

> However, he <u>acknowledged</u> his defeat with dignity and just asked for a hug from his fellow competitors.

① accepted

② recognized

③ denied

④ admitted

이 문장의 의도를 아나?

metric system

237 words

★★★★★

The metric system is a system of measurement that uses the meter, liter, and gram as base units of length, capacity, and weight. The metric system is an official system of measurement worldwide. It was France that first introduced the metric system in 1799. Before then, people in France used different measurement units, and it caused a lot of confusion. To solve this problem, France introduced a universal measurement system. Now, it is an internationally accepted system, and almost every nation in the world uses the same system. However, a few countries, such as the United States, Liberia, and Myanmar, do not use the metric system. They use units such as the inch, mile, ounce, and pound. It is called the Imperial System because the former British Empire used this system in the past. This different system, if used in small countries, would cause little problem. However, with the USA's great power in the world, the different system has led to some trouble. One recent accident in space provides an example. It was reported that NASA lost a satellite of Mars worth $125 million because of different measurement systems within the team. While the laboratory used meters and kilograms, the satellite manufacturer used inches, feet, and pounds. This led to incorrect calculations, and the expensive satellite was lost as a result. If everyone had used the universal measurement system, this kind of accident would not have happened.

● 구조로 보면

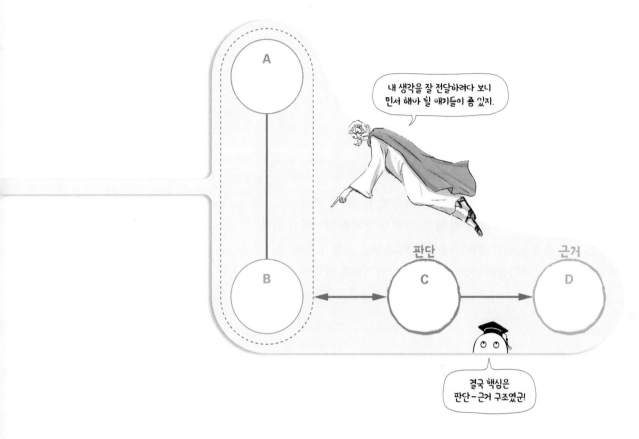

0 이 글을 네 단락으로 나눌 때, 각 단락이 시작되는 부분의 첫 세 단어를 네모 안에 쓰고,
각 단락의 내용을 |보기|에서 고르시오.

┤보기├

ⓐ the introduction of the metric system

ⓑ issues regarding different measurement systems

ⓒ an example of a possible problem

ⓓ the definition of the metric system

A [　　　　　]　B [　　　　　]　C [　　　　　]　D [　　　　　]

A ＿＿＿＿＿　B ＿＿＿＿＿　C ＿＿＿＿＿　D ＿＿＿＿＿

1 이 글의 내용에 맞게 다음 표를 완성하시오.

	The Metric System	The Imperial System
Units	(1) _____	inch, mile, ounce, pound
Countries	most countries worldwide	(2) _____

2 미터법이 처음 도입된 이유로 글쓴이가 제시한 것은?

① 프랑스의 국격을 높이고 국민 사기를 충전시키기 위해

② 여러 나라가 함께 일할 때 생길 수 있는 문제를 방지하기 위해

③ 다른 측정 단위가 같이 사용될 때의 혼란을 없애기 위해

④ 제국주의 국가들이 다른 나라들을 더 편리하게 지배하기 위해

3 이 글의 요지로 가장 적절한 것은?

① It is more convenient for every country to use the same measurement system.

② NASA should use the imperial measurement system in all departments.

③ The metric measurement system is much superior to the imperial system.

④ The British Empire should have given up the imperial measurement system.

판단-근거 구조에서
두 대상을 비교한 이유를 파악했어?

관계를 따져가며 보니까
요지도 척척!

meter liter
gram inch pound
mile

아~ 정신없어.
구조로 읽자!

어휘

4 밑줄 친 capacity와 동일한 의미로 쓰인 것은?

> The metric system is a system of measurement that uses the meter, liter, and gram as base units of length, capacity, and weight.

① Does he have the capacity to handle this job?
② All our factories are now working at full capacity.
③ The fuel tanks have a capacity of 25,000 liters.
④ Some birds do not have the capacity to fly.

여러 뜻을 지닌 단어,
그 의미를 문맥 속에서
구분할 수 있어?

어휘

5 밑줄 친 While과 바꿔 쓸 수 있는 것은?

> While the laboratory used meters and kilograms, the satellite manufacturer used inches, feet, and pounds.

① As
② Until
③ Since
④ Whereas

왜 판단 근거 구조로 썼을까?

판단으로 강하게 단도직입!
탄탄한 근거로 마무리!

강력한 주장부터 먼저!

그리고 타당한 근거로 설득하기!

이게 내가 판단-근거 구조를 택한 이유!

이 챕터에서는

지문에서	판단을	어떻게 뒷받침했나?
① pace of life	태도나 가치	구체적인 예를 들어 뒷받침
⑤ Shaun White		구체적인 방법과 예를 들어 뒷받침
② work ethic	현상에 대한 우려	통계 수치와 구체적인 예를 들어 뒷받침
⑥ metric system		객관적인 설명과 실제 사례를 들어 뒷받침
③ Jackie Robinson	인물에 대한 평가	구체적인 일화를 통해 뒷받침
④ capitalism	현상에 대한 판단	정의와 객관적인 이유를 들어 뒷받침

다음 글을 읽고, 빈칸에 들어갈 말을 고르시오.

One unspoken truth about creativity—it isn't about wild talent so much as it is about _____. To find a few ideas that work, you need to try a lot that don't. It's a pure numbers game. Geniuses don't necessarily have a higher success rate than other creators; they simply do more—and they do a range of different things. They have more successes *and* more failures. That goes for teams and companies too. It's impossible to generate a lot of good ideas without also generating a lot of bad ideas. The thing about creativity is that at the outset, you can't tell which ideas will succeed and which will fail. So the only thing you can do is try to fail faster so that you can move onto the next idea.

*at the outset: 처음에

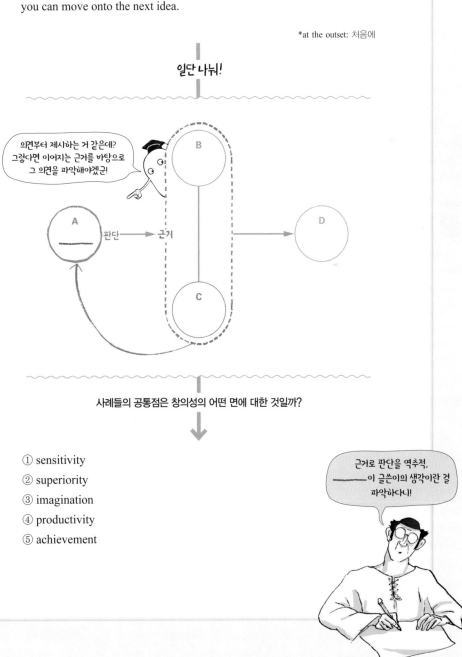

일단 나눠!

의견부터 제시하는 거 같은데?
그렇다면 이어지는 근거를 바탕으로
그 의견을 파악해야겠군!

사례들의 공통점은 창의성의 어떤 면에 대한 것일까?

① sensitivity
② superiority
③ imagination
④ productivity
⑤ achievement

근거로 판단을 역추적,
—— 이 글쓴이의 생각이란 걸
파악하다니!

CHAPTER

03

구체

일반

이야기로 슬슬 끌어들이고 결론으로 몰아가기!

다음 글을 읽고, 글의 제목으로 적절한 것을 고르시오.

In 1947, when the Dead Sea Scrolls were discovered, archaeologists set a finder's fee for each new document. Instead of lots of extra scrolls being found, they were simply torn apart to increase the reward. Similarly, in China in the nineteenth century, an incentive was offered for finding dinosaur bones. Farmers located a few on their land, broke them into pieces, and made a lot of money. Modern incentives are no better: Company boards promise bonuses for achieved targets. And what happens? Managers invest more energy in trying to lower the targets than in growing the business. People respond to incentives by doing what is in their best interests. What is noteworthy is, first, how quickly and radically people's behavior changes when incentives come into play, and second, the fact that people respond to the incentives themselves, and not the higher intentions behind them.

*scroll: 두루마리

① Relive the Glory of the Golden Past
② How Selfishness Weakens Teamwork
③ Rewards Work Against Original Purposes
④ Non-material Incentives: Superior Motivators
⑤ Cultural Heritage Becomes Tourism Booster!

글쓴이가 사례를 통해
말하고자 하는 바는?

intercultural
communication

167 words

★★★☆☆

A Suppose you are traveling in a foreign country. You stop a woman on a street to ask for directions. She just points you in the right direction without making any eye contact, and then she walks away. Upon seeing her behavior, you may find it very puzzling. It may even make you angry. However, you don't really know what was behind her behavior. Perhaps she was afraid of you or she disliked something about you.

B Here, in intercultural contexts, it is important to distinguish observation from interpretation. You saw only the woman's response, but it is more important to understand the reason for it. Until you learn more about the woman's culture, _____.

C Perhaps, gender distinction in her culture made her very shy. Or, maybe in her culture, making eye contact with strangers makes her an impolite person.

D It is important to hold your judgment about a person's behavior in other cultures until you understand their culture.

- **구조로 보면**

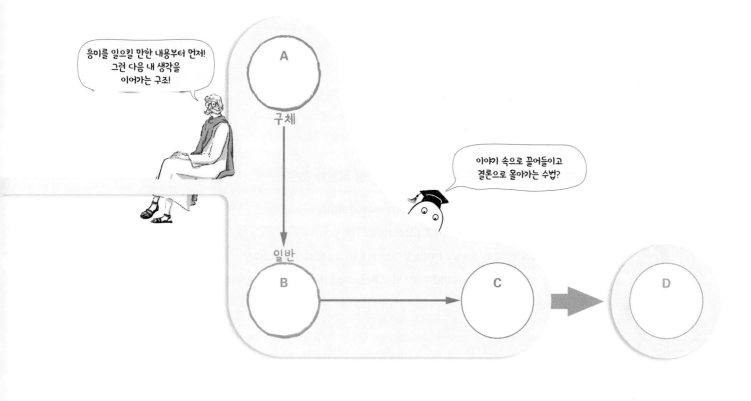

0 각 단락의 역할을 |보기|에서 고르시오.

| 보기 |
ⓐ 주장 　　　　ⓑ 통념 　　　　ⓒ 근거
ⓓ 가정 　　　　ⓔ 반박 　　　　ⓕ 결론

A _____　　B _____　　C _____　　D _____

1 '관찰과 해석'의 차이를 설명한 내용이다. 빈칸에 들어갈 말을 글에서 찾아 쓰시오.

> Observation is seeing what's happening, while interpretation is to understand _____.

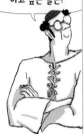

구체적 상황을 통해 하고 싶은 말은?

2 이 글의 흐름으로 보아, 빈칸에 들어갈 말로 가장 적절한 것은?

① you should follow the rules of your own culture
② you should learn how to find directions for yourself
③ you had better stay away from strangers in a foreign country
④ you can't really understand why she behaved in a particular way

3 이 글의 요지로 가장 적절한 것은?

① 다른 문화권을 연구할 때 관찰과 해석은 필수적이다.
② 다른 문화권의 이성과 접촉할 때는 특히 주의해야 한다.
③ 다른 문화권을 충분히 알 때까지는 섣부른 판단을 해서는 안 된다.
④ 다른 문화권의 의사소통방식을 익히는 데에는 오랜 시간이 걸린다.

구체적 상황에서 끌어낸 결론이 글의 요지

글쓴이가 누구나 겪을 수 있는 상황을 가정하면서 글을 시작하는 경우가 있다. 읽는 이들이 쉽게 공감하면서 내용에 몰입할 수 있게 하는 글쓰기 전략 중 하나다. 글쓴이가 제시한 상황은 당연히 글쓴이가 말하고자 하는 바, 즉 글의 요지와 밀접한 관련이 있다. 따라서 그 상황을 근거로 어떤 결론을 내리게 될지 끝까지 집중해서 읽어야 한다. 이런 글의 경우 대부분 글의 후반부에 글쓴이의 결론이 제시된다.

• 구체적인 상황을 이끄는 동사들: suppose, imagine, consider, guess

4

이 글의 흐름으로 보아, 괄호 안에서 어법상 알맞은 표현을 고르시오.

> You stop a woman on a street to ask for directions. She just points you in the right direction without making any eye contact, and then she walks away. Upon seeing her behavior, you may find it very (confused / confusing).

it과 분사의 관계를
문맥 속에서 파악했어?

Upon/On -ing
= As soon as : ～하자마자

5

문장의 의미를 고려하며 괄호 안에서 어법상 알맞은 표현을 고르시오.

> (1) I would estimate that less than 1% of the material (sent / sending) to publishers is ever published.
>
> (2) It's important that all employees feel (respected / respecting) at their workplace.
>
> — 고2 기출 —

6

이 글의 내용으로 보아, 빈칸에 들어갈 말로 적절하지 않은 것은?

> • In intercultural contexts, it is _____ to distinguish observation from interpretation.
> • It is more _____ to understand the reason for it.
> • It is _____ to hold your judgment about a person's behavior in other cultures until you understand their culture.

구조 속에서 이 문장들이
공통으로 하는 역할을 알아?

① essential
② necessary
③ optional
④ significant

2

mindset

179 words

★★★☆☆

<A> People have different views of life and various lifestyles. They also have different mindsets.

<B> According to psychologist Carol Dweck, there are two kinds of mindsets: a fixed mindset and a growth mindset. A person who has a fixed mindset believes that all of the qualities, including intelligence and ability, are carved in stone and _____.
In contrast, a person with a growth mindset believes that these basic qualities are what you can develop through your own efforts. People with this mindset believe that anyone can be anything in their life, if they work hard to improve their abilities.

<C> Obviously, of these two mindsets, what you need for success in your life is a growth mindset. You must believe that you can be anyone, if you have proper motivation and education. As long as you work hard, you can be Mozart, Einstein, Michael Jordan, or Steve Jobs. Your true potential is unknown and yet to be discovered. It is impossible to predict what you can achieve with this growth mindset and with your endless efforts.

● 구조로 보면

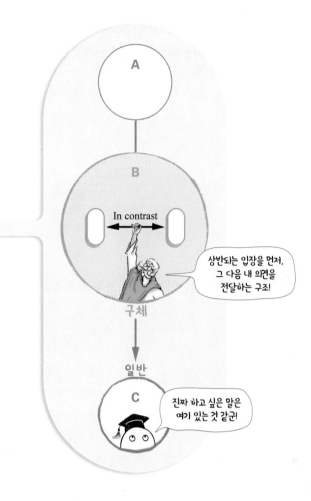

0 각 단락의 역할을 |보기| 에서 고르시오.

> |보기|
>
> ⓐ 주장　　　　　　ⓑ 반론　　　　　　ⓒ 반론의 근거
>
> ⓓ 배경 이론 소개　　ⓔ 도입

A ＿＿＿＿＿　　B ＿＿＿＿＿　　C ＿＿＿＿＿

1

이 글의 구조 속에서 각각의 입장을 파악했나?

이 글의 흐름으로 보아, 빈칸에 들어갈 말로 가장 적절한 것은?

① can't be revealed at an early age

② can't change in any meaningful way

③ are not different from person to person

④ are acquired through education and training

2

두 사고방식과 관련해서 글쓴이가 주장하는 바를 우리말로 쓰시오.

> _____

글쓴이의 확신을 드러내는
신호: Obviously

글쓴이가 조언 또는 제안을
하겠다는 신호: what you
need ~

3

글쓴이가 주장하는 바와 입장이 다른 사람은?

① 인수: 인생에서 성취할 수 있는 데에는 한계가 없어.

② 지우: 숨어 있는 잠재력을 발견하기 위해 노력할 거야.

③ 수지: 타고난 재능이 중요해. 그걸 살려서 일찍 전문분야를 정해야지.

④ 하늬: 지적 능력은 타고나는 것이 아니라 길러지는 것이라고 생각해.

4

어휘

이 글을 다음과 같이 요약할 때 빈칸에 들어갈 말로 적절한 것을 |보기|에서 고르시오.

> People with a growth mindset believe that they can _____(1)_____ their abilities through their efforts. Then, they can _____(2)_____ in their life by fulfilling their potential.

> | 보기 |
>
> acquire   develop   succeed   participate

(1) _____   (2) _____

Q 각 동사의 의미를
① ~ ③에서 찾아보자.

· acquire ▶
· develop ▶
· participate ▶

① to take part in an activity or event
② to get or obtain something
③ to change into something bigger or more advanced

5

어휘

다음 단어들을 포괄할 수 있는 단어가 <u>아닌</u> 것은?

> intelligence   ability   creativity   kindness

① quality
② feature
③ trait
④ phenomenon

글의 주제와
이 단어들의 관계를 파악했어?

6

어법

이 글의 흐름으로 보아, 밑줄 친 부분의 의미와 가장 가까운 것은?

> Your true potential is unknown and yet <u>to be discovered</u>.

① will be discovered
② cannot be discovered
③ if it is discovered
④ in order to be discovered

일정이나 계획을 말할 때 사용하는 be + to부정사

be동사 뒤에 to부정사를 써서 공식·비공식적인 일정이나 계획을 말하기도 해. 용법으로 외우려 하지 말고, 문맥을 통해 자연스럽게 이해해볼까?

> The time for our meeting is decided. but the place is to be announced later.
> 모임 시간은 정해졌는데 장소는 나중에 공지될 예정이야.

data profiling and
privacy

197 words

★★★★☆

A Imagine if someone were to follow you around at the shopping mall, taking notes on everything you buy and everything you're looking at. Then this person starts to analyze this information and creates a shopping list of products you might be interested in.

B <u>This</u> is what online shopping malls are doing right now. The fact is we humans are much more predictable than we think. Nowadays, machines are able to identify human behavioral patterns through data analysis, and they can even point out preferences which we didn't even know we had.

C [＿＿＿＿＿＿＿＿＿＿], online shopping malls tell us, "People who bought this product also bought that product." Many people think that this is great. But there are huge problems with this trend because this powerful data engine can create an enormous personality profile which contains frightening details about someone.

D If these machines succeed in guiding our lifestyles, and even change our preferences and views, this could lead us to question our own free will. We may think, "My data belongs to me." But in reality this is not the case. And the price we pay will be our freedom to think and act on our own accord.

● **구조로 보면**

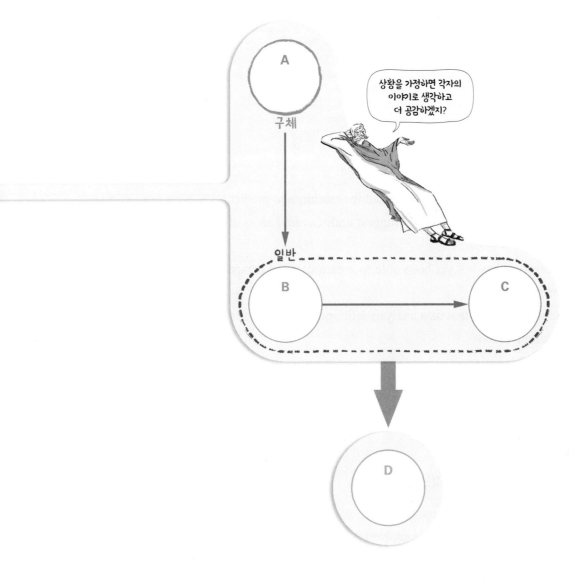

구체

일반

상황을 가정하면 각자의
이야기로 생각하고
더 공감하겠지?

0 각 단락의 역할을 |보기|에서 고르시오.

┤ 보기 ├

ⓐ 문제 제기 　　　ⓑ 이론 소개 　　　ⓒ 설명

ⓓ 가정 　　　ⓔ 통념 　　　ⓕ 결론

Ⓐ _____　　　Ⓑ _____　　　Ⓒ _____　　　Ⓓ _____

1

두 단락을 연결하는 this가 의미하는 상황은?

B의 밑줄 친 This가 의미하는 바를 우리말로 쓰시오.

> _____

_____

2

이 글의 내용과 일치하는 것은?

① Human behavior is too sophisticated for machines to predict.

② Machines are able to find and suggest undiscovered areas of interest to humans.

③ Technology has not yet been able to create detailed personal profiles based on data.

④ The writer agrees that data analysis will open new ways for humans to exercise freedom.

3

이 글의 주제로 가장 적절한 것은?

① how machines collect personal data

② how shopping patterns have evolved

③ how data profiling negatively affects human lives

④ how our views towards online shopping have changed

왜 상황부터 제시했는지 알겠네!
이걸 말하려고 했던 거야!

4 어법

B와 C의 관계로 보아, ⬚⬚⬚⬚⬚에 들어갈 말로 적절한 것은?

> B Nowadays, machines are able to identify human behavioral patterns through data analysis, and they can even point out preferences which we didn't even know we had.
>
> C ⬚⬚⬚⬚⬚⬚ online shopping malls tell us, "People who bought this product also bought that product." Many people think that this is great. — 후략 —

빈칸 앞뒤 내용의 관계를 아나?

① Therefore
② For instance
③ Nevertheless
④ On the other hand

5 어법

다음 문장을 참고하여 빈칸을 완성하고 문장의 의미를 우리말로 쓰시오.

> Imagine if someone were to follow you around at the shopping mall, taking notes on everything you buy and everything you're looking at.

(1) If such an accident _____ happen, millions of people would die.

> \> _____

(2) Even if the sun _____ rise in the West, I would never change my mind.

> \> _____

글쓴이가 이런 상황을 왜 제시했는지 알아?

일어날 가능성이 희박한 일을 가정할 때 사용하는 were to

어떤 일이 일어날 가능성이 거의 없다고 여기거나, 일어나서는 안 될 일이라고 생각할 때 if절에 were to부정사를 사용해.

If the world were to end tomorrow, how would you spend your remaining time?
→ 종말이 올 가능성은 거의 없지만, 그럴 경우 남은 시간을 어떻게 사용할지 생각해보라는 글쓴이의 의도 표현

blushing

192 words

★★★★☆

(A) Suppose that you were in an embarrassing situation. Maybe you couldn't answer a very simple math question in class. What would be your first reaction? Most likely, you would blush. Blushing is unique to humans, and most people blush when they are embarrassed.

(B) Granted that blushing makes you look even more embarrassed, you cannot control it, for blushing is involuntary. (①) Blushing is caused by a hormone called adrenaline. (②) In an embarrassing moment, adrenaline makes you breathe faster, and it speeds up your heart rate. (③) As widened blood vessels allow more blood to flow, your face turns red. (④) Then why do we blush? Psychologists explain that blushing is a way of social communication. When we blush, we show other people that we are aware of our situation, and we feel sorry about it. In return, people understand because they see our blushing as an apology. Thus, blushing is often called our emotional intelligence. As smart people show their intelligence by solving difficult math problems, people show their emotional intelligence by their blushing. People won't blush [   ] they are sensitive to other people's feelings.

● **구조로 보면**

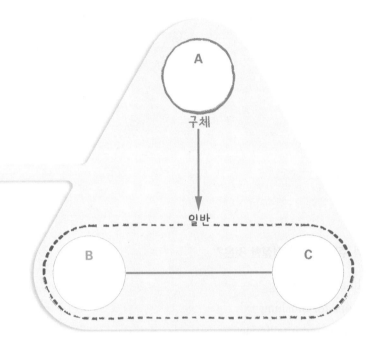

0 이 글을 세 단락으로 나눌 때, **C**가 시작되는 부분의 첫 단어를 네모 안에 쓰고, 각 단락의 내용을 |보기|에서 고르시오.

| 보기 |

ⓐ blushing의 신체적 원인과 과정

ⓑ blushing의 사회적 기능

ⓒ blushing이 일어나는 상황

C [   ]

A _____   **B** _____   **C** _____

1

구조 속에서
이 문장의 역할을 알아?

이 글의 흐름으로 보아, 다음 문장이 들어갈 가장 적절한 곳은?

> Adrenaline also widens your blood vessels to carry more oxygen.

①   ②   ③   ④

2

이 글의 주제로 가장 적절한 것은?

① culture of blushing
② reasons for blushing
③ blushing and intelligence
④ blushing as an apology

3

이 글의 구조를 보며 내용을
잘 파악하고 있나?

글쓴이가 이 글에서 언급한 내용과 일치하지 <u>않는</u> 것은?

① People blush when their adrenaline is released.
② Blushing is a form of non-verbal communication.
③ Animals' blushing is different from people's blushing.
④ Blushing means that we are aware of our situation.

4

어법

이 글의 흐름으로 보아, ☐에 들어갈 말로 가장 적절한 것은?

> People won't blush ☐ they are sensitive to other people's feelings.

문맥에 맞는 단어를
사용할 수 있어?

어떤 조건이 갖춰졌을 때 따라올
결과를 제시하겠다는 신호:

if ∼ not = ☐

① since

② as if

③ whereas

④ unless

5

어휘

밑줄 친 emotional intelligence를 보여주는 사례가 <u>아닌</u> 것은?

> As smart people show their intelligence by solving difficult math problems, people show their <u>emotional intelligence</u> by their blushing.

① Jane felt bad for Clara's hurt feelings and gently hugged her.

② Tom genuinely congratulated Kate on her success as a writer.

③ Deborah realized her silly mistake and sincerely apologized.

④ Sara was glad that she passed the entrance exam.

왜 구체 일반 구조로 썼을까?

이야기로 슬슬 끌어들이고 결론으로 몰아가기!

공감대를 넓히기 위해 이야기부터!

그리고 이야기의 흐름을 따라가다 보면 당연해지는 교훈과 결론!

이게 내가 구체-일반 구조를 택한 이유!

이 챕터에서는

지문에서	구체적인 내용을 근거로	어떤 결론을 끌어냈나?
① intercultural communication	있을 법한 문제 상황에서	현상에 대한 해석
③ data profiling and privacy		현상에 대한 문제
② mindset	상반된 두 가지 이론에서	바람직한 태도에 대한 제안
④ blushing	누구나 겪을 수 있는 상황에서	현상에 대한 이유

다음 글을 읽고, 글의 제목으로 적절한 것을 고르시오.

In 1947, when the Dead Sea Scrolls were discovered, archaeologists set a finder's fee for each new document. Instead of lots of extra scrolls being found, they were simply torn apart to increase the reward. Similarly, in China in the nineteenth century, an incentive was offered for finding dinosaur bones. Farmers located a few on their land, broke them into pieces, and made a lot of money. Modern incentives are no better: Company boards promise bonuses for achieved targets. And what happens? Managers invest more energy in trying to lower the targets than in growing the business. People respond to incentives by doing what is in their best interests. What is noteworthy is, first, how quickly and radically people's behavior changes when incentives come into play, and second, the fact that people respond to the incentives themselves, and not the higher intentions behind them.

*scroll: 두루마리

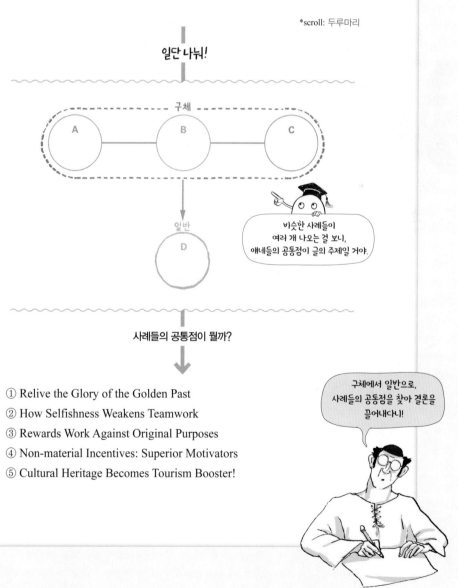

① Relive the Glory of the Golden Past
② How Selfishness Weakens Teamwork
③ Rewards Work Against Original Purposes
④ Non-material Incentives: Superior Motivators
⑤ Cultural Heritage Becomes Tourism Booster!

CHAPTER 04

문제해결

문제 상황으로 몰아넣고 해결책을 제시!

다음 글을 읽고, 전체 흐름과 관계 <u>없는</u> 문장을 고르시오.

There is growing evidence that dependence on automobile travel contributes to insufficient physical activity, transport-related carbon dioxide emissions, and traffic congestion. ① The city of Freiburg in Germany has been successful in applying sustainable transport policies that may influence car-oriented countries around the world. ② Thanks to the automobile, the vast majority of Germans soon had a freedom of movement previously unknown. ③ Over the last three decades, transport policies in Freiburg have encouraged more walking, cycling, and use of public transport. ④ During this period, the number of bicycle trips has tripled, travel by public transport has doubled, and the proportion of journeys by automobile has declined from 38% to 32%. ⑤ Since 1990, motorization rates have stayed the same and carbon dioxide emissions from transport have fallen, despite strong economic growth.

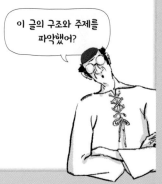

이 글의 구조와 주제를 파악했어?

sick building syndrome

190 words

★★☆☆☆

A Have you heard of the "sick building syndrome"? People have worried about smog for several decades and have spent a huge sum of money to clean the outdoor air in big cities. However, recently there emerged another problem with the air we breathe. (①) Scientists found that the air inside many homes and buildings is full of pollutants such as mold, bacteria, and chemicals. (②) The most serious pollutant is chemicals in some products used in the construction of buildings. (③) It causes the sick building syndrome characterized by symptoms such as sore throats, headaches, watering eyes, and so on. (④)

B Then, what is the solution? One solution is cleansing the building. It includes measures such as cleaning out the air-conditioning system, rebuilding the ventilation system, and replacing synthetic products with natural ones. Another solution, less difficult and expensive, is also available. It is growing certain houseplants, such as spider plants, that remove pollutants. As the air we breathe inside is just as important to our health as the air we breathe outside, the problem of the sick building syndrome should be solved.

● **구조로 보면**

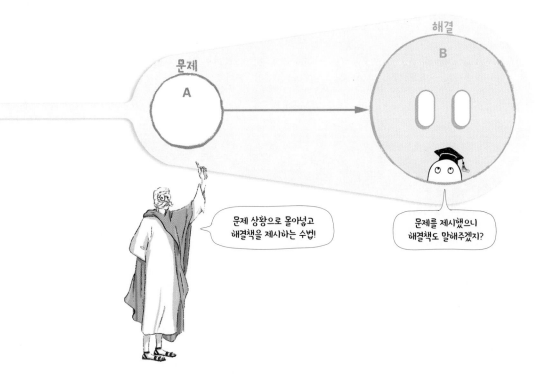

0 각 단락의 내용을 |보기|에서 고르시오.

┌─ 보기 ┐

ⓐ sick building syndrome의 막대한 비용

ⓑ sick building syndrome의 원인과 증상

ⓒ sick building syndrome으로 인한 환경오염

ⓓ sick building syndrome의 해결방안

A _____   B _____

1 이 글의 흐름으로 보아, 다음 문장이 들어갈 가장 적절한 곳은?

글의 흐름 속에서 these products가 뭔지 아나?

> We breathe in a "chemical soup" released from these products.

①   ②   ③   ④

2 이 글의 내용과 일치하는 것은?

① 스모그의 해로움이 알려진 것은 최근의 일이다.
② 실내 공기를 오염시키는 주범은 박테리아이다.
③ 건물 내 곰팡이에서 해로운 화학물질이 배출된다.
④ '아픈 건물 증후군'은 두통을 유발할 수 있다.

3 이 글의 제목으로 가장 적절한 것은?

이 글의 구조를 생각하면서 제목을 붙일 수 있나?

① The Harm of Smog and the "Sick Building Syndrome"
② The Cause of and Solutions for the "Sick Building Syndrome"
③ The Influence of Chemicals on the Human Body
④ The Importance of Breathing Clean Indoor Air

4

밑줄 친 emerged의 의미와 가장 가까운 것은?

> However, recently there <u>emerged</u> another problem with the air we breathe.

① change
② cover up
③ deal with
④ become known

5

밑줄 친 available의 의미와 가장 가까운 것은?

> Another solution, less difficult and expensive, is also <u>available</u>.

구조 속에서
이 문장의 역할은?

① obtainable
② efficient
③ absent
④ prominent

Great Pacific
Garbage Patch

229 words

★★★☆☆

A Have you ever heard of the Great Pacific Garbage Patch? It is a huge collection of marine debris in the North Pacific Ocean. People should take heed to this great garbage patch because it poses a serious threat to marine life and ecology.

B People assume that a garbage patch is an island of trash floating on the ocean. However, actually, it is made up of tiny bits of plastic, called microplastics, because the sun breaks down various plastic garbage into tinier and tinier pieces. It is these tiny bits of plastic that are causing serious problems.

C (①) Marine debris is very harmful to marine life. (②) For example, sea turtles often mistake plastic bags for jellyfish, their favorite food. (③) Marine debris also disturbs marine food webs because it blocks sunlight from reaching plankton and algae below, which are the most common producers in the marine food web. (④)

D Then, is it possible to clean up this great garbage patch? It is virtually impossible because the cost would be too huge, and it would bankrupt any country that tries it. The sensible solution at the moment is not to let the garbage patch grow bigger, by limiting or banning the use of disposable plastics and making people use biodegradable resources.

● **구조로 보면**

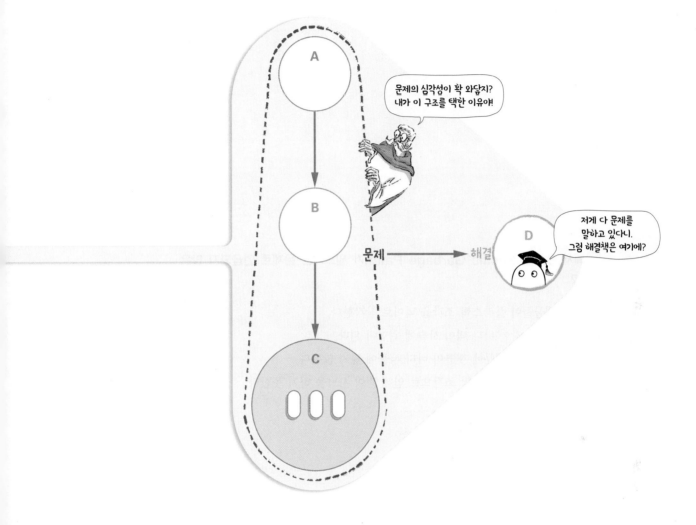

0 각 단락의 역할을 |보기|에서 고르시오.

> **| 보기 |**
>
> ⓐ 문제에 대한 해결책 ⓑ 문제 제기
>
> ⓒ 문제에 대한 예시 ⓓ 문제에 대한 설명

A _____ **B** _____ **C** _____ **D** _____

1

구조 속에서 주어진
문장의 역할을 아나?

이 글의 흐름으로 보아, 다음 문장이 들어갈 가장 적절한 곳은?

Some seabirds mistake plastic bits for fish eggs and feed them to their chicks, which die of ruptured organs or later of starvation.

①   ②   ③   ④

2

⒞ 에서 Great Pacific Garbage Patch가 일으키는 문제로 언급되지 않은 것은?

① 바다 생물들이 플라스틱 조각을 먹이로 착각한다.
② 플라스틱 조각이 바다 먹이 사슬에 위협이 된다.
③ 플라스틱 조각 때문에 햇볕이 바다 생물에 닿지 않는다.
④ 바다 생물들이 플라스틱 조각으로 인해 먹이 사냥을 하지 못한다.

3

문제와 해결, 글쓴이가
주로 다룬 내용은?

이 글의 제목으로 가장 적절한 것은?

① The Cause of the Great Pacific Garbage Patch
② The Threat of the Great Pacific Garbage Patch
③ The Danger of Plastic Bits on the Land and in the Ocean
④ The Importance of International Cooperation for Marine Life

4 〔어휘〕

밑줄 친 take heed to의 의미와 가장 가까운 것은?

문맥 속에서 의미를
역추적할 수 있어?

> People should take heed to this great garbage patch because it poses a
> serious threat to marine life and ecology.

① have control over
② pay attention to
③ put an end to
④ give a chance to

5 〔어휘〕

이 글의 내용으로 보아, 단어들의 관계가 나머지와 다른 것은?

① pose : cause
② garbage : trash
③ limit : ban
④ disposable : biodegradable

6 〔어휘〕

밑줄 친 virtually와 바꿔 쓸 수 없는 것은?

> It is virtually impossible because the cost would be too huge, and it
> would bankrupt any country that tries it.

① close to
② nearly
③ almost
④ hardly

bees'
disappearance

173 words

★★★☆☆

(A) Everyone knows that bees are beneficial not only to humans but also to the entire ecosystem. Nonetheless, bees are disappearing everywhere on this planet. In the USA alone, the population of bees is only half of what it was in the 1950s. Soon, it will be difficult to even find bees.

(B) Will it be a problem for humans? Unfortunately, it will! If bees disappear, humans will too. Bees perform a task that is essential to the survival of plants: pollination. While bees visit flowers to collect nectar, they pollinate plants, allowing them to bear fruit. In fact, bees pollinate almost one-third of the global food supply. Without bees, farms can't survive, and then what would we eat?

(C) Then, why are bees disappearing? There are many possible causes: use of pesticides, parasites, pollution, and climate change among others. Most of these causes are related to humans. We are responsible for bees' disappearance, and it will eventually threaten us. Therefore, _____. It is the only way we can survive, too.

● **구조로 보면**

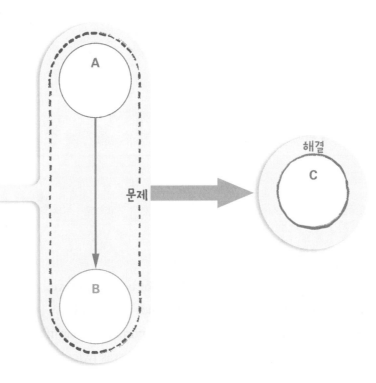

0 **각 단락의 역할을 |보기|에서 고르시오.**

> |보기|
> ⓐ 주장 및 결론   ⓑ 현상 제시   ⓒ 문제 제기와 근거

Ａ _____   Ｂ _____   Ｃ _____

1 **A**와 **B**를 다음과 같이 요약할 때, 빈칸에 들어갈 내용을 |보기|에서 찾아 쓰시오.

_____이/가 _____에 끼치는 영향

| 보기 |

ⓐ 생태계 보존
ⓑ 미래의 인류 생존
ⓒ 벌의 개체 수 감소
ⓓ 1950년대 미국 내 벌의 개체 수

2 이 글의 내용과 일치하지 <u>않는</u> 것은?

① Human activities have made it difficult for bees to survive.
② If there were no bees, pollination could not occur at all.
③ The overuse of pesticides has made the environment harmful to bees.
④ In the 1950s, the number of bees in the USA was twice as large as it is now.

3 이 글의 흐름으로 보아, 빈칸에 들어갈 말로 가장 적절한 것은?

이 단락을 구조 속에서 보고 있어?

① we should help bees to survive
② humans will have to live without bees
③ we must make efforts to keep the environment safe
④ we should find other ways to pollinate plants

논리적인 결론을 끌어낼 때 사용하는 therefore

글쓴이가 결론을 구성하는 방식은 다양하다. 본론에서 전개한 내용으로부터 필연적으로 끌어낼 수밖에 없는 결과를 결론으로 제시하기도 하고, 제기한 문제에 대한 구체적인 해법 또는 주제와 관련된 전망을 하면서 글을 끝맺기도 한다. 이 글처럼 앞서 전개한 내용에서 논리적으로 끌어낼 수밖에 없는 결론을 제시할 때는 다음과 같은 연결어를 사용한다.

• 논리적인 결론을 이끄는 시그널: therefore, as a result, consequently, so, then 등

4

〔어휘〕

밑줄 친 bear의 의미로 가장 적절한 것은?

> While bees visit flowers to collect nectar, they pollinate plants, allowing them to <u>bear</u> fruit.

① produce
② support
③ undergo
④ endure

5

〔어법〕

인과 관계를 고려하여, 빈칸에 알맞은 말을 |보기|에서 골라 문장을 완성하시오.

조건이 갖춰지면	앞으로 일어날 가능성이 높은 상황
If bees disappear,	humans will too.
Without bees,	farms can't survive, and then what would we eat?

┤보기├

ⓐ I will take it again
ⓑ I won't finish the project
ⓒ there will be serious problems for kids' health
ⓓ the climate can change

(1) If I fail the exam, _____.

(2) If more trees die, _____.

(3) Without your help, _____.

(4) Without efforts to reduce fine dust, _____.

A Everyone knows about the danger of global warming and the greenhouse effect. It may sound strange, but one of the major causes is farts and burps of cattle. In fact, methane in cows' gases is 20 times more efficient than CO_2 in warming the atmosphere.

B Aside from this environmental issue, cattle farts and burps are bad news to farmers, too. The energy that cows get from their food goes to methane production instead of milk or meat. The more farts cows produce, the less milk they make.

C Therefore, both governments and farmers are trying to reduce cow farts and burps in many ways. A digestive aid is one way to reduce the emission of cattle. If cows digest their food better, they will fart less. Another way is to increase protein in cows' food. If they are fed high-protein food, they produce less gas. It was also found out that garlic and some herbs reduce methane emissions.

D To sum up, it is important to reduce cow farts and burps both for the earth and for the farmers, and we should develop more efficient ways to do so.

● **구조로 보면**

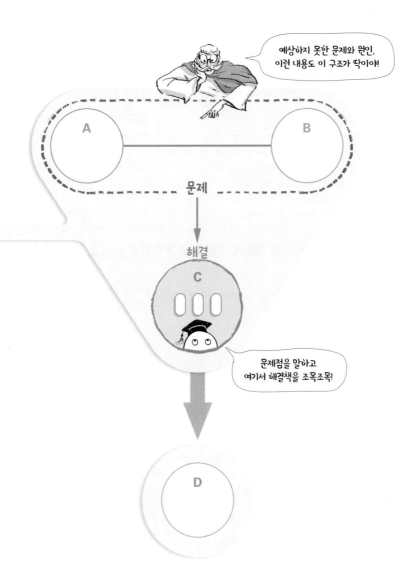

예상하지 못한 문제와 원인,
이런 내용도 이 구조가 딱이야!

문제

해결
C

문제점을 말하고
여기서 해결책을 조목조목!

D

0 **A**와 **B**의 내용을 |보기|에서 고르시오.

┌─|보기|─────────────────────────────────┐
│ ⓐ 소의 방귀와 트림이 축산업에 끼치는 영향   │
│ ⓑ 소의 방귀와 트림이 지구 온난화에 끼치는 영향   │
│ ⓒ 소의 방귀와 트림이 음식의 영양 성분에 끼치는 영향   │
└──────────────────────────────────────┘

A _____   **B** _____

1

farts와 burps가 끼치는 영향을 고려하여 빈칸을 완성하시오.

Farts and Burps of Cattle

_____ emissions affect global _____ .

The energy of cattle goes to methane production instead of _____ .

문제-해결 구조에서 어디에 해당하는 내용인지 확인했어?

2

글의 내용을 참고하여 다음 질문에 대한 답을 우리말로 쓰시오.

Q. How can we reduce cow farts and burps?

A. ①

②

③

3

이 글의 제목으로 가장 적절한 것은?

① How to Decrease Methane Production of Cattle
② What to Feed Cows to Produce More Milk
③ How to Help Farmers to Earn More Money
④ Where to Raise Cattle to Help the Earth

문제-해결 구조, 해결책이 글의 요지!

어떤 현상에 대한 문제점을 지적한 후 그에 대한 해결책을 제시하는 글의 형식이 바로 문제-해결 구조다. 글쓴이는 문제의 원인을 분석하여 원인을 제거하거나 감소시키는 방향으로 해결책을 제시하기도 하고 새로운 대안을 제시하기도 한다. 이런 구조의 글에서 해결책을 제시한 부분이 글의 요지에 해당하므로 이 부분에 주목하여 글을 읽어야 한다.

---

4 **어휘**

밑줄 친 Aside from과 바꿔 쓸 수 있는 것은?

> <u>Aside from</u> this environmental issue, cattle farts and burps are bad news to farmers, too.

aside from: 추가적인 내용을 덧붙일 때 사용

① Besides
② But for
③ Notwithstanding
④ Due to

5 **어휘**

이 글의 내용으로 보아, 빈칸에 들어갈 수 없는 것은?

> Therefore, both governments and farmers are trying to _____ cow farts and burps in many ways.

Therefore!
이 문장의 역할을 파악했나?

① diminish
② lower
③ produce
④ decrease

plastic
197 words
★★★★☆

(A) We use plastic every day. By 2050, plastic in the ocean will outweigh fish. So far, the recycling effort hasn't been so successful. Only 9% of plastic is actually made into a new product. Because of the falling oil price and expensive reproduction cost, it's cheaper for businesses to make new plastic than to recycle old material.

(B) But there is hope. Recently, researchers found bacteria that are living off plastic bottles. These bacteria, however, only work on PET, just one type of plastics we use. Products are often made of multiple types of plastics, and currently magic bacteria which eat all plastics do not exist. On the other side of the spectrum, microbiologists are also working to identify plastics which biodegrade quickly — that is, break down naturally and quickly.

(C) For this research to bear fruit, manufacturers and consumers would have to change the way they make and use things, such as using plastics which are less chemically stable and therefore more biodegradable.

(D) The use of plastics will keep growing. But if we can develop ways to utilize environmentally friendly ways so that we can process waste and produce plastic material, we can change the course of environmental disruption.

● 구조로 보면

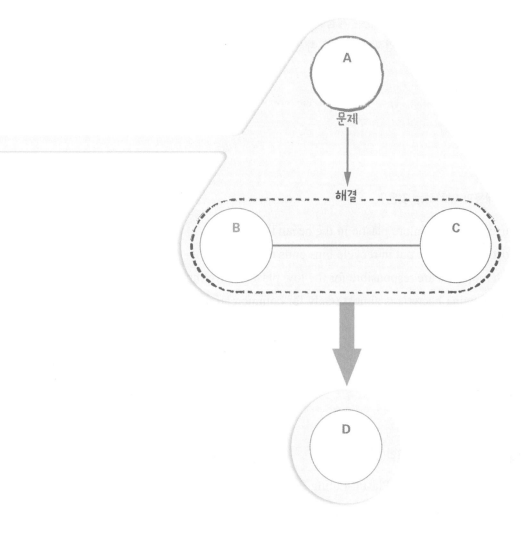

0 **각 단락의 내용으로 적절하지 않은 것은?**

① **A** – 플라스틱 재활용 성과가 적은 현실

② **B** – 플라스틱에 관한 최근 연구 성과

③ **C** – 제조 업계와 소비자가 노력해야 할 방향

④ **D** – 플라스틱 사용을 줄여 환경 파괴를 방지하자는 주장

1

B의 내용을 잘못 이해한 사람은?

① 영휘: 연구자들이 플라스틱을 분해하는 박테리아를 발견했군.

② 라미: PET로만 제품을 만들어야 박테리아를 활용할 수 있군.

③ 희재: 여러 플라스틱을 섞어 만든 제품을 분해하는 박테리아도 있군.

④ 서연: 미생물학자들이 자연분해 속도가 빠른 플라스틱을 개발하고 있군.

2

글의 구조를 보며 내용을
잘 파악하고 있나?

이 글의 내용과 일치하는 것은?

① Currently, there's more plastic in the ocean than fish.

② Most plastic waste put in recycle bins ends up in landfills.

③ High oil prices are responsible for the low plastic recycling rate.

④ Plastic-eating bacteria is almost ready for commercial use.

3

이 글의 제목으로 가장 적절한 것은?

① Accidental Discovery: Plastic-Eating Bacteria

② Damage Caused by Our Throwaway Culture

③ Why Biodegradable Plastic Won't Solve the Plastic Crisis

④ Race to Save Our Planet through Plastic Waste Research

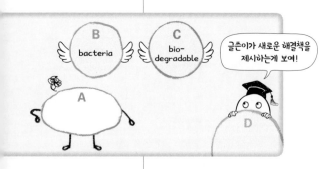

어휘

4 밑줄 친 identify의 의미와 거리가 먼 것은?

> On the other side of the spectrum, microbiologists are also working to <u>identify</u> plastics which biodegrade quickly — that is, break down naturally and quickly.

이 문장의 의도를 파악했어?

① determine
② discover
③ find out
④ overlook

어휘

5 다음 문장에서 밑줄 친 break down naturally와 같은 의미로 사용된 단어를 찾아 쓰시오.

that is의 역할이 뭔지 아나?

> On the other side of the spectrum, microbiologists are also working to identify plastics which biodegrade quickly — that is, <u>break down naturally</u> and quickly.

> _____

A Every year, hundreds of millions of clothing items are made, sold, and discarded worldwide. It takes an enormous amount of water, energy, and cotton to manufacture them. Still, too many clothes end up in landfills as garbage. Now, some fashion companies and consumers are considering an alternative to this wasteful process, and circular jeans could be an answer. Everybody has jeans in their wardrobe, and it takes 3,781 liters of water to make a pair of jeans. Therefore, the impact of jeans could be enormous as an example of a circular economy.

B A circular economy is an alternative to the traditional linear 'take, make and waste' model. It deals with global issues like climate change, waste, and pollution. Instead of using natural resources and disposing of unsold items as garbage, a circular economy reuses, shares, recycles, and repairs. It aims to make our society more sustainable and autonomous.

C As a part of a circular economy, circular jeans use organic cotton and reused cotton. Organic cotton is 90% biodegradable, and recycled cotton from other items could save water and other resources. One leading brand takes one step further by asking customers to return their unwanted jeans. That way, the company saved 50,000 kg of clothing from waste. However, there is one problem with circular jeans. It costs more to produce recycled cotton. Circular jeans would have to be cheaper and more stylish to become an attractive alternative.

● **구조로 보면**

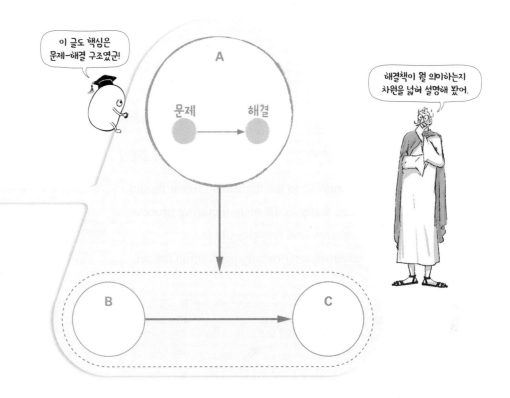

0 **각 단락의 서술 방식을 |보기|에서 고르시오.**

| 보기 |

ⓐ 문제점과 대안   ⓑ 대안들의 비교 분석

ⓒ 대안의 보편적 정의   ⓓ 구체적 사례

A _____   **B** _____   **C** _____

1 문제점에 대한 대안이 언급된 문장을  에서 찾아 첫 단어와 마지막 단어를 쓰시오.

☐☐☐☐☐☐ ~ ☐☐☐☐☐☐

2 circular jeans를 만드는 과정에 대한 설명이 <u>아닌</u> 것은?

① It is an alternative to the traditional linear model.

② It uses more water in the manufacturing process.

③ It reuses, shares, and recycles old jeans.

④ It is an environment-friendly production model.

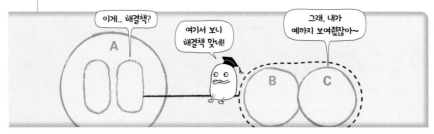

주제와 관련된 개념을 다른 표현으로 바꿔쓰는 재진술
앞에서 언급한 개념이나 문장을 다르게 표현하여 같은 말이 반복되는 것을 막고 문장을 쉽게 풀어 쓰는 것을 재진술, 바꿔쓰기(paraphrasing)라고 한다. 글쓴이는 주제와 관련된 주요 개념을 다른 표현으로 바꿔서 말하기 때문에 글쓴이의 생각을 정확하게 파악하려면 재진술된 표현에 주목해야 한다.

3 이 글의 제목으로 가장 적절한 것은?

① The Benefits and Future of Circular Jeans

② The Manufacturing Process of Circular Jeans

③ Why Circular Jeans Are So Popular

④ The Leading Brands of Fashionable Circular Jeans

4

밑줄 친 disposing of와 바꿔 쓸 수 있는 것은?

> It deals with global issues like climate change, waste, and pollution. Instead of using natural resources and <u>disposing of</u> unsold items as garbage, a circular economy reuses, shares, recycles, and repairs.

> instead of를 통해
> 문장의 흐름을 파악할 수 있나?

① consuming
② discarding
③ assembling
④ preserving

5

어휘

이 글의 내용을 참고하여 빈칸에 알맞은 단어를 쓰시오.

(1)
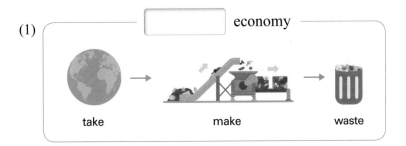

(2)
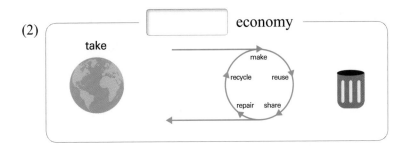

overfishing

240 words

★★★★★

(A) Increasing demand for seafood and advances in fishing technology have led to fishing practices that are rapidly depleting fish populations. Fishers are fishing more than 77 billion kilograms of fish and shellfish from the sea each year. There is a growing concern that continuing to fish at this rate will soon result in the collapse of the world's fisheries.

(B) Catching a lot of fish at one time results in an immediate profit for fishers. However, overfishing, taking fish from the sea faster than they can reproduce, leaves few fish left in the ocean. In order to continue relying on fish as an important source of nutrition, we need to employ _____. The first method is to regulate commercial fishing such as trolling with multiple lines and trawling with large nets by making commercial fishers use specific equipment that eliminates or minimizes non-targeted species or undersized fish. The government can also encourage commercial fishers to change to rod-and-reel fishing that is a more sustainable alternative. Another way to prevent overfishing is to eat less fish and other seafood. Some scientists argue that people need to take a break from consuming seafood until we know a sure way to maintain a healthy fish population. Another way is fisheries management. By enforcing fishing regulations on catch limits and specifications on the types of gears used in certain fisheries, a nation can manage its coastal fisheries and fisheries in the international waters.

● **구조로 보면**

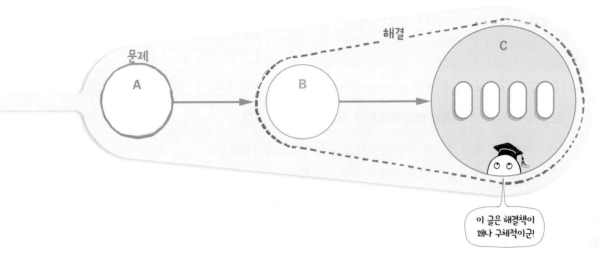

0 이 글을 세 단락으로 나눌 때, **C** 가 시작되는 부분의 첫 두 단어를 네모 안에 쓰고, 각 단락의 역할을 │보기│에서 고르시오.

┤보기├
ⓐ 문제점 제기   ⓑ 해결책의 필요성 제시
ⓒ 해결책의 장단점 제시   ⓓ 해결책 제시
ⓔ 해결책이 갖는 한계 제시

C [   ]

A _____   **B** _____   **C** _____

1 글쓴이가 제기한 문제점은 무엇인가?

① 오염된 해산물이 건강에 악영향을 미치고 있다.

② 어업 종사 인구의 감소는 해산물 공급량에 문제를 야기한다.

③ 과도한 어획은 전 세계 어장을 붕괴시킬 위험이 있다.

④ 환경오염으로 인해 물고기 개체 수가 줄어들고 있다.

2 글쓴이가 제시한 구체적인 해결책이 <u>아닌</u> 것은?

① 어부들에게 특정 장비를 사용하게 함으로써 어획을 통제한다.

② 어부들이 지속 가능한 대체 어획 방법을 사용하게 한다.

③ 어획 비용을 올려 어획의 감소를 유도한다.

④ 어획을 제한하는 규제를 시행하여 어장을 관리한다.

구조 속에서 해결책을
언급한 단락은?

3 이 글의 흐름으로 보아, 빈칸에 들어갈 말로 가장 적절한 것은?

① economical fishing practices

② high-tech fishing practices

③ sustainable fishing practices

④ commercial fishing practices

문제-해결 구조 속에서
빈칸의 역할을 알아?

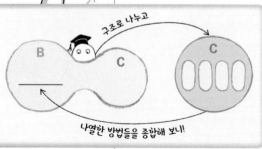

4

밑줄 친 depleting fish populations의 의미로 가장 적절한 것을 본문에 쓰인 |보기|의 표현 중에서 고르시오.

Increasing demand for seafood and advances in fishing technology have led to fishing practices that are rapidly depleting fish populations.

글쓴이가 이 표현을 어떻게 풀어서 설명했는지 알아?

┤보기├

ⓐ continue to fish at this rate

ⓑ catch a lot of fish at one time

ⓒ leave few fish left in the ocean

ⓓ continue relying on fish

> _____

어휘

5

이 글의 내용으로 보아, 빈칸에 들어갈 말로 가장 적절한 것은?

By _____ fishing regulations on catch limits and specifications on the types of gears used in certain fisheries, a nation can manage its coastal fisheries and fisheries in the international waters.

① applying

② breaking

③ ignoring

④ easing

sharks

247 words

★★★★★

(A) Sharks are one of the oldest species on earth. Sharks first appeared around 400 million years ago, and some species today are identical to those over 150 million years ago. It means that sharks did not need to evolve because they were already the perfect predator of the ocean. Now, the species that ruled the oceans for 400 million years is threatened, and the number of sharks is dwindling fast. There are a few possible causes, most of which occurred because of humans. First, overfishing has cut down shark numbers by 71% since 1970. One hundred million sharks are estimated to be killed each year through fishing, finning, and accidental catching. Climate change is also responsible. A warmer ocean temperature caused by climate change has made sharks more vulnerable. It spread fatal skin disease, and it made baby sharks be born smaller and weaker, hence a smaller chance of survival. As sharks are the top predators in the ecosystem, their smaller numbers could make a chain reaction. For example, if sharks were to disappear, prey such as dugongs would thrive, which would lead to overgrazing. As seagrass meadows preserve carbons, overgrazing would worsen climate change. Also, overfishing sharks increases the amount of CO_2 in the atmosphere because sharks are composed of 10-15% carbon.

(D) Therefore, we need to conserve sharks, if not for sharks, but for us, humans. After all, sharks, though fearful predators, play a crucial role in protecting the environment and helping us to survive.

● 구조로 보면

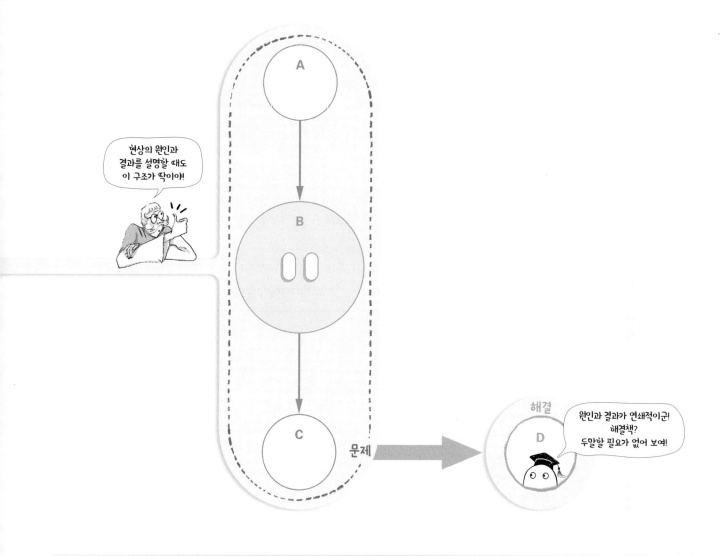

이 글을 네 단락으로 나눌 때, **B**와 **C**가 시작되는 부분의 첫 두 단어를 네모 안에 쓰고, 각 단락의 서술 방식을 |보기|에서 고르시오.

| 보기 |

ⓐ 결과   ⓑ 반박   ⓒ 현상   ⓓ 제안   ⓔ 원인

B [   ]   **C** [   ]

A _____   **B** _____   **C** _____   **D** _____

1 다음은 상어의 개체 수 감소로 인한 결과를 나타낸 표이다. 빈칸에 들어갈 내용을 |보기|에서 골라 표를 완성하시오.

연쇄적인 결과들을
구조 속에서
파악할 수 있나?

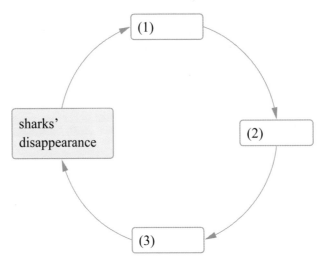

| 보기 |

ⓐ overgrazing   ⓑ climate change   ⓒ thriving preys

(1) _____

(2) _____

(3) _____

2 다음은 이 글의 주제를 요약한 문장이다. 빈칸에 들어갈 말로 적절한 것은?

Conservation of sharks is important because _____.

① the number of prey such as dugongs has increased too rapidly
② baby sharks need colder water to be born stronger and healthier
③ sharks, as one of the oldest species on earth, have not evolved much
④ sharks regulate the ocean's ecosystem and diminish carbon emissions

3

어휘

밑줄 친 overgrazing의 의미로 가장 적절한 것은?

> For example, if sharks were to disappear, prey such as dugongs would thrive, which would lead to <u>overgrazing</u>.

이 글의 구조에서 이 단어를 쓴 이유를 파악했어?

① animals eating up the grass
② planting grass in a large area
③ trimming the grass for gardening
④ growing grass underwater

4

어법

다음 문장에서 밑줄 친 부분이 의미하는 바를 우리말로 쓰시오.

> (1) There are a few possible causes, <u>most of which</u> occurred because of humans.
>
> (2) For example, if sharks were to disappear, prey such as dugongs would thrive, <u>which</u> would lead to overgrazing.

두 문장의 역할이 뭔지 아나?

(1) _____

(2) _____

추가적인 정보를 제공할 때 사용하는 콤마(,)와 which

콤마(,)와 which를 함께 사용하면 선행사 또는 앞 문장 전체에 대한 추가 정보를 언급하겠다는 신호야. 이때 which는 「and/but + 대명사」와 같아서 그야말로 내용을 계속 이어가는 연결어의 역할을 한다고 할 수 있어.

> There will be 5 classes, most of which will be taught in English.
>   → and most of them
> 다섯 개의 수업이 있을 예정이라고 언급하고 그중 대부분은 영어로 진행될 거라는 정보 추가

> He's seeing someone, which explains why he looks so happy these days.
>   → and this
> 그가 누군가를 만나는 중이라고 언급하고 그것이 그가 행복해 보이는 이유라는 정보 추가

왜 문제해결, 구조로 썼을까?

문제 상황으로 몰아넣고
해결책을 제시!

관심을 기울이도록 문제 상황부터 먼저!

문제의 원인 속에서 해결책 제시하기.

이게 내가 문제–해결 구조를 택한 이유!

이 챕터에서는

지문에서	문제를	어떻게 해결해야 하나?
① sick building syndrome ④ cow farts and burps	현상으로 인한 문제	문제 원인을 감소시키는 방안으로
② Great Pacific Garbage Patch ⑤ plastic ⑥ circular jeans	한계 상황으로 인한 문제	문제 원인을 감소시키는 방안으로
		새로운 방안을 개발하는 방식으로
		새로운 관점의 대안으로
③ bees' disappearance ⑦ overfishing ⑧ sharks	결핍으로 인한 문제	원인을 감소시키는 방법과 규제로

다음 글을 읽고, 전체 흐름과 관계 <u>없는</u> 문장을 고르시오.

There is growing evidence that dependence on automobile travel contributes to insufficient physical activity, transport-related carbon dioxide emissions, and traffic congestion. ① The city of Freiburg in Germany has been successful in applying sustainable transport policies that may influence car-oriented countries around the world. ② Thanks to the automobile, the vast majority of Germans soon had a freedom of movement previously unknown. ③ Over the last three decades, transport policies in Freiburg have encouraged more walking, cycling, and use of public transport. ④ During this period, the number of bicycle trips has tripled, travel by public transport has doubled, and the proportion of journeys by automobile has declined from 38% to 32%. ⑤ Since 1990, motorization rates have stayed the same and carbon dioxide emissions from transport have fallen, despite strong economic growth.

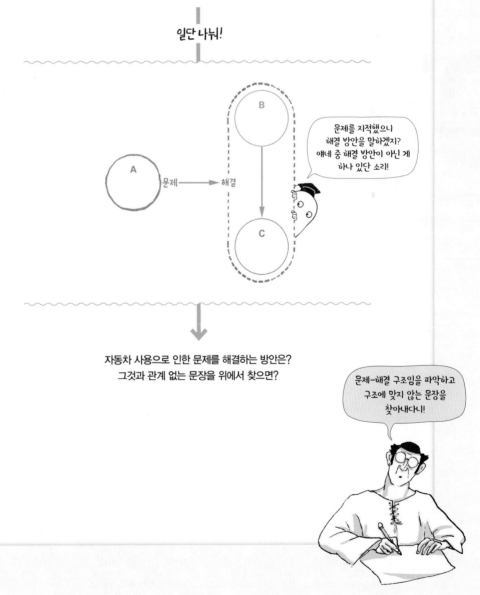

일단 나눠!

문제를 지적했으니 해결 방안을 말하겠지? 얘네 중 해결 방안이 아닌 게 하나 있단 소리!

자동차 사용으로 인한 문제를 해결하는 방안은?
그것과 관계 없는 문장을 위에서 찾으면?

문제-해결 구조임을 파악하고 구조에 맞지 않는 문장을 찾아내다니!

CHAPTER 05

대립

No!

통념을 꺾고 내 생각을 주장하기!

주어진 글 다음에 이어질 글의 순서로 가장 적절한 것을 고르시오.

For years business leaders and politicians have portrayed environmental protection and jobs as mutually exclusive.

(A) Pollution control, protection of natural areas and endangered species, and limits on use of nonrenewable resources, they claim, will choke the economy and throw people out of work. Ecological economists dispute this claim, however.

(B) Recycling, for instance, makes more new jobs than extracting raw materials. This doesn't necessarily mean that recycled goods are more expensive than those from raw resources. We're simply substituting labor in the recycling center for energy and huge machines used to extract new materials in remote places.

(C) Their studies show that only 0.1 percent of all large-scale layoffs in the United States in recent years were due to government regulations. Environmental protection, they argue, not only is necessary for a healthy economic system, but it actually creates jobs and stimulates business.

① (A) – (C) – (B)　　　　② (B) – (A) – (C)
③ (B) – (C) – (A)　　　　④ (C) – (A) – (B)
⑤ (C) – (B) – (A)

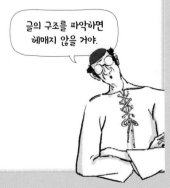
글의 구조를 파악하면
헤매지 않을 거야.

processed foods

199 words

★★☆☆☆

(A) We as food consumers tend to regard "processed foods" as unhealthy and "natural foods" as healthy. When we come across foods with the description "tinned," "rehydrated" or "freeze-dried," we are prone to think they are unhealthy or at least inferior.

(B) However, this is not always true, because processing foods sometimes makes them healthy and nutritious. (①) Actually, naturalness does not necessarily mean a food is healthy. (②) Natural foods can contain toxins, and minimal processing can make them safer. (③) Milk has been pasteurized since the late nineteenth century to kill harmful bacteria. (④) Processing food can also help to preserve nutrients in food. For example, freezing helps fruits and vegetables to retain nutrients that may otherwise degrade. Processing sometimes also adds vitamins and minerals to certain processed foods which do not have them in their natural state.

(C) Of course, some ultra-processed foods can be connected with bad health outcomes, but all processed foods should not be regarded with the same suspicion, _____. Consumers should not reject all processed foods but learn to tell the ones that are useful to our health from others that are not.

• **구조로 보면**

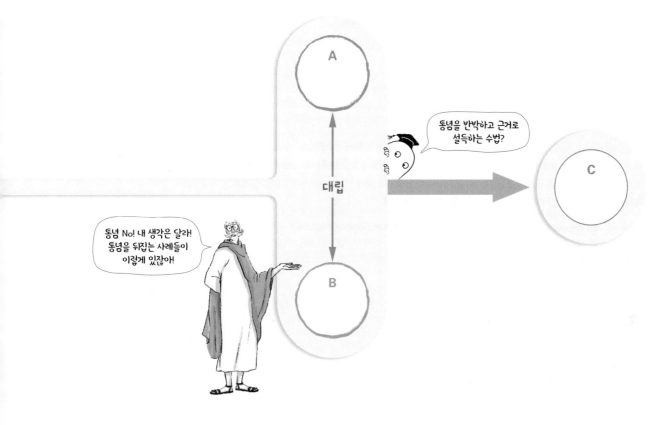

통념을 반박하고 근거로 설득하는 수법?

통념 No! 내 생각은 달라!
통념을 뒤집는 사례들이
이렇게 있잖아!

대립

0 각 단락의 역할을 |보기|에서 고르시오.

┤보기├
ⓐ 통념으로 화제 도입   ⓑ 과정 분석
ⓒ 반박의 사례 나열   ⓓ 독자들에게 제안

A _____   B _____   C _____

1 이 글의 주제로 가장 적절한 것은?

대립 구조에서 반박이
제시된 단락을 아나?

① the merits of processed foods

② the variety of food processing methods

③ consumer responsibility in choosing foods

④ the origin and development of processed foods

통념을 꺾고 내 생각을 주장하기

대다수 사람들이나 특정 집단이 당연하다고 여기는 사실이나 믿음을 부정하거나 반박할 때 효과적인 구조가 바로 대립 구조다. 통념이나 특정 집단의 주장을 먼저 제시한 뒤, 그것을 반박하고 글쓴이의 주장을 내세워 대립시키면 주장의 내용이 돋보이는 효과뿐 아니라 설득력이 더욱 생기기 때문이다. 이런 구조의 글에서 통념은 함정, 주목해야 할 부분은 반박과 글쓴이의 주장이다.

• 통념의 시그널: We tend to / People usually think / Many people believe
• 반박의 시그널: however, but, yet

2 이 글의 흐름으로 보아, 다음 문장이 들어갈 가장 적절한 곳은?

주어진 문장의
역할을 구조 속에서
파악할 수 있어?

> For example, processing makes cow's milk safe to drink.

①   ②   ③   ④

3 이 글의 흐름으로 보아, 빈칸에 들어갈 말로 가장 적절한 것은?

① since all of them are helpful to our health

② because some processing is beneficial to our health

③ as there will be a lot of developments in food processing

④ because there is no way to tell which ones are ultra-processed

4

어휘

이 글의 내용으로 보아, 빈칸에 들어갈 수 <u>없는</u> 것은?

> For example, freezing helps fruits and vegetables to _____ nutrients that may otherwise degrade.

otherwise
그렇지 않으면

degrade
(화학적으로) 분해되다

① preserve ② spend ③ keep ④ save

5

어법

다음 문장이 의도한 바를 <u>잘못</u> 이해한 사람은?

① Processing foods is not always unhealthy.

　수한: 식품을 가공하는 것이 항상 건강에 해로운 건 아니야.

② Naturalness does not necessarily mean a food is healthy.

　지나: 자연상태의 식품은 항상 건강에 좋은 거구나.

③ All processed foods should not be regarded with the same suspicion.

　수영: 모든 가공식품이 건강에 해롭다는 의심을 하면 안 되겠구나.

④ Consumers should not reject all processed foods but learn to tell the ones that are useful to our health from others that are not.

　한결: 소비자들은 가공식품을 모두 거부할 게 아니라 건강에 유익한 것과 그렇지 않은 걸 구별해야 해.

예외에 주목하여 글을 전개할 때 사용하는 부분부정

부분부정은 전체가 아닌 일부에만 해당하거나 예외가 있음을 보여줄 때 사용할 수 있어.

┌ always / necessarily / completely / quite ┐
│　　　　　　　　　　　　　　　　　　　　 ├ + 부정어
└ all / both / every 　　　　　　　　　　　┘

However, this is not always true, because processing foods sometimes makes them healthy and nutritious.

→ 이 글에서처럼 가공식품은 몸에 좋지 않다는 통념이나 상식을 말한 뒤에 그걸 부분적으로 부정하게 되면 글쓴이가 통념이나 상식의 예외에 주목하여 글을 전개한다는 걸 예측할 수 있어.

Ⓐ Anyone who's ever been on a diet knows the importance of daily calorie intake. In a fitness-obsessed society, we constantly think about the number of calories we consume. We even have apps that keep track of the number of calories we consume throughout the day.

Ⓑ One calorie is the amount of energy needed to raise 1 gram of water by 1 degree Celsius. The concept of food calorie was first introduced in 1896 by a chemist named Wilbur Atwater. Atwater claimed that humans need food as fuel to produce energy just as the steam engine moves on coal.

Ⓒ _____ , recent studies show that food calories are not so accurate. The margin of error is around 20%. So the cookie that you thought had 200 kcal could actually have (   ) or (   ) In addition, a high-calorie diet does not necessarily lead to weight gain. It's more about quality than quantity.

Ⓓ Our ideas of food and diet need to be reorganized. One need not worry about what we eat all the time. While we should be conscious about the food we consume, it's okay to have 'unhealthy' foods or overeat occasionally. It's important to focus on and enjoy the food in front of us. If we pay attention to the signals our body sends and tend to it, it will in return take care of us.

● **구조로 보면**

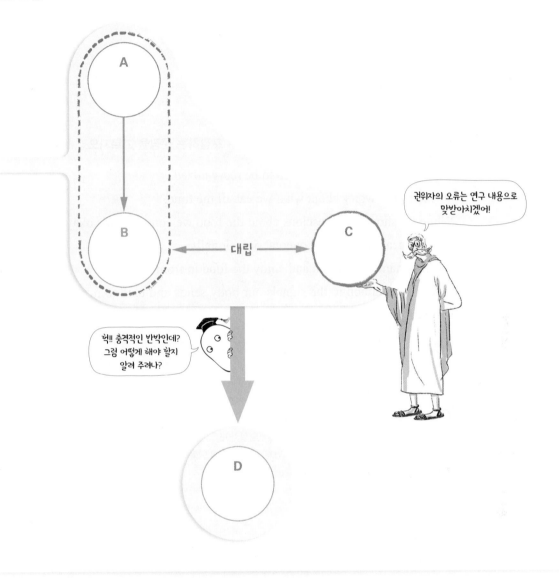

권위자의 오류는 연구 내용으로
맞받아치겠어!

헉!! 충격적인 반박인데?
그럼 어떻게 해야 할지
알려 주려나?

0 **각 단락의 역할을 |보기|에서 고르시오.**

---|보기|---

ⓐ 음식 열량 개념에 대한 반론

ⓑ 음식 열량에 집착하는 사회 현상 제시

ⓒ 열량 개념이 현대 식단에 도입된 배경 설명

ⓓ 음식을 대하는 사람들의 태도 변화 요구

Ⓐ _____   Ⓑ _____   Ⓒ _____   Ⓓ _____

1 이 글의 흐름으로 보아, 빈칸에 들어갈 말로 가장 적절한 것은?

① Otherwise   ② Therefore

③ Besides   ④ However

2 **D**를 구성하는 문장들이다. 나머지 문장을 <u>모두</u> 포괄하는 문장을 고르시오.

① Our ideas of food and diet need to be reorganized.

② One need not worry about what we eat all the time.

③ While we should be conscious about the food we consume, it's okay to have 'unhealthy' foods or overeat occasionally.

④ It's important to focus on and enjoy the food in front of us.

⑤ If we pay attention to the signals our body sends and tend to it, it will in return take care of us.

중요한 말은 단락의 첫 부분에!

글쓴이는 단락의 첫 부분에 중요한 말을 먼저 하는 경향이 있는데, 단락의 첫 문장은 나머지 문장들을 모두 포괄하기 때문에 추상적인 경우가 많다. 하지만 뒤에서 구체적인 설명이나 예를 들어 자세히 말해주므로 이어지는 문장들을 이해하면 결국 첫 문장을 이해할 수 있게 된다. 하나의 단락이 몇 개의 문장으로 구성되든, 결국 전달하고자 하는 메시지는 하나다.

---

3 글쓴이가 주장하는 바로 가장 적절한 것은?

① 음식의 열량을 정확하게 측정할 수 있는 다른 기준이 필요하다.

② 일일 섭취 열량 관리를 위해 식단을 재조정해야 한다.

③ 건강에 안 좋은 음식의 섭취나 과식에 신경 써야 한다.

④ 열량에 집착하지 말고 음식과 식단에 대한 생각을 바꿔야 한다.

대립 구조에서 글쓴이의 주장이 드러난 부분을 파악했나?

4

어휘

칼로리에 대한 설명 중 margin of error의 의미를 고려하여 (　　) 안에 알맞은 수치를 각각 쓰시오.

> The margin of error is around 20%. So the cookie that you thought had 200 kcal could actually have (　　) or (　　).

margin of error
the amount by which a set of data might not be accurate

5

어법

C와 **D**의 일부 내용이다. <u>잘못</u> 이해한 사람은?

> **C** In addition, a high-calorie diet does not necessarily lead to weight gain. It's more about quality than quantity.
> **D** One need not worry about what we eat all the time. While we should be conscious about the food we consume, it's okay to have 'unhealthy' foods or overeat occasionally. It's important to focus on and enjoy the food in front of us.

문장의 의도를
정확하게 이해했나?

① 수한: 열량이 높은 식단일수록 몸무게도 증가하는구나.
② 한결: 고열량 식단과 몸무게 증가는 양보다는 질에 달려 있구나.
③ 지나: 먹는 것에 대해 항상 걱정할 필요는 없구나.
④ 수영: 열량이 높은 음식도 가끔은 즐겨 먹을 수 있겠네.

3

volcanic ash

209 words

★★★☆☆

(A) When a volcano erupts, people are usually afraid of lava and pyroclastic flows because these destroy everything in their paths. However, volcanic ash is just as dangerous, and it is even more destructive in long-term effects.

(B) Volcanic ash is a mixture of rock, mineral, and glass particles expelled from a volcano during a volcanic eruption. Due to their tiny size and low density, the particles that make up volcanic ash can travel long distances, carried by winds. Eventually, the ash in the sky falls to the ground. It may create a thick layer of dust-like material on surfaces for miles.

(C) Volcanic ash is dangerous because its particles are very hard and usually have jagged edges. As a result, it can cause eye, nose, and lung irritation, as well as breathing problems. While in the air, ash can cause problems for jet engines, forcing airlines to cancel flights through the affected area. Also, an ashfall that leaves a thick layer of ash may cause roofs to collapse. Animals in an area coated by volcanic ash may have difficulty finding food, as the plants in the region may be covered in ash. The ash can also contaminate water supplies. In this way, volcanic ash causes long-term harm around a widespread area.

*pyroclastic flow 화산쇄설류(화산 폭발 시 분화구에서 분출되는 분출물)

● 구조로 보면

0 각 단락의 내용을 |보기|에서 고르시오.

> |보기|
>
> ⓐ 화산 분출 과정
>
> ⓑ 화산재가 원인이 되어 발생하는 문제들
>
> ⓒ 화산 폭발의 피해에 대한 사람들의 상식과 반박
>
> ⓓ 화산재 입자의 특징

A _____ B _____ C _____

1 화산재의 피해에 대해 언급한 내용이 <u>아닌</u> 것은?

반박의 근거를
확인했나?

① 장기적으로 용암으로 인한 피해보다 더 위험하다.

② 눈이나 코, 폐에 염증을 초래하고 호흡 문제를 일으킨다.

③ 피해 지역에 비행기가 날지 못하게 한다.

④ 동물들이 먹이를 찾아 먼 지역으로 이동하여 생태계가 변화한다.

2 이 글의 제목으로 가장 적절한 것은?

① The Scientific Analysis of Volcanic Ash

② The Dangerous Influence of Volcanic Ash

③ The Environmental Effects of a Volcanic Eruption

④ The Devastating Outcome of a Volcanic Eruption

3

어법

이 글의 흐름으로 보아, 빈칸에 들어갈 수 없는 것은?

> Volcanic ash is dangerous because its particles are very hard and usually have jagged edges. _____, it can cause eye, nose, and lung irritation, as well as breathing problems.

빈칸 앞뒤 관계를 확인했어?

① Consequently
② Otherwise
③ Therefore
④ Accordingly

4

어법·어휘

B 와 C 에서 사용된 인과 관계 표현을 모두 찾아 쓰시오.

- due to
- _____
- _____
- _____
- _____
- _____
- _____

4

solar power

223 words

★★★☆☆

A Everybody seems to love solar power. It's nice, clean, and renewable, so it is regarded as one of the solutions that can tackle the problems of global warming and pollution. One major problem with solar power seems to be that it is expensive. However, there is another major issue that also needs to be addressed.

B Solar power is not as environmentally friendly as people assume, because solar panels are manufactured through dirty processes from start to finish. Mining quartz for silicon, one of solar panels' main materials, causes the lung disease silicosis. The production of solar panels also uses a lot of energy, water, and toxic chemicals, meaning that the production of solar panels is closely related to greenhouse gas emissions and the pollution of the environment.

C [＿＿＿＿＿＿＿＿＿＿], solar panels are not so renewable. There is a life expectancy issue of solar cells. Solar cells have a relatively short life expectancy, roughly 25 years, compared to other sources of electricity. So almost all solar panels should be replaced after 25 years. Recycling them costs a lot of money, so without proper legal regulation, all used solar panels would go to landfills, ＿＿＿＿＿＿＿＿＿＿＿＿＿＿＿＿. Sunshine is renewable, but solar panels are hardly renewable.

D So even though solar power uses sunshine, it is not all sunshine and roses.

*silicosis 규폐증(규토 가루를 마셔서 걸리는 폐 질환)

• **구조로 보면**

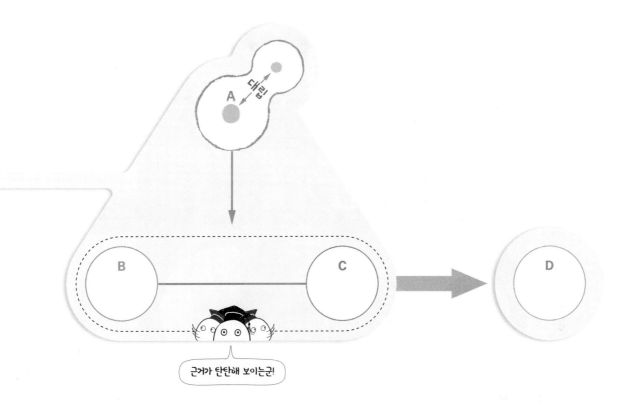

0 각 단락의 역할을 |보기|에서 고르시오. (중복 선택 가능)

┤보기├
ⓐ 통념과 반박   ⓑ 반박의 근거   ⓒ 결론

A _____   **B** _____   **C** _____   **D** _____

1

태양광 발전에 대해 글쓴이가 주장하는 바로 가장 적절한 것은?

① 태양광은 지속 가능한 대체 에너지원이다.

② 태양광 발전은 가격 효율성 면에서 재고되어야 한다.

③ 태양광 발전의 문제는 재활용을 통해서 해결해야 한다.

④ 태양광 발전이 환경친화적이지 않다는 점을 주목해야 한다.

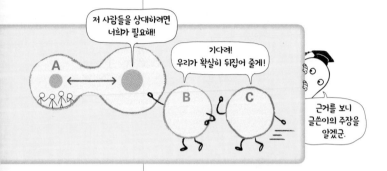

2

이 글의 흐름으로 보아, 빈칸에 들어갈 말로 가장 적절한 것은?

① which would remain there almost forever

② which local governments would approve of

③ which would cost a lot of money to dispose of

④ which would pose a serious threat to the environment

3

B와 C의 관계로 보아, ▭에 들어갈 말로 가장 적절한 것은?

> **B** Solar power is not as environmentally friendly as people assume, because solar panels are manufactured through dirty processes from start to finish. Mining quartz for silicon, one of solar panels' main materials, causes the lung disease silicosis. −후략−
>
> **C** ▭, solar panels are not so renewable. There is a life expectancy issue of solar cells. Solar cells have a relatively short life expectancy, roughly 25 years, compared to other sources of electricity. −후략−

① However　　　　② Moreover
③ Therefore　　　④ Nevertheless

이 글의 구조 속에서 두 단락의 역할을 알아?

4

어법

다음 문장에서 밑줄 친 부분이 의도하는 바가 나머지와 다른 하나는?

① <u>But for your help</u>, I could not have finished my job at that time.
② <u>But for your timely warning</u>, we would have been unaware of the danger.
③ <u>Without proper legal regulation</u>, all used solar panels would go to landfills.
④ The flight was delayed and we had to wait for five hours <u>without anything to eat or drink</u>.

상황이 바뀌면 생길 수 있는 결과를 생각해 볼 때 사용하는 without과 but for

상황이 바뀌면 생길 수 있는 결과를 생각해 볼 때 without 또는 but for를 사용할 수 있어. 현재나 과거 사실과 반대로 가정하기 때문에 결과를 나타내는 절에는 「조동사의 과거형+동사원형」 또는 「조동사의 과거형+have p.p.」를 쓰는 거야. 중요한 건 이런 형식을 통해 글쓴이가 문제를 제기하거나 자신의 생각을 표현할 수 있다는 점!

❶ Without water, all living things would die.
　물이 없다면, 모든 생물은 죽을 것이다.

❷ Without such passion, they would have achieved nothing.
　그런 열정이 없었다면, 그들은 아무것도 성취할 수 없었을 것이다.

* 동사를 가정법의 형태로 쓰지 않는다면 '~없이, ~을 제외하고'의 뜻이야.
I got to my destination without too much difficulty. (큰 어려움 없이 목적지에 도착했다.)

(A) Legend says that the hair of Marie Antoinette, the last Queen of France, turned gray overnight just before her execution in 1793. Many other stories also tell that people's hair color could suddenly turn gray because of extreme stress. Contrary to this common belief, scientists have doubted the effect of stress on hair color change. Instead, hormone changes, autoimmune diseases, or nutritional problems were commonly cited as possible causes for the sudden change of hair color. However, a recent study by the Columbia University research team showed that stress actually affects the change of hair color. Furthermore, they found that gray hair can be restored to its original color when stress is diminished. They analyzed the hair of 14 volunteers and had them keep a stress diary. When they compared the stress diaries with the volunteers' hair color change, they found a striking connection between stress and hair graying. In one case, gray hair even went back to its dark color when the individual went on vacation.

(C) This research offers new clues regarding human aging in general. We can see that stress wields considerable influence on the process of aging. Also, human aging may not be linear and can be reversed. However, the reversal may be on a limited scale. The research warned that gray hair of people over 70 is not reversible regardless of their stress levels.

● **구조로 보면**

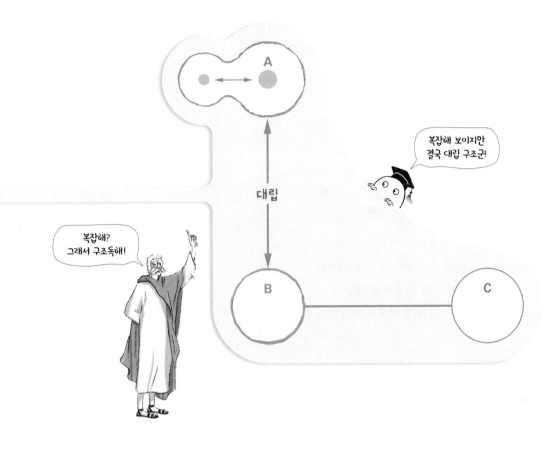

O 이 글을 세 단락으로 나눌 때, **B**가 시작되는 부분의 첫 단어를 쓰시오.

B [   ]

1

A와 **B**에 대한 설명으로 적절하지 <u>않은</u> 것은?

① **A**는 역사 속 인물의 사례를 먼저 제시하여 화제에 대한 흥미를 높이고 있다.

② **A**는 백발과 스트레스에 대한 상반된 견해들을 제시하고 있다.

③ **B**는 최근 연구 내용을 근거로 백발과 스트레스의 인과성을 밝혀내고 있다.

④ **B**는 **A**에 제시된 내용을 모두 부정하는 연구 결과이다.

2

이 글의 내용과 일치하지 <u>않는</u> 것은?

① 휴식은 노화의 진행을 지연시킬 수 있다.

② 스트레스는 노화에 상당한 영향을 미친다.

③ 노화는 일사불란하게 진행되지 않는다.

④ 노화의 역전은 모든 연령대에서 가능하다.

검증된 내용이나 전문가의 말을 끌어와 주장하기

글쓴이가 다른 사람의 주장을 소개하거나 자신의 주장을 펼칠 때 '그 생각들이 검증된 것인지'가 중요하다. 따라서 글쓴이는 자신이 말하고자 하는 내용에 신뢰를 얻기 위해 객관적인 연구나 실험 결과, 전문가의 말을 인용한다. 인용된 내용은 곧 글쓴이의 생각과 같거나 그것을 입증하는 근거임을 기억하자.

2015 수능 38번

> The researchers had made this happen by lengthening the period of daylight to which the peach trees on whose roots the insects fed were exposed.

Exactly how cicadas keep track of time has always intrigued researchers, and it has always been assumed that the insects must rely on an internal clock. Recently, **however, one group of scientists working with the 17-year cicada in California have suggested that** the nymphs use an external cue and that they can count. (①) For their experiments they took 15-year-old nymphs and moved them to an experimental enclosure. -후략-

수능에도 자주 나와!

3 **어휘**

밑줄 친 diminished의 의미와 거리가 먼 것은?

Furthermore, they found that gray hair can be restored to its original color when stress is <u>diminished</u>.

단어의 의미를 문맥 속에서 파악할 수 있어?

① reduced

② lessened

③ decreased

④ magnified

4 **어휘**

밑줄 친 be reversed의 의미로 가장 적절한 것은?

Also, human aging may not be linear and can <u>be reversed</u>.

① be turned inside out

② be changed to the contrary

③ drive a vehicle backwards

④ overthrow a legal decision

biotechnology

186 words

★★★★★

Scientists say that we're driving species to extinction at a rate 1,000 times higher than their natural rate, and that humans are doing irreversible harm to earth's biodiversity. Or are we? It's true that humans wreak havoc on the environment, but we're also finding ways to undo the damage we've caused. Take the American chestnut tree, for example. It used to be one of the most abundant trees in the eastern region of the United States. Then in the late 1800s, Asian chestnut trees were brought into the U.S. as an ornamental tree. But these trees brought a disease, a fungal blight, infecting the native American chestnut trees. The American chestnut trees were all but completely wiped out as a result. Now, more than 100 years later, researchers found out why the blight killed the chestnut tree, and produced a strain of chestnut trees that is resistant to this fungal blight. The expression, 'the point of no return,' does not apply in this case. Biotechnology has succeeded in recovering and healing the damage done by humans, and this is the hope that biotechnology brings to conservation.

● **구조로 보면**

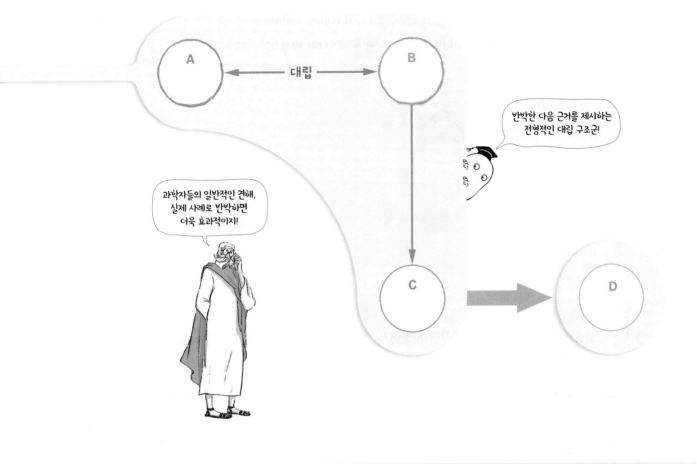

대립

반박한 다음 근거를 제시하는 전형적인 대립 구조군!

과학자들의 일반적인 견해, 실제 사례로 반박하면 더욱 효과적이지!

0 이 글을 네 단락으로 나눌 때, 각 단락이 시작되는 부분의 첫 두 단어를 네모 안에 쓰고, 각 단락의 역할을 |보기|에서 고르시오.

┌ 보기 ┐

ⓐ 가설에 대한 증명   ⓑ 사례의 의미와 결론

ⓒ 통념에 대한 반박   ⓓ 통념으로 화제 도입

ⓔ 반박의 사례 제시   ⓕ 증명에 대한 정리

A [   ]   B [   ]   C [   ]   D [   ]

A _____   B _____   C _____   D _____

1

이 글의 주제로 가장 적절한 것은?

① the environmental damage caused by humans

② the research progress made to cure plant disease

③ the role of biotechnology in environment conservation

④ the potential danger of importing exotic species to a new terrain

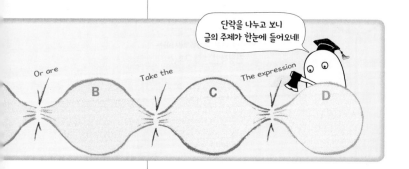

단락을 나누고 보니 글의 주제가 한눈에 들어오네!

Or are

Take the

The expression

B

C

D

2

글쓴이가 반박의 근거로 제시한 사례에서 알 수 있는 내용을 |보기|에서 골라 알맞게 짝지은 것은?

Take the American chestnut tree, for example. It used to be one of the most abundant trees in the eastern region of the United States. Asian chestnut trees were brought into the U.S. as an ornamental tree. But these trees brought a disease, a fungal blight, infecting the native American chestnut trees. The American chestnut trees were all but completely wiped out as a result. Now, more than 100 years later, researchers found out why the blight killed the chestnut tree, and produced a strain of chestnut trees that is resistant to this fungal blight.

abundant
more than enough

resistant to
not damaged by something

┤ 보기 ├

ⓐ 아시아 밤나무는 미국에서 살아남지 못했다.

ⓑ 미국 밤나무는 미국 전역에서 지배종이었다.

ⓒ 미국 밤나무는 장식용 목적으로 주로 사용되었다.

ⓓ 아시아 밤나무와 함께 병충해도 유입되었다.

ⓔ 연구 덕분에 한때 멸종된 것으로 여겼던 종을 되살렸다.

① ⓐ와 ⓒ   ② ⓑ와 ⓓ   ③ ⓒ와 ⓓ   ④ ⓓ와 ⓔ

3

밑줄 친 표현들의 의미로 가장 적절한 것을 본문에 쓰인 |보기|의 표현 중에서 고르시오.

> Scientists say that we're driving species to <u>extinction</u> at a rate 1,000 times higher than their natural rate, and that humans are doing irreversible harm to earth's biodiversity. Or are we? It's true that humans <u>wreak havoc</u> on the environment, but we're also finding ways to <u>undo the damage</u> we've caused.

주제와 관련된 표현들이 반복되고 있다는 걸 아나?

(1) extinction : _____

(2) wreak havoc : _____

(3) undo the damage : _____

| 보기 |
| @ wiped out
| ⓑ doing irreversible harm
| ⓒ recovering and healing the damage

4

밑줄 친 all but이 들어갈 수 있는 문장은?

> The American chestnut trees were <u>all but</u> completely wiped out as a result.

① I give up. This is _____ impossible.
② We want _____ the best for our children.
③ For miles and miles there's _____ desert.
④ We went to see that new action film on Thursday night and it was _____ good. In fact, I fell asleep.

but=except:
~을 제외하고

all but ~:
~를 제외하고 모두
→ 거의 모든

anything but ~:
~을 제외하고는 무엇이든
→ ~은 결코 아닌

nothing but ~:
~을 제외하고는 아무것도 없는
→ 오직, 단지 ~뿐

5

밑줄 친 the point of no return과 의미가 가장 가까운 단어를 찾아 쓰시오.

> The expression, 'the point of no return,' does not apply in this case.

> _____

왜 대립 구조로 썼을까?

통념을 꺾고!
내 생각을 주장하기!

일반적인 통념을 먼저,

NO! 내 생각은 달라!

탄탄한 근거로 멋들어지게 설득하기!

이게 내가 대립 구조를 선택한 이유!

이 챕터에서는

지문에서	무엇을	어떻게 반박하고 있나?
① processed foods ③ volcanic ash ④ solar power	일반적 견해	구체적인 이유와 객관적인 설명으로 반박
② calorie intake	권위자의 오류	연구 내용으로 반박
⑤ hair graying	과학자들의 견해	연구 내용으로 반박
⑥ biotechnology		실제 사례로 반박

주어진 글 다음에 이어질 글의 순서로 가장 적절한 것을 고르시오.

For years business leaders and politicians have portrayed environmental protection and jobs as mutually exclusive.

(A) Pollution control, protection of natural areas and endangered species, and limits on use of nonrenewable resources, they claim, will choke the economy and throw people out of work. Ecological economists dispute this claim, however.

(B) Recycling, for instance, makes more new jobs than extracting raw materials. This doesn't necessarily mean that recycled goods are more expensive than those from raw resources. We're simply substituting labor in the recycling center for energy and huge machines used to extract new materials in remote places.

(C) Their studies show that only 0.1 percent of all large-scale layoffs in the United States in recent years were due to government regulations. Environmental protection, they argue, not only is necessary for a healthy economic system, but it actually creates jobs and stimulates business.

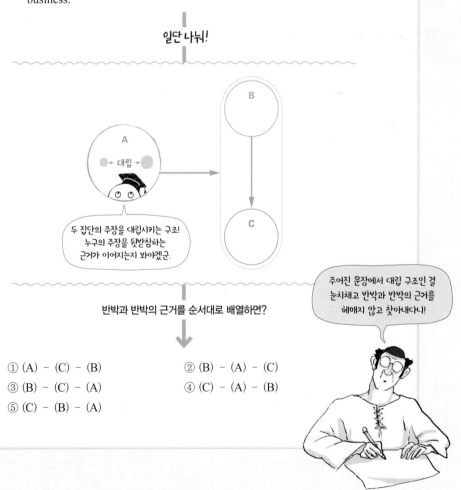

일단 나눠!

두 집단의 주장을 대립시키는 구조!
누구의 주장을 뒷받침하는
근거가 이어지는지 봐야겠군.

주어진 문장에서 대립 구조인 걸
눈치채고 반박과 반박의 근거를
헤매지 않고 찾아내다니!

반박과 반박의 근거를 순서대로 배열하면?

① (A) - (C) - (B)   ② (B) - (A) - (C)
③ (B) - (C) - (A)   ④ (C) - (A) - (B)
⑤ (C) - (B) - (A)

CHAPTER **06**

질문 답변

궁금하게 질문부터! 내 생각은 답에서!

다음 글을 읽고, 글의 주제로 적절한 것을 고르시오.

How can we access the nutrients we need with less impact on the environment? The most significant component of agriculture that contributes to climate change is livestock. Globally, beef cattle and milk cattle have the most significant impact in terms of greenhouse gas emissions(GHGEs), and are responsible for 41% of the world's CO_2 emissions and 20% of the total global GHGEs. The atmospheric increases in GHGEs caused by the transport, land clearance, methane emissions, and grain cultivation associated with the livestock industry are the main drivers behind increases in global temperatures. In contrast to conventional livestock, insects as "minilivestock" are low-GHGE emitters, use minimal land, can be fed on food waste rather than cultivated grain, and can be farmed anywhere thus potentially also avoiding GHGEs caused by long distance transportation. If we increased insect consumption and decreased meat consumption worldwide, the global warming potential of the food system would be significantly reduced.

① necessity of a dietary shift toward eating insects
② effects of supply and demand on farming insects
③ importance of reducing greenhouse gas emissions
④ technological advances to prevent global warming
⑤ ways of productivity enhancement in agriculture

내 질문의 의도가 뭔지 알아?

writing system

218 words

★★☆☆☆

(A) Who first invented writing, and what was it first invented for? As we are living in a highly literate society, we take writing for granted. But writing is a relatively modern technology, dating back around 5,500 years ago. Historians agree that humans invented writing at least four times in different places, including Mesopotamia, Egypt, China, and Mesoamerica. [   ], the need for writing was similar.

(B) Today, we use writing mainly to express our thoughts and ideas, but writing did not start for that purpose. The history of writing went hand in hand with urbanization. As cities developed, they needed to record numbers in agriculture, trade, commerce, army, administration, and taxation. Thus, the first writing had not much to do with language but was more like a spreadsheet. Then came the need for names of people. Unlike simple account-keeping, writing names gave a new challenge, and a primitive system of letters appeared. It took a long time before the tokens and symbols of primitive writing became a visual form of language. Research shows that writing first became a vehicle for recording speech when used in rituals.

(C) Aside from Mesopotamia, Egypt, China, and Mesoamerica, other cultures' writing systems came into being from inspiration and imitation. Each culture was inspired by more developed civilizations and imitated them for their own writing system.

● **구조로 보면**

0 각 단락의 내용을 |보기|에서 고르시오.

┤보기├
ⓐ how other cultures made their own writing system
ⓑ the reason writing was invented
ⓒ places where writing was invented

A _____ B _____ C _____

1 이 글의 내용과 일치하는 것은?

① Egypt imitated the writing system of Middle America.
② The first written symbols were for counting numbers.
③ Writing was first created to express human thought.
④ The first writing existed before cities were built.

2 이 글의 제목으로 가장 적절한 것은?

① The History of Writing and Urbanization
② The Origin of Numbers and Spreadsheets
③ Prehistoric Letters and Rituals
④ The Uses of Writing in Prehistoric Times

질문-답변 구조에서 핵심은 답변에!

글쓴이가 읽는 사람들의 관심을 집중시키고 자연스럽게 주제를 제시하기 위해 질문으로 글을 시작할 때가 있다. 이런 글에서 글쓴이는 질문에 대한 답을 제시하는데, 그 답에는 주제에 대해 글쓴이가 전달하려는 핵심 내용, 즉 글의 요지가 포함되어 있다. 따라서 이런 구조의 글은 질문의 핵심과 그에 대한 답이 무엇인지를 파악하는 게 관건이다.

3

어법

A의 내용으로 보아, ☐☐☐☐☐에 들어갈 말로 가장 적절한 것은?

빈칸 앞뒤 관계를 파악했어?

> Historians agree that humans invented writing at least four times in different places, including Mesopotamia, Egypt, China, and Mesoamerica. ☐☐☐☐☐, the need for writing was similar.

① Therefore
② Still
③ In addition
④ On the contrary

4

어휘

밑줄 친 literate의 의미로 알맞은 것은?

> As we are living in a highly <u>literate</u> society, we take writing for granted.

① dealing with literature
② educated in several fields
③ formal in manners
④ able to read and write

5

어휘

밑줄 친 vehicle의 의미와 거리가 먼 것은?

이 문맥 속에서 단어의 의미를 파악했나?

> Research shows that writing first became a <u>vehicle</u> for recording speech when used in rituals.

① channel
② means
③ medium
④ automobile

2

(A) Jobs evolve over the course of time. New jobs have been constantly created and many jobs have disappeared throughout human history. Then, what will happen in the future?

(B) The key to future job evolution is technology. Technology will play a crucial role in creating or destroying jobs. For example, there is automation technology. Robots have already taken away many jobs from manufacturing workers for several decades. But with the advent of new technology, automation will affect every sector of our society. Not only in manufacturing jobs but also in highly professional careers, robots will replace humans. One day, it won't be so unusual to see robots perform surgery or do research in laboratories. Because of automation, many people will lose their jobs.

(C) But it will also give new opportunities for some people. People who are ready for the changes will succeed, while unprepared people will lose their jobs. Those who are equipped with new technology will get a good job and make a lot of money. So, which side do you want to be on? The endangered species or _____?

● **구조로 보면**

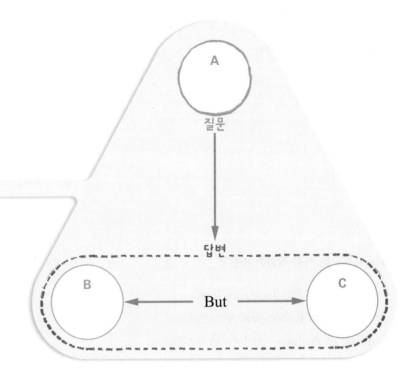

0 **각 단락의 내용을 │보기│에서 고르시오.**

┤ 보기 ├

ⓐ 기술 발전이 가져올 새로운 기회

ⓑ 기술 발전으로 인한 일자리 잠식

ⓒ 직업의 미래 전망에 대한 질문

A _____   B _____   C _____

1

글쓴이의 생각을
구조 속에서
파악할 수 있어?

이 글의 흐름으로 보아, 빈칸에 들어갈 말로 가장 적절한 것은?

① disappearing professionals

② government officials

③ the new aspiring one

④ manufacturing workers

2

이 글의 제목으로 가장 적절한 것은?

① The Future of Manufacturing Jobs

② The History of Robots and Automation

③ The Fate of Professional Jobs in the Future

④ The Role of Technology in Future Job Evolution

3

이 글의 구조에서 글쓴이가
결국 하고 싶은 말은?

이 글에 가장 어울리는 명언은?

① Take no risks and be alert to danger.

② Hope for the best, prepare for the worst.

③ All things are ready, if our mind be so.

④ Tomorrow belongs to the people who prepare for it today.

4

어휘

밑줄 친 crucial과 바꿔 쓸 수 없는 것은?

Technology will play a <u>crucial</u> role in creating or destroying jobs.

① critical

② central

③ decisive

④ partial

5

어법

밑줄 친 it과 쓰임이 다른 것은?

One day, <u>it</u> won't be so unusual to see robots perform surgery or do research in laboratories.

① <u>It</u> is a shame that he could not make it to the party.

② <u>It</u> was Jane that I saw in the library yesterday.

③ <u>It</u> was only natural that he fell in love with her again.

④ <u>It</u> was so sweet of you to help that old lady cross the road.

A Do you have a sweet tooth? Then you may want to try a macaron or a macaroon. Now, one might ask, "But aren't those two the same? What is the difference between them?"

B Before we go any further, we need to set the record straight. "Macaron" is not a misspelling of "macaroon." In fact, "macaron" and "macaroon" are two very different things. A macaron is a sandwich-like pastry with two crisp crusts and a soft filling. _____, a macaroon is a soft cookie made with egg whites, sugar, and shredded dried coconut. Macarons come in various flavors and colors, while macaroons are often dipped in chocolate.

C However, both macarons and macaroons share the same historical background. Italian chefs baked cookies without using flour for the first time. Some used almond powder, and others used shredded coconut. The former became macarons, and the latter became macaroons. Nowadays, the macaron is largely known as a French delicacy, while macaroons are known as an American dessert.

D So, take your pick! Which do you like more? Do you prefer the crispy macarons or the chewy macaroons?

● **구조로 보면**

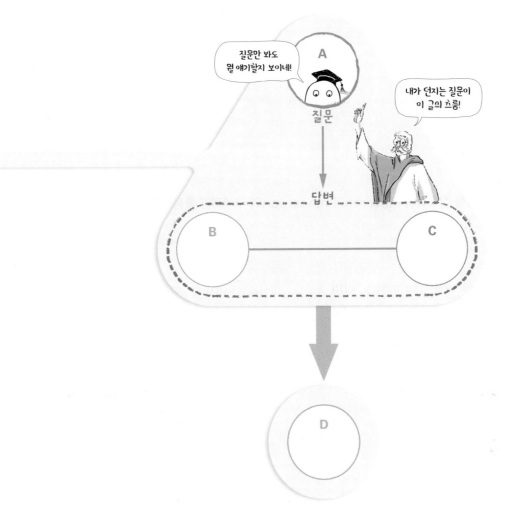

0 **이 글에 대한 설명으로 가장 적절한 것은?**

① macaron과 macaroon에 대한 선호도를 분석하고 있다.

② 쿠키의 역사적 배경에 대해 서술하고 있다.

③ 단것에 대한 부정적 인식을 사례를 들어 반박하고 있다.

④ macaron과 macaroon에 대해 비교하여 설명하고 있다.

1 이 글의 흐름으로 보아, 빈칸에 들어갈 말로 가장 적절한 것은?

① On the other hand   ② For instance

③ In addition   ④ As a result

구조로 보면 한눈에
찾을 수 있을 걸?

2 글의 내용을 참고하여 macaron과 macaroon의 구체적인 특징을 쓰시오.

macaron
• sandwich-like pastry with two _____ crusts and a _____ filling • uses _____ _____

macaroon
• soft cookie made with _____ whites, sugar and _____ dried coconut • uses _____ _____

3 이 글을 읽고 답을 할 수 <u>없는</u> 질문은?

① How are macarons and macaroons different?

② Where were macarons and macaroons first made?

③ What is the name of the person who invented macarons?

④ Which cookie uses almond powder instead of flour?

답변에 이 내용이
있다는 걸 알고 있나?

sloth 나무늘보

4

어법

빈칸 (A), (B)에 공통으로 들어갈 단어를 글에서 찾아 쓰시오.

> • While pandas and koalas are both popular animals, only the _____(A)_____ are native to China; the _____(B)_____ are native to Australia.
> • Both monkeys and sloths live in the jungles of Central America. However, the _____(A)_____ are much faster than the _____(B)_____.

(A): _____   (B): _____

비교하는 두 대상을 순서대로 구별하는 the former, the latter

두 대상을 비교하여 설명할 때, 먼저 언급된 것은 the former(전자)로, 뒤에 언급된 것은 the latter(후자)로 표현해.   * former(전자의), latter(후자의) → the+형용사: 명사처럼 사용

Cats and dogs are both popular types of pets. However, the former requires less exercise.   고양이와 개는 모두 인기있는 애완동물이지만 전자(고양이)는 운동을 덜 필요로 한다.

5

어휘

밑줄 친 표현이 의미하는 바를 우리말로 쓰시오.

> Before we go any further, we need to set the record straight.

> _____

6

어법·어휘

macaron과 macaroon을 비교할 때 사용한 표현을 모두 찾아 쓰시오.

• difference between   • _____

• _____   • _____

• _____   • _____

democracy of
ancient Athens

187 words

★★★☆☆

(A) In the modern world, most nations have a democratic government. Even the countries with a dictatorship claim to be democratic. But just when did democracy first begin, and how different was it from modern democracy?

(B) Democracy first began in ancient Athens in the fifth century B.C. Unlike modern democracy, where politicians represent people, the people of Athens directly participated in politics. When there was a critical issue of the state, the citizens of Athens gathered and discussed the issue. They decided most of the important matters by voting, and the decision was final. Also, public positions of government were open to the citizens. It was an ideal political system that modern democracy only dreams about.

(C) _____, this ideal democracy applied only to the male citizens of Athens. At that time in Athens, male citizens made up less than 20% of the whole population. This small part of the population had all the political rights and enjoyed the benefits of democracy. The majority of the people of Athens, including women, slaves, and resident foreigners, were completely excluded from this political process and had no voice in the state.

● **구조로 보면**

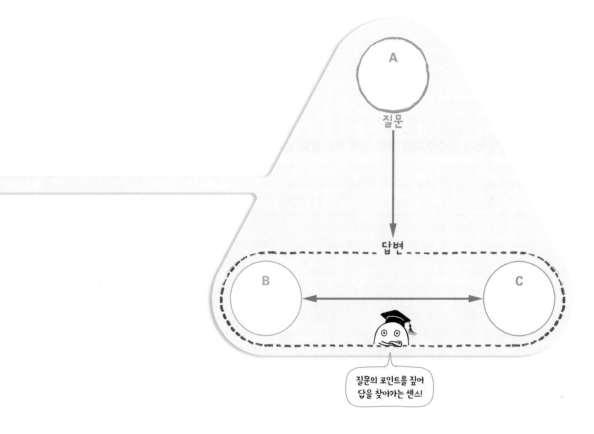

질문의 포인트를 짚어
답을 찾아가는 센스!

0 **각 단락에 대한 설명을 |보기|에서 고르시오.**

┤ 보기 ├

ⓐ 고대 아테네에서 시작된 민주주의와 이에 대한 설명

ⓑ 아테네 민주주의의 이면에 대한 비판적 설명

ⓒ 민주주의의 시작과 현대 민주주의와의 차이점에 대한 질문

A _____ B _____ C _____

1 이 글의 흐름으로 보아, 빈칸에 들어갈 말로 가장 적절한 것은?

① In short ② In addition
③ However ④ Similarly

2 아테네 민주주의가 현대 민주주의와 다른 점을 우리말로 쓰시오.

① _____

② _____

③ _____

unlike(~와 달리): 어떤 대상과의 차이점을 언급할 때 쓰는 대조의 시그널!

답변을 정확하게 파악했어?

3 이 글의 내용과 일치하지 <u>않는</u> 것은?

① 현대 민주주의는 정치인들이 시민들을 대변한다.
② 오늘날 대부분의 국가는 민주 정부를 가지고 있다.
③ 아테네 거주 외국인은 정치 참여 기회를 얻을 수 있었다.
④ 민주주의는 기원전 5세기에 고대 아테네에서 처음 시작되었다.

4 이 글의 제목으로 가장 적절한 것은?

① Athenian Women's Fight for Political Freedom
② The Political Rights of Athens' Male Citizens
③ The Contradictory Nature of Athens' Democracy
④ The Importance of Democracy in Ancient Athens

질문과 답을 잘 이해하고 있나?

5

밑줄 친 This small part와 반대되는 의미를 갖는 표현을 ⓒ에서 찾아 쓰시오.

This small part of the population had all the political rights and enjoyed the benefits of democracy.

이 표현과 반대 표현이 각각 누구를 가리키는지 파악했어?

> _____

6

단어들의 관계가 나머지와 다른 것은?

① exclude : include
② dictatorship : democracy
③ matter : issue
④ citizen : foreigner

Can men and women be "just friends?" It is a question that has provoked many debates. Some experts say that men and women can be friends, but one of them could consider the next step. Others say that men and women cannot be just friends, because friendship based on mutual trust will eventually develop into a romantic relationship. Recently, a research tried to answer the question, focusing on interesting differences between men and women. According to the research, more men felt attracted to their female friends than vice versa. Not only that, men expected their female friends to be more attracted to them than the women actually felt. Men also assumed that it would be possible to develop a romantic relationship between them. On the other hand, women generally were not attracted to their male friends, and they assumed that this feeling was mutual. In other words, women generally underestimated how their male friends felt towards them, while men [   ] the feelings of their female friends. The research concluded that it is possible for men and women to be "just friends." However, it warned that due to the differences between men and women, romance is lurking around the corner, and it can bloom from friendship.

● 구조로 보면

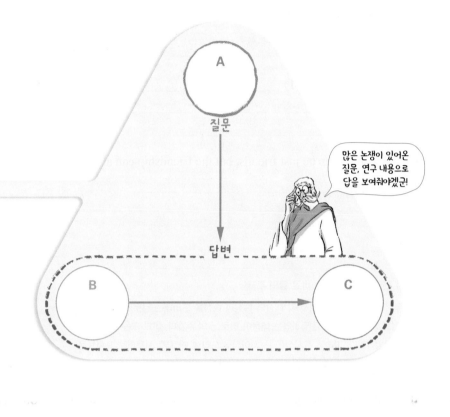

0 이 글을 세 단락으로 나눌 때, 각 단락이 시작되는 부분의 첫 세 단어를 쓰시오.

A

B

C

1 이 글에 제시된 연구의 결론을 도출하는 과정을 정리한 표이다. 빈칸에 들어갈 적절한 말을 글에서 찾아 쓰시오.

> Can men and women be friends?

> The answer depends on (1) _____.

> Men and women can be just friends, but the friendship can always (2) _____.

유사점과 차이점을 밝혀 전달하려는 내용이 바로 글의 주제!

글쓴이가 대상들의 유사점 또는 차이점을 밝혀서 각 대상의 특징과 속성을 드러내는 경우가 있다. 이때 글쓴이가 대상들의 유사점과 차이점을 통해 전달하려는 내용이 바로 글의 주제다. 비교 또는 대조를 통해 글의 주제를 구체화하는 방식이다. 따라서 유사점 또는 차이점을 드러낼 때 자주 사용하는 표현들을 알아두면 글을 구조로 읽고 글쓴이가 전달하고자 하는 바를 더 명확하게 파악할 수 있다.

- 유사점을 서술할 때: similarly / likewise / in the same way / just as
- 차이점을 서술할 때: in contrast / on the other hand / whereas / while

---

2 이 글의 주제로 가장 적절한 것은?

① male friends' prejudice against their female friends
② sustainability of heterosexual friendships
③ psychological experiment on relationships
④ physical differences between men and women

질문이 뭐였지?

3

다음 문장에서 밑줄 친 부분이 의미하는 바를 우리말로 쓰시오.

According to the research, more men felt attracted to their female friends than <u>vice versa</u>.

> 여성들이 _____.

4

이 글의 흐름으로 보아, ☐☐☐☐☐에 들어갈 말로 가장 적절한 것은?

문맥에 맞게 단어를
사용할 수 있어?

In other words, women generally underestimated how their male friends felt towards them, while men ☐☐☐☐☐ the feelings of their female friends.

① understood
② overestimated
③ respected
④ belittled

5

밑줄 친 lurking의 의미로 가장 적절한 것은?

낯설 땐
앞뒤 문맥!

However, it warned that due to the differences between men and women, romance is <u>lurking</u> around the corner, and it can bloom from friendship.

① move very quickly
② be about to happen
③ become impossible to see
④ wait somewhere quietly and secretly

equality vs. equity

229 words

★★★★★

Is guaranteeing equality enough to make a truly equal society? To answer this question, it is necessary to understand not only equality but also equity. The Equality and Human Rights Commission describes equality as "Ensuring that every individual has an equal opportunity to make the most of their lives and talents." In this respect, equality is to give everyone the same opportunities. However, having the same opportunities does not necessarily lead to a truly equal society, because everyone has different circumstances and abilities. Even with the same opportunities, the outcomes should be different. In this respect, we should understand the concept of equity along with the concept of equality. Equity is about giving people what they need to make things fair. (①) Equity is to give more to those who need it, which is proportionate to their circumstances and abilities, to ensure that everyone has fair opportunities. (②) Equity is to give more support to disadvantaged students for them to have a fair chance of competing with advantaged students. (③) While equality achieves fairness through giving the same opportunities regardless of need, equity tries to arrive at fairness through treating people differently according to their needs. (④) To make a truly equal society, equity is necessary as well as equality.

● 구조로 보면

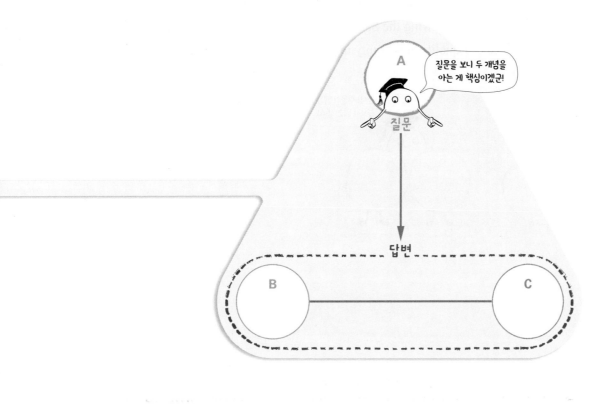

0 이 글을 세 단락으로 나눌 때, 각 단락이 시작되는 부분의 첫 세 단어를 네모 안에 쓰고, 각 단락의 내용을 |보기|에서 고르시오.

| 보기 |

ⓐ What is equality?

ⓑ What is equity?

ⓒ the need to understand equality and equity

A [   ] **B** [   ] **C** [   ]

A _____ **B** _____ **C** _____

1 **이 글의 제목으로 가장 적절한 것은?**

① The Role of Equality and Equity in Democracy

② The Government's Role in Guaranteeing Equality and Equity

③ The Significance of Endowing the Same Opportunities to Everyone

④ The Importance of Equality and Equity in an Equal Society

2 **이 글의 흐름으로 보아, 다음 문장이 들어갈 가장 적절한 곳은?**

> For example, to give the same amount of support to advantaged and disadvantaged students may be called equality, but it is not equity.

①   ②   ③   ④

3 **이 글의 내용과 일치하지 않는 것은?**

① 평등한 사회를 만들기 위해서는 평등뿐만 아니라 공평도 필요하다.

② 평등은 능력 차이를 감안하지 않고 동일한 기회를 보장하는 것이다.

③ 공평은 사람들의 필요에 따라서 사람들을 다르게 대우한다.

④ 능력과 환경의 차이에 따라 다르게 대우하는 것은 불평등의 여지가 있다.

4

어휘

밑줄 친 guaranteeing의 의미와 가장 가까운 것은?

Is guaranteeing equality enough to make a truly equal society?

① ensuring
② strengthening
③ discouraging
④ highlighting

5

어법

제시된 글의 문맥을 고려하여, [   ] 안에서 어법상 알맞은 것을 고르시오.

(1)

Baseball, like traditional life, proceeds according to the rhythm of nature, specifically the rotation of the earth. During its first half century, games were not played at night, which / that meant that baseball games, like the traditional workday, ended when the sun set.　　　　　　　　　　　　　　　　　　　　　－ 고3 기출 －

문맥을 파악했나?

(2)

While reflecting on the needs of organizations, leaders, and families today, we realize that one of the unique characteristics is inclusivity. Why? Because inclusivity supports which / what everyone ultimately wants from their relationships: collaboration.
　　　　　　　　　　　　　　　　　　　　　－ 고2 기출 －

왜 질문 답변 구조로 썼을까?

궁금하게 질문부터!
내 생각은 답에서!

궁금하게 질문부터!

내가 하고 싶은 말은 답에서.

이게 내가 질문-답변 구조를 택한 이유!

이 챕터에서는

지문에서	질문으로	어떤 답을 끌어냈나?
① writing system	유래에 대한 질문	객관적인 설명과 예를 통해
④ democracy of ancient Athens		객관적인 설명을 통해
③ macaron and macaroon	차이점에 대한 질문	비교와 대조를 통해
② future jobs	전망에 대한 질문	상반된 전망을 제시하여
⑤ friendship between men and women	쟁점이 되는 이슈에 대한 질문	연구 결과를 통해
⑥ equality vs. equity		객관적인 설명과 예를 통해

다음 글을 읽고, 글의 주제로 적절한 것을 고르시오.

How can we access the nutrients we need with less impact on the environment? The most significant component of agriculture that contributes to climate change is livestock. Globally, beef cattle and milk cattle have the most significant impact in terms of greenhouse gas emissions(GHGEs), and are responsible for 41% of the world's CO_2 emissions and 20% of the total global GHGEs. The atmospheric increases in GHGEs caused by the transport, land clearance, methane emissions, and grain cultivation associated with the livestock industry are the main drivers behind increases in global temperatures. In contrast to conventional livestock, insects as "minilivestock" are low-GHGE emitters, use minimal land, can be fed on food waste rather than cultivated grain, and can be farmed anywhere thus potentially also avoiding GHGEs caused by long distance transportation. If we increased insect consumption and decreased meat consumption worldwide, the global warming potential of the food system would be significantly reduced.

일단 나눠!

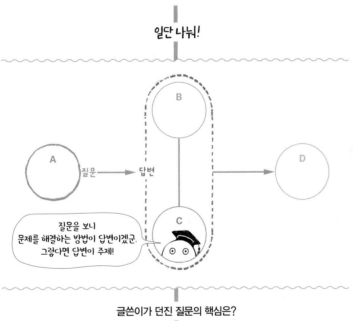

글쓴이가 던진 질문의 핵심은?

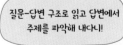

① necessity of a dietary shift toward eating insects
② effects of supply and demand on farming insects
③ importance of reducing greenhouse gas emissions
④ technological advances to prevent global warming
⑤ ways of productivity enhancement in agriculture

III

정신병리 해법 연구

본문 10쪽

1　**0** Ⓐ ⓐ Ⓑ ⓒ Ⓒ ⓑ
　　1 ②　　　**2** ④　　　**3** ②　　　**4** (1) obtain／take　(2) authority　　　**5** ①

Ⓐ It is not easy to define what democracy is, even though it is a very familiar word. As it has been a term with no precise definition, it means different things to different people. However, there are certain agreements that give a more precise meaning to the term. They are about how the rulers should come to power and how their powers should be exercised afterwards.

Ⓑ For example, Peisistratus, a tyrant of ancient Athens in the sixth century BC who took power by force, had the support of the majority of the people. But his government was never regarded as a democracy. Julius Caesar's power came from popular consent, obtained through existing republican forms. But this does not make him a democratic ruler. Napoleon Bonaparte called his government a democratic empire. But it was obvious to everyone, including Napoleon himself, that he destroyed the democratic republic by his coup d'état.

Ⓒ As can be seen in these cases, the essential test of a democratic government has always been this: the source of political authority must be and remain not in the ruler but in the people.

이 글의 구조와 요약

일반 (주제)	A	민주주의 정의에 대한 합의 – 통치자들의 집권 방식과 권력 행사 방식에 대한 합의가 있음
구체 (사례)	B	과거 통치자들의 사례 1. Peisistratus: 국민들의 지지를 받았으나 무력으로 집권한 폭군 2. Julius Caesar: 권력은 대중의 동의로부터 나온 것이었지만 민주주의로 보기 어려움 3. Napoleon Bonaparte: 쿠데타로 민주 공화국을 파괴
결론	C	민주주의 정부를 판단하는 기준 – 정치적 권위의 원천이 통치자가 아니라 국민들에게 있어야 한다는 것

전문해석

Ⓐ 민주주의는 매우 익숙한 단어임에도 불구하고 정의를 내리는 것은 쉽지 않다. 그동안 정확한 정의가 없는 용어였던 만큼 사람마다 다른 의미를 지닌다. 하지만 그 용어에 더 정확한 의미를 부여하는 특정한 합의들이 있다. 그것은 통치자들이 어떻게 집권해야 하고, 그들의 권력이 추후에 어떻게 행사되어야 하는지에 관한 것이다.

Ⓑ 예를 들어, 기원전 6세기 고대 아테네의 폭군이자 무력으로 권력을 잡았던 Peisistratus는 대다수 국민의 지지를 받았다. 그러나 그의 정부는 결코 민주주의라고 여겨지지 않았다. Julius Caesar의 권력은 기존의 공화제 형태를 통해 얻어진 대중의 동의로부터 나온 것

이었다. 그러나 이것이 그를 민주적인 통치자로 만들어주진 않는다. Napoleon Bonaparte는 자신의 정부를 민주주의 제국이라고 불렀다. 그러나 그가 쿠데타로 민주 공화국을 파괴했다는 것은 나폴레옹 자신을 포함해 모든 사람들에게 명백한 것이었다.

Ⓒ 이러한 사례에서 볼 수 있듯이, 민주주의 정부에 대한 본질적인 기준이 되는 것은 항상 이것이었다. 즉, 정치적 권위의 원천은 통치자가 아니라 국민들 안에 있어야 하고 (국민들 안에) 계속 머물러야 한다는 것이다.

2 구조독해 Ⅲ

1 연결어 추론

민주주의 정부로 여겨지지 않는 과거 통치자들의 구체적인 사례가
이어지고 있으므로, 빈칸에는 예시를 나타내는 연결어 For example
이 가장 적절하다.

① 결과적으로

③ 게다가

④ 반대로

2 내용 일치

에서 민주주의를 판단하는 기준인 정치적 권위의 원천은 통치자
가 아니라 국민들 안에 있어야 하고 (국민들 안에) 계속 머물러야 한
다(the source of political authority must be and remain not in
the ruler but in the people)고 했으므로, 글의 내용과 일치하는 것
은 ④이다.

① 민주주의는 정확한 정의가 없고 사람마다 다른 의미를 갖는다.

② 국민들의 지지를 받더라도 무력으로 권력을 잡았다면 민주주의
정부라고 여겨지지 않는다.

③ 통치자를 뽑는 방식뿐만 아니라 집권 후 권력의 행사 방식도 고려
되어야 한다.

3 제목 파악

민주주의를 정의 내리는 일은 쉽지 않지만 민주주의를 판단하는 기
준에는 일정한 합의가 있다는 내용의 글이므로 ② '민주주의의 정의'
가 글의 제목으로 가장 적절하다.

① 민주주의의 발전

③ 민주주의의 기원

④ 민주주의의 역사

4 유의어

consent와 agreement는 '동의, 합의'라는 뜻으로 두 단어는 유의어
관계이다. 따라서 같은 의미를 갖는 표현을 찾으면 된다.

(1) come to power는 '권력을 잡다, 집권하다'라는 의미이므로
obtain power 또는 take power라고 표현할 수 있다.

(2) political power는 '정치적인 권력, 정권'이라는 의미이므로
political authority라고 표현할 수 있다.

5 유의어

본문에서는 빈칸에 essential이 들어가 '본질적인, 핵심적인'이라
는 의미로 쓰였다. 따라서 essential과 의미가 가장 가까운 것은
fundamental이다.

② 전형적인

③ 영원한, 변치 않는

④ 선택적인

어휘·구문

- define 정의를 내리다 • democracy 민주주의, 민주 국가
- precise 정확한, 정밀한 • ruler 통치자, 지배자
- come to power 집권하다, 정권을 장악하다
- exercise (권력·힘 등을) 행사하다, 발휘하다 • afterwards 나중에
- **It** is not easy **to define** what democracy is, even though **it** is a very familiar word. : It은 가주어, to define 이하가 진주어이다. what democracy is는 define의 목적어로 「의문사+주어+동사」의 간접의문문 어순을 따르고 있다. 두 번째 it은 democracy를 가리킨다.
- However, there are certain agreements [that give a more precise meaning to the term]. : [ ]는 주격 관계대명사절로 certain agreements를 수식한다.
- **They** are about how the rulers should come to power and how **their** powers should be exercised afterwards. : They는 앞 문장의 certain agreements를 가리키고, their는 the rulers'를 의미한다.

B

- tyrant 폭군, 독재자 • by force 강제로, 무력으로
- majority 다수, 대다수 (↔ minority 소수)
- be regarded as ~로 여겨지다, 간주되다 • consent 동의, 합의; 동의하다
- obtain 얻다, 구하다 • republican 공화주의의, 공화국의
- democratic 민주적인, 민주주의의 • empire 제국
- obvious 명백한, 분명한 • destroy 파괴하다, 말살하다
- republic 공화국 • coup d'état 쿠데타
- But **it** was obvious to everyone, including Napoleon himself, **that** he destroyed the democratic republic by his coup d'état. : it은 가주어, that 이하가 진주어이다.

C

- essential 본질적인, 근본적인, 필수적인 • source 원천, 근원
- political 정치적인 • authority 권위

2 **0** **A** individual freedom **B** self-reliance **C** financial and emotional independence
1 ④   **2** ②   **3** ②   **4** ③

A The founding spirit of the United States of America as a nation is *individual freedom*. The early settlers came to this country to seek political and economic independence and religious freedom as well. Ever since then, individual freedom has become the most basic value for Americans.

B Individual freedom means the desire and the ability of all individuals to control their own lives. There is a hard truth about individual freedom; that is, you cannot have individual freedom if you depend on other people in your life. For this reason, Americans value self-reliance more than any other quality. Self-reliance means being able to support yourself in your life without any help from others. Most Americans are well aware that they must be self-reliant in order to keep their freedom.

C Americans strongly believe that they have to achieve both financial and emotional independence from their parents as early as possible, no later than the age of 21. Although many American college students receive financial support from family, the government, or charity, it is <u>not something they feel proud of</u>. Most of them have part-time jobs and at least try to appear to be self-reliant.

이 글의 구조와 요약

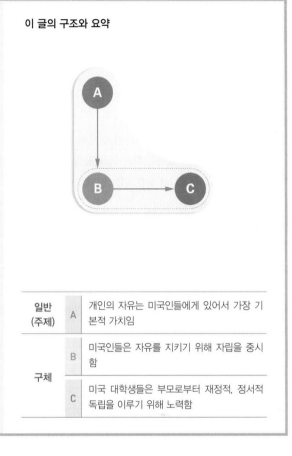

일반 (주제)	A	개인의 자유는 미국인들에게 있어서 가장 기본적 가치임
구체	B	미국인들은 자유를 지키기 위해 자립을 중시함
	C	미국 대학생들은 부모로부터 재정적, 정서적 독립을 이루기 위해 노력함

전문해석

A 국가로서의 미국의 건국 이념은 개인의 자유이다. 초기 정착민들은 정치·경제적 독립과 종교적 자유를 찾기 위해 이 나라에 왔다. 그때 이후로, 개인의 자유는 미국인들에게 가장 기본적인 가치가 되었다.

B 개인의 자유는 모든 개인들이 자기 자신의 삶을 통제하려는 욕구이자 능력을 의미한다. 개인의 자유에 대한 명백한 진실이 있는데, 그것은 삶에서 다른 사람들에게 의지한다면 당신은 개인의 자유를 가질 수 없다는 것이다. 이런 이유로, 미국인들은 다른 어떤 자질보다도 자립을 더 중시한다. 자립은 타인의 도움 없이 당신의 삶을 스스로 살아갈 수 있다는 것을 의미한다. 대부분의 미국인들은 자유를 지키기 위해서는 자립해야 한다는 것을 아주 잘 인식하고 있다.

C 미국인들은 가능한 한 빨리, 늦어도 스물한 살까지는 부모로부터 재정적, 정서적 독립을 모두 이뤄야 한다고 강하게 믿고 있다. 비록 많은 미국 대학생들이 가족, 정부, 또는 자선단체로부터 재정적 지원을 받고 있다 하더라도, 그것은 그들이 자부심을 느끼는 것이 아니다. 그들 중 대부분은 아르바이트를 하고 있고 최소한 자립적으로 보이려고 노력한다.

0 **A** 는 미국인들에게 가장 기본적인 가치인 개인의 자유에 대한 내용이고 **B** 는 개인의 자유를 지키려면 반드시 남에게 의지하지 않는 자립이 필요하다는 내용이다. **C** 는 그러기 위해서 부모로부터 재정적, 정서적으로 독립해야 한다고 생각하는 미국 대학생들에 대해 언급하고 있다.

1 빈칸 추론

Although로 시작하는 빈칸 문장은 '비록 미국의 많은 대학생들이 재정적 지원을 받고 있지만'이라는 내용을 담고 있고, 빈칸 뒤 문장에서는 그들 대부분이 아르바이트를 하며 최소한 자립적으로 보이려고 노력한다는 내용이 이어지고 있으므로, 빈칸에는 ④ '(재정적 지원을 받는 것은) 그들이 자부심을 느끼는 것이 아니다'는 내용이 오는 것이 자연스럽다.

① 가까운 미래에 바뀔 가능성이 있다
② 그들 부모의 주요 관심사다
③ 그들 대부분이 의지하는 것이다

2 제목 파악

미국인들에게 있어서 가장 기본적인 가치인 개인의 자유와 그것의 전제인 자립에 대한 글이므로, ② '미국인들에게 있어서 개인의 자유와 자립'이 글의 제목으로 가장 적절하다.

① 최근 미국적 가치의 변화
③ 미국 젊은이들 사이에서 늘어나는 재정적 의존
④ 정부 프로그램에 대한 미국인들의 태도

3 의미 추론

seek는 '찾다, 구하다, 얻으려고 하다'의 의미로 쓰였으므로, 이 의미를 설명한 것은 ② '무엇을 성취하려고 노력하다'이다.

① 어떤 일이 일어나는 것을 막다
③ 무엇을 멀리하다
④ 무엇을 통제하다

4 의미 이해

'자립', '독립', '개인의 자유'와 어울리지 않는 행동은 ③ '다른 사람에게 당신을 위해 결정을 내려달라고 요청하는 것'이다.

① 자신의 삶을 통제하는 것
② 타인의 도움 없이 스스로 살아가는 것
④ 스스로 결정할 수 있는 것

- found 세우다, 건립하다 • spirit 정신, 이념 • settler 정착민
- political 정치적인 • economic 경제적인
- independence 독립, 자립 • religious 종교적인
- The early settlers came to this country **to seek** political and economic independence and religious freedom **as well**. : to seek 는 부사적 용법 중 목적을 나타내는 to부정사이다. 문장 끝의 as well은 '또한, 역시'라는 의미를 지닌다.

B

- desire 욕구, 욕망 • hard 명백한, 엄연한 • that is 즉, 다시 말해서
- value 가치를 두다, 중시하다 • self-reliance 자립, 자기의존
- be aware that ~을 인식하고 있다, 알고 있다
- self-reliant 자립하는, 자립적인
- Individual freedom means the desire and the ability of all individuals **to control** their own lives. : to control 이하는 the desire and the ability를 수식하는 형용사적 용법의 to부정사구이다.

- financial 재정적인 • no later than 늦어도 ~까지는
- charity 자선단체 • at least 최소한, 적어도
- Although many American college students receive financial support from family, the government, or charity, **it is not something they** feel proud of. : it이 가리키는 것은 앞의 내용(many American college students receive financial support from family, the government, or charity)이며, something과 they 사이에는 목적격 관계대명사 that이 생략되어 있다.

3

0 **A** ⓒ **B** ⓑ **C** ⓐ **D** ⓓ
1 ③　　**2** ③　　**3** ④　　**4** ②　　**5** ①

A According to sociologist Irving Goffman, the concept of "proper dress" is totally dependent on the situation. You should wear proper clothes that fit the atmosphere of a given situation.

B If you don't dress properly, you can get in trouble. For example, if you go to work in a conservative office wearing colorful shorts, you will be considered absent-minded and not seriously committed to work. In fact, if you insist on this kind of fashion, you can even be fired. On the other hand, if you show up in a suit and tie at a pool party, an event that usually requires informal clothes, people will frown at you. Wearing the proper clothes expresses your awareness of a given situation.

C However, it is interesting to notice that there are some exceptional cases. When there are other important factors that you must consider, rules about proper dress don't apply. If a father with a very busy schedule drops by his daughter's pool party wearing a formal suit, no one will blame him. A father's love is more important than a dress code.

D To sum up, the "proper dress" rule should be observed depending on a situation, but there are some exceptional cases.

이 글의 구조와 요약

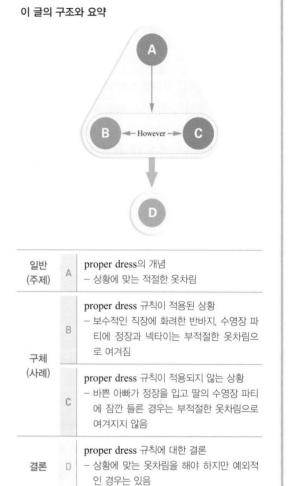

일반 (주제)	A	proper dress의 개념 – 상황에 맞는 적절한 옷차림
구체 (사례)	B	proper dress 규칙이 적용된 상황 – 보수적인 직장에 화려한 반바지, 수영장 파티에 정장과 넥타이는 부적절한 옷차림으로 여겨짐
	C	proper dress 규칙이 적용되지 않는 상황 – 바쁜 아빠가 정장을 입고 딸의 수영장 파티에 잠깐 들른 경우는 부적절한 옷차림으로 여겨지지 않음
결론	D	proper dress 규칙에 대한 결론 – 상황에 맞는 옷차림을 해야 하지만 예외적인 경우는 있음

전문해석

A 사회학자 Irving Goffman에 따르면, '적절한 옷차림'이라는 개념은 완전히 상황에 달려 있다. 여러분은 주어진 상황의 분위기에 맞는 적절한 옷을 입어야 한다.

B 적절하게 옷을 입지 않으면, 곤란한 상황에 처할 수도 있다. 예를 들어, 화려한 반바지를 입고 보수적인 직장에 출근을 한다면, 여러분은 딴 데 정신이 팔려있고 업무에 진지하게 전념하지 않는다고 간주될 것이다. 사실 이런 종류의 패션을 고집한다면, 여러분은 심지어 해고될 수도 있다. 반면에, 보통 격식을 차리지 않는 옷이 필요한 행사인 수영장 파티에 정장과 넥타이를 하고 나타난다면 사람들은 얼굴을 찌푸릴 것이다. 적절한 옷차림을 한다는 것은 주어진 상황에 대한 여러분의 인식을 나타낸다.

C 하지만, 몇몇 예외적인 경우들이 있다는 사실을 알아차리는 것은 흥미롭다. 여러분이 고려해야 할 다른 중요한 요소들이 있을 때, 적절한 옷차림에 대한 규칙은 적용되지 않는다. 만약 굉장히 바쁜 일정이 있는 아빠가 정장을 입고 딸의 수영장 파티에 들른다면 아무도 그를 비난하지 않을 것이다. 아빠의 사랑이 드레스 코드보다 더 중요하다.

D 요약하면, '적절한 옷차림' 규칙은 상황에 따라 지켜져야 하지만, 몇몇 예외적인 경우들이 있다.

1 단락 역할 파악

는 에서 제시한 사례와는 달리 proper dress의 규칙이 적용되지 않는, 예외적인 경우에 대해 설명하고 있으므로 ③은 적절하지 않은 설명이다.

2 빈칸 추론

빈칸 앞에는 proper dress의 규칙이 적용된 상황에 대한 예시가 제시되었고, 빈칸 뒤에는 고려해야 할 다른 중요한 요인이 있을 때는 proper dress의 규칙이 적용되지 않는다는 내용이 이어지는 것으로 보아, 빈칸에는 ③ '몇몇 예외적인 경우들이 있다'가 가장 적절하다.
① 사람들의 드레스 코드는 절대 변하지 않는다
② 사람들은 패션에 아무런 관심을 보이지 않는다
④ 이런 규칙들은 단호하고 엄격하다

3 내용 불일치

proper dress 규칙은 상황에 맞게 지켜져야 하지만, 몇몇 예외적인 경우가 있다고 했으므로, 언제 어디서나 반드시 지켜야 할 덕목이라는 ④의 설명은 적절하지 않다.

4 유의어

conservative는 '보수적인'이라는 뜻으로, traditional(전통적인, 인습적인)과 의미가 가장 가깝다.
① 현대적인
③ 도시적인
④ 격식에 얽매이지 않는

5 다의어

observe는 '관찰하다', '목격하다', '(규칙·법률 등을) 지키다, 준수하다' 등의 의미를 가진 다의어이다. 이 글에서는 '(규칙을) 지키다, 준수하다'의 의미로 쓰였으므로, '여기다, 간주하다'의 의미로 쓰인 ①의 seen이 의미상 가장 거리가 멀다.
① 그의 책은 야생 조류 연구를 위한 현장 지침서로 <u>여겨졌다</u>.
② 선원들은 선장의 명령에 <u>복종했다</u>.
③ 안전 규정은 반드시 <u>지켜져야</u> 한다.
④ 이 절차는 비상상황에서도 <u>따라야</u> 한다.

어휘·구문

A
- according to ~에 따르면 • sociologist 사회학자
- concept 개념 • proper 적절한, 알맞은 • dress 옷, 복장; 옷을 입다
- be dependent on ~에 달려 있다 • fit 알맞다, 적합하다
- atmosphere 분위기, 공기

B
- properly 적절하게 • get in trouble 곤란한 상황에 처하다
- conservative 보수적인 • absent-minded 딴 데 정신이 팔린
- committed to ~에 전념[헌신]하는 • fire 해고하다
- informal 격식을 차리지 않는, 평상복의
- frown 얼굴을 찌푸리다 • awareness 인식

- ~ you will be <u>considered absent-minded and not seriously committed to work</u>. : '~를 …라고 여기다'의 의미인 「consider+목적어+목적격보어」 구문이 수동태로 쓰였다. absent-minded and not seriously committed to work 앞에는 to be가 생략되어 있다고 볼 수 있다.

C
- notice 알아차리다, 깨닫다 • exceptional 예외적인
- apply 적용되다, 해당되다 • drop by 잠깐 들르다
- blame 비난하다

- However, **it** is interesting **to notice** [that there are some exceptional cases]. : it은 가주어, to notice 이하가 진주어이고, that이 이끄는 명사절 [   ]는 동사 notice의 목적어 역할을 한다.

D
- to sum up 요약하면 • observe 지키다, 준수하다, 관찰하다

4 **0** Ⓐ ⓑ Ⓑ ⓒ
1 ④   **2** ①   **3** ③   **4** ①   **5** 견제와 균형

Ⓐ Goldilocks is a girl in the children's fairy tale "Goldilocks and the Three Bears." This little girl with blond hair (hence the name, "Goldilocks") enters the house of the three bears. Uninvited, she chooses from sets of three items, ignoring the ones that are too extreme. For example, she eats the meal that is "not too hot or too cold," sits on the chair that is "not too big or too small," and sleeps on the bed that is "not too hard or too soft."

Ⓑ Starting from this origin, the term "Goldilocks" came to mean <u>something that is moderate between two extremes.</u> <u>The term is now used in various fields, such as economics, politics, and astronomy.</u> "Goldilocks economy" refers to an economy that shows a steady growth, preventing a recession, but not so much growth that inflation rises too much. Astronomers say that the earth is situated in the "Goldilocks Zone" in which our planet is in the right distance from the sun to allow temperatures for liquid water — not too hot, not too cold. If the earth were positioned slightly closer or farther from the sun, we would not exist. In a democratic society, the government also seeks to follow the Goldilocks principle through dividing power and checks and balances. This often creates a dilemma for governments which often find it hard to find a balance that is "just right."

이 글의 구조와 요약

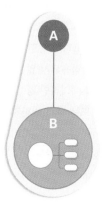

화제 도입	A	Goldilocks의 유래 - Goldilocks는 동화에 나오는 주인공 이름으로, 극단적인 것을 제외하고 적당한 것을 고르는 것에서 유래
일반 (주제) ↓ 구체 (예시)	B	Goldilocks의 의미와 사용된 분야 - Goldilocks는 두 극단 사이에서 적당한 것을 뜻하는 용어로 현재 다양한 분야에서 사용되고 있음 - 경제학에서 '골디락스 경제' - 천문학에서 '골디락스 존' - 정치학에서 '견제와 균형'

전문해석

Ⓐ 골디락스는 어린이 동화 '골디락스와 세 마리 곰'에 나오는 소녀이다. 이 금발머리(그래서 이름이 '골디락스') 어린 소녀는 세 마리 곰의 집에 들어간다. 초대받지 않은 그녀는 세 가지 중에서 너무 극단적인 것은 무시하고 고른다. 예를 들어, 그녀는 '너무 뜨겁지도 않고 너무 차갑지도 않은' 음식을 먹고, '너무 크지도 않고 너무 작지도 않은' 의자에 앉고, '너무 딱딱하지도 않고 너무 푹신하지도 않은' 침대에서 잠을 잔다.

Ⓑ 이러한 유래에서 시작한 '골디락스'라는 용어는 두 극단 사이에서 중간 정도의 어떤 것을 의미하게 되었다. 이 용어는 현재 경제학, 정치학, 천문학 등 다양한 분야에서 사용되고 있다. '골디락스 경제'는 경기 침체를 방지하며 꾸준한 성장을 보이지만, 인플레이션이 지나치게 상승할 정도의 성장은 아닌 경제를 말한다. 천문학자들은 지구가 태양으로부터 적당한 거리에 있는 '골디락스 존'에 위치하고 있어 액체 상태의 물이 너무 뜨겁지도 않고 너무 차지도 않는 온도를 가능하게 한다고 말한다. 만약 지구가 태양으로부터 조금만 더 가깝거나 멀리 위치한다면, 우리는 존재하지 않을 것이다. 민주사회에서 정부도 권력 분산과 견제와 균형을 통해 골디락스 원칙을 따르려고 노력한다. 이것은 종종 '딱 알맞은' 균형을 찾는 것이 어려운 정부에게 딜레마를 만든다.

1 빈칸 추론

A에서 동화 속 주인공 골디락스는 극단적인 것은 제외하고 선택한 다고 하였고, **B**에서 골디락스 용어가 여기서 유래했다고 했으므로, 골디락스가 의미하는 것은 ④ '두 극단 사이에서 중간 정도의 어떤 것'이 가장 적절하다.
① 나쁜 태도와 매너를 가진 사람
② 사람들을 혼란스럽게 하는 다양한 선택
③ 손님의 행동으로 적절한 에티켓

2 주어진 문장 넣기

주어진 문장 '이 용어는 현재 경제학, 정치학, 천문학 등 다양한 분야에서 사용되고 있다'는 골디락스 용어가 다양한 분야에서 사용되는 구체적 예시가 시작되는 문장 앞에 와야 하므로, ①에 위치하는 것이 가장 자연스럽다.

3 제목 파악

골디락스라는 용어의 유래와 의미, 용어가 실제로 사용되고 있는 분야를 구체적으로 설명하는 글이므로 ③ '골디락스 효과와 실제 적용' 이 글의 제목으로 가장 적절하다.
① 골디락스 상태란 무엇인가?
② 골디락스 효과: 통제하는 방법
④ 골디락스 원칙을 장려할 필요성

4 의미 추론

이 글에서 right는 '알맞은, 적당한'이라는 의미로 쓰였으므로, adequate(적절한)의 의미와 동일하다.
② 더 가까운
③ 더 먼
④ 꾸준한

5 문맥 추론

checks and balances라는 표현은 '견제와 균형'의 의미로 앞에 나온 dividing power(권력 분산)를 통해 그 뜻을 유추해 볼 수 있다.

어휘 · 구문

A
- fairy tale 동화   • blond hair 금발   • uninvited 초대받지 않은
- ignore 무시하다   • extreme 극단의, 지나친

- **Uninvited**, she chooses from sets of three items, **ignoring** the ones [that are too extreme]. : Uninvited와 ignoring 이하는 분사구문으로 각각 Although she is uninvited, as she ignores ~ 정도로 풀어쓸 수 있다. that 이하의 [ ]는 the ones를 수식하는 주격 관계대명사절이다.

B
- origin 기원, 유래, 근원   • moderate 적당한, 보통의, 중간의
- refer to ~을 말하다, 언급하다   • steady 꾸준한, 안정된, 확고한
- recession (일시적인) 경기 후퇴, 불경기, 불황
- inflation 인플레이션, 물가 상승   • astronomer 천문학자
- situate 위치시키다   • temperature 온도, 기온
- position 위치시키다, ~의 자리를 잡다   • slightly 조금, 약간, 살짝
- exist 존재하다   • seek 찾다, 구하다   • principle 원리, 원칙
- checks and balances 견제와 균형   • dilemma 딜레마

- Astronomers say [that the earth is situated in the "Goldilocks Zone" {in which our planet is in the right distance from the sun to allow temperatures for liquid water — not too hot, not too cold}]. : [ ]는 동사 say의 목적절이고, { }는 「전치사+관계대명사」절로 "Goldilocks Zone"을 수식한다.
- **If** the earth **were** positioned slightly closer or farther from the sun, we **would** not exist. : 현재 사실의 반대를 가정하는 가정법 과거가 쓰였다.
- This often creates a dilemma for governments [which often find **it** hard **to find** a balance **that** is "just right."]: [ ]는 governments를 선행사로 하는 관계대명사절이다. 관계대명사절 안에서 it은 find의 가목적어, to find 이하가 진목적어이며, that 이하는 a balance를 수식하는 관계대명사절이다.

5

0 A ⓑ B Microlending / ⓐ
1 ③ **2** ④ **3** ③ **4** ③ **5** ④ **6** ③

A With the help of microlending, the opportunity is given to the poor to earn a living and even to climb the social ladder. Before the coming of microlending, there was no way for poor people to borrow money from banks when they try to start a small business. Even if they are honest and are able, banks would not lend them money. The banks are afraid that the poor cannot pay back the loan. This is not fair because the poor cannot have the opportunity to escape from poverty. However, it is now possible for the poor to break the cycle of poverty, thanks to microlending.

B Microlending is a system that loans money to people with low income through "borrowing groups." For example, an organization called *Good Faith* lends a small amount of money to persons who want to start a business through the system of borrowing groups. Every person must do two things to borrow money. One is taking classes in business and the other is joining a borrowing group. If everyone in the group agrees to the loan of a member, *Good Faith* will lend him money. <u>As the group wants to continue business with *Good Faith*, the group makes sure that the member pays back the money.</u> It is this peer pressure that makes microlending successful. In this way, microlending helps to give the poor more opportunities.

이 글의 구조와 요약

일반 (주제)	A	마이크로렌딩의 의미와 생겨난 배경 – 마이크로렌딩이 생겨나기 전에는 가난한 사람들이 은행에서 대출을 받을 방법이 없었기 때문에 가난에서 벗어날 수 없었음
구체 (사례)	B	마이크로렌딩의 운영방식 – Good Faith라는 단체는 대출그룹 시스템을 통해 창업을 원하는 사람들에게 소액의 돈을 빌려줌 – 대출을 받기 위해서는 비즈니스 수업을 수강해야 하고 대출그룹에 가입해야 함 – 그룹원이 모두 동의할 경우, Good Faith가 돈을 빌려줌 – 그룹원은 Good Faith와의 사업을 계속하길 원하기 때문에 회원이 반드시 돈을 갚도록 함

전문해석

A 마이크로렌딩의 도움으로, 생계를 꾸리고 사회적 사다리도 오를 수 있는 기회가 가난한 사람들에게 주어진다. 마이크로렌딩이 나오기 전에는 가난한 사람들이 작은 사업을 시작하려고 할 때 은행에서 돈을 빌릴 방법이 없었다. 그들이 정직하고 능력이 있다고 해도, 은행들은 그들에게 돈을 빌려주지 않을 것이다. 은행들은 가난한 사람들이 대출금을 갚지 못할까 봐 두려워한다. 이것은 가난한 사람들이 가난에서 벗어날 기회를 가질 수 없기 때문에 공정하지 않다. 그러나 지금은 마이크로렌딩 덕분에 가난한 사람들이 빈곤의 고리를 끊는 것이 가능하다.

B 마이크로렌딩은 수입이 적은 사람들에게 '대출그룹'을 통해 돈을 빌려주는 제도이다. 예를 들어, Good Faith라는 단체는 대출그룹 시스템을 통해 창업을 원하는 사람들에게 소액의 돈을 빌려준다. 모든 사람은 돈을 빌리기 위해 두 가지 일을 해야 한다. 하나는 비즈니스 수업을 듣는 것이고 다른 하나는 대출그룹에 가입하는 것이다. 만약 그룹의 모든 사람들이 회원의 대출에 동의한다면, Good Faith는 그에게 돈을 빌려줄 것이다. <u>그룹은 Good Faith와의 사업을 계속하기를 원하기 때문에 회원이 반드시 돈을 갚도록 한다.</u> 마이크로렌딩을 성공적으로 만드는 것은 바로 이러한 동료들의 압력이다. 이런 식으로 마이크로렌딩은 가난한 사람들에게 더 많은 기회를 주는 데 도움이 된다.

0 Ⓐ에서는 마이크로렌딩이 도입되기 전에는 가난한 사람들이 대출을 받을 방법이 없었지만, 마이크로렌딩의 도움으로 가난한 사람들도 빈곤의 고리를 끊는 것이 가능하다고 설명하고 있고, Ⓑ에서는 Good Faith 단체의 구체적 예시를 통해 마이크로렌딩이 어떻게 운영되는지에 대해 말하고 있다.

1 내용 불일치
수입이 적으면서 창업을 원하는 사람들에게 대출을 해주는 것이므로, 수입이 적은 사람은 누구라도 대출을 받을 수 있다는 ③의 내용은 마이크로렌딩이 운영되는 방식이 아니다.

2 주어진 문장 넣기
주어진 문장은 그룹원들이 돈을 빌려간 회원이 돈을 갚도록 확실하게 한다는 내용이고, 이는 ④ 다음 문장에서 제시된 this peer pressure에 해당한다고 볼 수 있다. 또한, 주어진 문장의 the member는 ④ 앞 문장에서 제시된 a member를 가리킨다. 따라서 주어진 문장이 들어갈 적절한 위치는 ④이다.

3 주제 파악
마이크로렌딩으로 인해 가난한 사람들이 대출을 받아 생계를 유지하고 가난에서 벗어날 기회를 가질 수 있게 되었다는 내용의 글이므로, ③ '마이크로렌딩의 역할'이 글의 주제로 가장 적절하다.
① 은행의 마이크로렌딩
② 경제적 불평등의 영향
④ 사회적 불평등에 대처하는 방법들

4 단어 관계
③ '동의하다 : 승인하다'는 유의어 관계라고 할 수 있고 나머지는 모두 반의어 관계에 가깝다고 할 수 있다.
① 빌리다 : 빌려주다
② 갚다 : 대출하다
④ (돈을) 벌다 : (돈을) 쓰다

5 문맥 추론
마이크로렌딩이 가난한 이들에게 ① 창업을 할, ② 사회적 사다리를 오를, ③ 가난을 끝낼 기회를 준다고 언급되어 있지만, ④ 부유해질 기회를 준다는 내용은 언급되어 있지 않다.

6 강조구문
제시된 문장은 it is ~ that 강조구문이 쓰였다. ③은 가주어 it, 진주어 that절이 쓰인 문장이므로 쓰임이 다른 것은 ③이다.
① 그가 그 소식을 들은 것은 그날 밤이 되어서였다.
② 그 잡지가 큰 수익을 냈던 것은 바로 광고를 통해서였다.
③ 인간이 음식의 질을 분석하기 위해 오감을 사용한다는 것은 놀라운 일이 아니다.
④ 현재, 풍력에 의해 충족되는 건 세계 전력 수요의 1퍼센트에 지나지 않는다.

어휘·구문

Ⓐ
- microlending 마이크로렌딩, 소액 대출 • opportunity 기회
- earn a living 생계를 꾸리다[유지하다] • ladder 사다리
- borrow 빌리다, (돈을) 꾸다 • lend (돈을) 빌려주다
- pay back (돈을) 갚다 • loan 대출; 대출하다, (돈을) 빌려주다
- poverty 가난, 빈곤

- With the help of microlending, the opportunity is given to **the poor** to earn a living and even to climb the social ladder. : 「the+형용사」는 복수보통명사를 나타내므로 the poor는 poor people의 의미이다. to earn과 to climb은 the opportunity를 수식하는 형용사적 용법의 to부정사로 and로 병렬 연결되어 있다.
- Before the coming of microlending, there was no way **for poor people** to borrow money from banks ~. : for poor people은 to borrow의 의미상의 주어이며, to borrow는 way를 수식하는 형용사적 용법의 to부정사이다.

Ⓑ
- income 소득, 수입 • organization 조직, 단체 • amount 양, 액수
- peer 동료, 친구 • pressure 압력

- **It is** this peer pressure **that** makes microlending successful. : 「It is ~ that」 강조구문으로 this peer pressure가 강조되고 있다. 강조되기 전의 문장은 This peer pressure makes microlending successful.로 microlending이 목적어, successful이 목적보어인 5형식 문장이다.

6

0 Ⓐ ⓑ Ⓑ ⓓ Ⓒ The purpose / ⓐ Ⓓ So next / ⓒ
1 (1) 죽음, 인생의 덧없음[허망함]   (2) 부와 권력   (3) 시간   (4) 무질서한 사물의 배치   **2** ③
3 (1) death   (2) weakness   (3) meaninglessness   **4** (1) materialism   (2) fragility   (3) mortality   (4) vanity
5 (1) symbolize, represent   (2) motivate, inspire   (3) remind

---

Ⓐ Take a close look at the paintings above. The three paintings belong to different genres—still life, portrait, and modern art—but they all have something in common: there is a skull in all three pictures. These paintings, called Vanitas paintings, are closely linked with "Memento Mori," which is one of the central ideas through the history of art.

Ⓑ The Latin phrase "Memento Mori" means "Remember you must die." Memento Mori originated from ancient Rome. During military victory parades, a slave would stand behind the victorious general and whisper, "Memento Mori!" to remind him that the glory will end soon, but life continues.

Ⓒ The purpose of Vanitas paintings is to remind people of their mortality and the fragility of human life. So, in many Vanitas paintings objects symbolizing death or vanity of life—skulls, burning candles, soap bubbles—are placed alongside with objects representing wealth and power, such as books, maps, jewelry, instruments, etc. We can also find items symbolizing time such as watches, hourglasses, withering flowers, rotting fruit, etc. Objects are often displayed in a disorganized way as a symbol of confusion brought on by materialism.

Ⓓ So next time you see a painting with a skull, don't be spooked. The artist's intention is not to arouse fear or to depress us. Rather, it is to clarify, motivate, and inspire; reminding ourselves of our mortality helps us prioritize and reshape what's important and enjoy the small things in life.

이 글의 구조와 요약

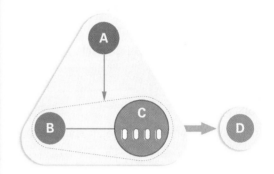

일반 (주제)	A	바니타스 그림과 메멘토 모리 – 바니타스 그림은 메멘토 모리 사상과 밀접 하게 연관되어 있음
구체	B	메멘토 모리의 기원 – 전쟁에서 승리를 거둔 장군에게 노예가 '메 멘토 모리'라고 속삭이며 영광의 덧없음을 상기시켰다는 일화
	C	바니타스 그림이 표현하고자 하는 내용 – 바니타스 그림에서는 상징을 통해 죽음과 삶의 덧없음을 표현함
결론	D	메멘토 모리의 진정한 의미 – 인생에서 중요한 것을 깨닫고 인생의 순간 을 즐기며 살아야 함

전문해석

Ⓐ 위의 그림들을 자세히 살펴보라. 이 세 그림은 정물화, 초상화, 현대미술 등 각기 다른 장르에 속하지만 모두 공통점이 있다. 세 사진 모두 해골이 있다. 바니타스 그림이라 불리는 이 그림들은 '메멘토 모리'와 밀접하게 연관되어 있는데, 이것은 미술사의 중심 사상 중 하나이다.

Ⓑ '메멘토 모리'라는 라틴어 문구는 "반드시 죽는다는 것을 기억하라"를 의미한다. 메멘토 모리는 고대 로마에서 유래되었다. 군대의 승리 퍼레이드 동안, 한 노예는 영광은 곧 끝나지만 삶은 계속된다는 것을 상기시키기 위해 승리를 거둔 장군 뒤에 서서 "메멘토 모리!"라고 속삭이곤 했다.

Ⓒ 바니타스 그림의 목적은 사람들에게 그들의 죽음과 인간 삶의 연약함을 상기시키는 것이다. 그래서 많은 바니타스 그림에서 죽음이나 인생의 덧없음을 상징하는 물건인 해골, 불타는 촛불, 비눗방울은 책, 지도, 보석, 악기 등과 같이 부와 권력을 나타내는 물건들과 나란히 놓여진다. 우리는 또한 시계, 모래시계, 시들어가는 꽃, 썩어가는 과일 등과 같은 시간을 상징하는 물건들을 찾을 수 있다. 물건들은 종종 물질주의에 의해 야기된 혼란을 상징하는 의미로 무질서한 방식으로 배치된다.

Ⓓ 그러니 다음에 여러분이 해골이 있는 그림을 보게 된다면, 겁먹지 말라. 그 예술가의 의도는 두려움을 불러일으키거나 우리를 우울하게 하려는 것이 아니다. 오히려, 그것은 명확하게 하고, 동기를 부여하고, 영감을 주려는 것이다. 즉, 우리에게 죽음을 상기시키는 것은 우리가 중요한 것을 우선시하고 재구성하며 인생에서 작은 것들을 즐기도록 도움을 준다.

1 구체적 진술 파악

(1) ~ objects symbolizing death or vanity of life – skulls, burning candles, soap bubbles ~: 해골, 촛불, 비눗방울은 죽음, 인생의 덧없음을 상징한다.

(2) ~ objects representing wealth and power, such as books, maps, jewelry, instruments, etc. : 책, 지도, 보석, 악기는 부와 권력을 상징한다.

(3) ~ items symbolizing time such as watches, hourglasses, withering flowers, rotting fruit, etc. : 시계, 모래시계, 시들어가는 꽃, 썩어가는 과일은 시간을 상징한다.

(4) Objects are often displayed in a disorganized way ~ by materialism. : 무질서하게 배치된 사물들은 물질만능주의 사상으로 인한 혼란을 상징한다.

2 제목 파악

해골을 등장시켜 죽음을 상기시키는 바니타스 그림의 목적은 인생의 덧없음을 깨닫고 인생의 작은 것들을 즐기며 살도록 영감을 주기 위함이라는 내용의 글이다. 따라서 글의 제목은 ③ '미술사에서 가장 섬뜩한 장르가 낙관적인 메시지를 전달하는 법'이 가장 적절하다.

① 미술과 문학에 나타난 메멘토 모리
② 죽음으로 장식하기: 바니타스 그림의 우울한 세계
④ 메멘토 모리: 해골부터 정물화까지 서양 미술에 나타난 삶과 죽음

3 유의어

> death 죽음 weakness 약함, 나약함 meaninglessness 무의미함
> symbol 상징

(1) 죽음을 피할 수 없음 → 죽음
(2) 연약함 → 약함
(3) 허망함 → 무의미함

4 문맥 추론

> fragility 연약함, 부서지기 쉬움 genre 장르 materialism 물질주의
> mortality 사망률 vanity 무의미함, 허망함 intention 의도

(1) 수도사들은 물질주의를 믿지 않는다. 그들은 자신의 종교를 위해 모든 소유물을 포기한다.
(2) 예술작품의 취약성 때문에, 그것은 유리 프레임으로 보호된다.
(3) 감염자들의 사망률이 매일 증가했다.
(4) 그는 죽음 앞에서 세속적인 부의 무의미함을 깨달았다.

5 의미 이해

> symbolize 상징하다   motivate 동기를 부여하다, 자극을 주다
> represent 나타내다, 상징하다   inspire (~할 마음이 생기도록) 고무하다
> remind 상기시키다, 떠올리게 하다

어휘 · 구문

- take a look at ~을 살펴보다 • belong to ~에 속하다
- still life 정물화 • portrait 초상화 • skull 해골
- be linked with ~와 연관되어 있다

- originate from ~에서 유래하다 • victorious 승리하는, 승리를 거둔
- general 장군, 대장 • whisper 속삭이다 • remind 상기시키다

- ~ a slave would stand behind the victorious general and whisper, "Memento Mori!" **to remind** him **that** the glory will end soon, but life continues. : to remind는 부사적 용법의 to부정사이며, that절은 remind의 직접목적어에 해당하는 명사절이다. remind는 「remind A of B」 또는 「remind A+that절」의 형태로 쓸 수 있다.

- mortality 죽음을 피할 수 없음, 사망률 • fragility 연약함
- object 물건, 물체 • symbolize 상징하다 • vanity 허망함, 무의미함
- jewelry 보석(류) • wither 시들다, 시들어가다
- rot 썩다, 부패하다 • disorganized 체계적이지 못한, 무질서한
- confusion 혼란, 혼동 • materialism 물질주의

- So, in many Vanitas paintings objects **symbolizing** death or vanity of life–skulls, burning candles, soap bubbles–are placed alongside with objects **representing** wealth and power, such as books, maps, jewelry, instruments, etc. : 문장의 주어는 첫 번째 objects이고 동사는 are placed이며, symbolizing과 representing은 각각 앞의 명사 objects를 수식하는 현재분사이다.

- spooked 겁먹은 • arouse 불러일으키다 • depress 우울하게 하다
- clarify 명확하게 하다 • motivate 동기부여를 하다
- inspire 영감을 주다 • prioritize 우선시하다

- The artist's intention is not **to arouse** fear or **to depress** us. : to arouse와 to depress는 보어 역할을 to부정사로 or에 의해 병렬연결되어 있다.
- ~ **reminding** ourselves of our mortality <u>helps</u> us **prioritize** and **reshape** what's important and **enjoy** the small things in life. : reminding이 동명사 주어이므로 3인칭 단수 취급하여 helps가 쓰였다. helps 의 목적보어로 prioritize, reshape, enjoy가 병렬구조를 이루고 있다.

Ⓐ "Survivorship bias" is a common logical fallacy. We're prone to listen to the success stories from survivors because the others aren't around to tell the tale.

Ⓑ A dramatic example from history is the case of statistician Abraham Wald who, during World War Ⅱ, was hired by the U.S. Air Force to determine how to make their bomber planes safer. The planes that returned tended to have bullet holes along the wings, body, and tail, and commanders wanted to reinforce those areas because they seemed to get hit most often.

Ⓒ Wald, however, saw that the important thing was that these bullet holes had not destroyed the planes, and what needed more protection were <u>the areas that were not hit</u>. Those were the parts where, if a plane was struck by a bullet, it would never be seen again.

Ⓓ His calculations based on that logic are still in use today, and they have saved many pilots.

이 글의 구조와 요약

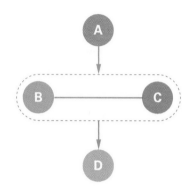

일반 (주제)	A	논리적 오류인 '생존자 편향'
구체 (사례)	B	폭격기를 더 안전하게 만들기 위해 총탄 맞은 부분을 강화하려는 미 공군 지휘관들
	C	논리적인 오류를 발견한 통계학자 – 더 강화해야 할 부분은 총탄을 맞지 않은 부분이라는 것을 알아냄
결론	D	오늘날에도 계속 사용되는 통계학자의 논리에 기초한 계산법

전문 해석

Ⓐ '생존자 편향'은 흔한 논리적 오류이다. 우리는 생존자들의 성공담을 듣게 되는 경향이 있는데, 왜냐하면 그 이야기를 해 줄 다른 이들은 살아 있지 않기 때문이다.

Ⓑ 역사상 극적인 예는 통계학자 Abraham Wald의 경우인데, 그는 2차 세계대전 동안 폭격기를 더 안전하게 만들 수 있는 방법을 결정하기 위해 미국 공군에 고용되었다. 살아 돌아온 비행기에는 날개와 본체, 꼬리 부분을 따라 총탄을 맞은 구멍들이 보통 있었고, 그 부분들이 총탄을 가장 자주 맞는 부분인 것처럼 보였기 때문에 지휘관들은 이 부분들을 강화하기를 원했다.

Ⓒ 그러나 Wald는 중요한 것은 이 총탄 구멍들이 비행기를 파괴한 것이 아니며, 더 보호해야 할 부분은 <u>총탄을 맞지 않은 부분</u>이라는 것을 알았다. 그 부분들은 만약 총탄을 맞았다면 다시는 그 비행기를 볼 수 없게 했었을 부분들이었다.

Ⓓ 그 논리에 기초한 그의 계산은 오늘날에도 여전히 사용되며, 많은 조종사들의 목숨을 구했다.

빈칸 추론 ► 글의 주제와 빈칸의 관계를 파악했는가?

A 첫 문장에서 '생존자 편향'이라는 논리적 오류를 제시하고 있다. 이처럼 용어나 개념이 제시된 경우에는 그것을 주제로 글이 전개될 것이라고 생각할 수 있어야 한다. 주제를 구체화하기 위해 자세한 설명, 사례, 연구 결과 등이 제시될 수 있으며 글쓴이가 어떤 방법으로 주제를 구체화하는지 파악해야 한다.

B 생존자 편향의 예로 통계학자 Wald의 사례를 제시하고 있다. 해당 사례의 전개를 잘 파악해야 하는데, 사례에서 미국 공군의 지휘관들이 행한 논리적 오류를 파악할 수 있다.

C Wald는 중요한 사실 하나를 발견했다고 하였고, Wald의 사례가 주제에 대한 극적인 예시라고 하였으므로, 그가 발견한 내용에 주목해야 빈칸에 어떤 내용이 들어갈지 판단할 수 있다. 빈칸 뒤에서 가정한 내용도 같은 내용을 말하고 있다는 점에 주목한다.

D 생존자 편향 오류를 발견한 그의 논리에 기초한 계산법의 의미를 다시 짚고 있다.

글 전반에 걸쳐 등장하는 어휘나 빈칸 주변의 어휘를 바탕으로 ②나 ④를 선택했다면 이 글의 주제를 전혀 생각하지 않은 결과다. 모든 문장은 글의 주제('생존자 편향'이라는 논리적 오류)를 뒷받침하고 있다는 사실을 기억하자.

① (총탄을) 맞지 않은 부분들
② 비행기들을 만드는 첨단 기술들
③ 목표를 폭격하는 군사 계획들
④ 부서진 부분들을 분석한 데이터
⑤ 군대의 지휘관들

A
- survivorship 생존, 생존자의 권리 • bias 편견 • logical 논리적
- prone ~하기 쉬운 • survivor 생존자

B
- statistician 통계학자 • hire 고용하다 • bomber plane 폭격기
- tend 경향이 있다 • bullet 탄알, 총탄 • hole 구멍
- commander 지휘관 • reinforce 보강하다, 강화하다

C
- destroy 파괴하다, 훼손하다 • protection 보호

D
- calculation 계산 • logic 논리

1

0 A ⓑ B ⓓ

1 (1) 햄버거를 먹는 속도   (2) 에세이를 쓰는 속도   (3) 여행을 하는 속도   (4) 기사를 쓰는 속도   **2** ②   **3** ③

4 (1) others   (2) another

Ⓐ We are all different. We all look different on the outside. We feel and think different things on the inside. It is also interesting that we are so different in our lifestyles. Everyone has a different pace of life. The pace of life is a matter of tempo, just like music. The tempo each person likes is extremely subjective.

Ⓑ You may take only about 5 minutes to eat a hamburger, but your friend might take at least 20 minutes to finish the meal. Some students spend a week to write a short essay carefully, whereas others prefer to complete it overnight. One of my friends said that he traveled to Europe for two months, but another friend hurried across the same route in a week. A newspaper reporter may spend almost a month to write an article, while another reporter writes quite a few articles a day, racing from headline to headline.

이 글의 구조와 요약

판단 (주장)	A	우리는 모두 다른 삶의 속도를 가지고 있음
근거 (예시)	B	1. 햄버거를 5분 만에 먹는 사람 vs 20분 동안 먹는 사람 2. 에세이를 일주일 동안 쓰는 학생 vs 하룻밤 사이에 쓰는 학생 3. 유럽 여행을 두 달 동안 하는 친구 vs 일주일 만에 끝내는 친구 4. 기사를 한 달에 걸쳐 쓰는 기자 vs 하루에 여러 기사를 쓰는 기자

전문해석

Ⓐ 우리는 모두 다르다. 우리는 겉에서 보기에 모두 다르게 보인다. 우리는 마음속으로 다른 것들을 느끼고 생각한다. 우리가 생활방식에 있어서 매우 다르다는 것도 흥미롭다. 모든 사람은 상이한 삶의 속도를 가지고 있다. 삶의 속도는 음악처럼 템포의 문제이다. 각자가 좋아하는 템포는 지극히 주관적이다.

Ⓑ 여러분은 햄버거를 먹는 데 약 5분밖에 걸리지 않을지도 모르지만, 여러분의 친구는 그 음식을 다 먹는 데 적어도 20분이 걸릴지도 모른다. 어떤 학생들은 짧은 에세이를 신중하게 쓰기 위해 일주일을 보내는 반면, 다른 학생들은 하룻밤 사이에 완성하는 것을 선호한다. 내 친구 중 한 명은 두 달 동안 유럽을 여행했다고 말했지만, 다른 친구는 같은 경로를 일주일 안에 서둘러 끝냈다. 어떤 신문기자는 기사 하나를 거의 한 달을 들여 쓰는 반면, 다른 기자는 헤드라인에서 헤드라인으로 질주하면서, 하루에 상당수의 기사를 쓰기도 한다.

0 우리는 모두 다른 삶의 속도를 가지고 있다는 주장을 한 후, 사람마다 서로 다른 속도를 보여주는 구체적인 예시를 근거로 들고 있다.

1 구체적 진술 파악
접속사 but, whereas, while을 기준으로 앞뒤 내용을 살펴보면 각각 음식을 먹는 속도, 에세이를 쓰는 속도, 여행을 하는 속도, 기사를 쓰는 속도에서 빠른 경우와 느린 경우를 대조시키고 있다.

2 요지 파악
사람마다 삶의 속도가 다르고 각자가 좋아하는 삶의 속도가 있다는 내용의 글이므로, 글의 요지로는 ② '우리 모두는 자신만의 삶의 속도를 가지고 있다.'가 가장 적절하다.
① 우리는 삶의 속도를 늦춰야 한다.
③ 우리는 항상 미리 계획을 세워야 한다.
④ 우리는 관찰당할 때 다르게 행동하는 경향이 있다.

3 유의어
subjective는 '주관적인'이라는 뜻으로 ③ individualistic(개인적인)과 의미가 가장 가깝다.
① 유연한
② 보편적인
④ 논쟁의, 논쟁의 여지가 있는

4 some, others, one, another
(1) 어떤 박쥐들은 과일이나 과즙을 먹는 반면, 다른 박쥐들은 대개 곤충을 잡는다.
→ (여럿 중에서) '몇 개'는 some, '다른 몇 개'는 others를 써서 표현한다.
(2) 그 책은 한 사람이 집필하고 다른 한 사람이 편집했다.
→ (셋 이상 중에서) '하나'는 one, '다른 하나'는 another를 써서 표현한다.

A
- pace 속도 • extremely 지극히, 극단적으로
- subjective 주관적인 (↔ objective 객관적인)
- **The tempo** [each person likes] **is** extremely subjective. : 문장의 주어는 The tempo이고 동사는 is이다. [ ]는 목적격 관계대명사절로 each 앞에는 관계대명사 which나 that이 생략되어 있다.

B
- at least 최소한, 적어도 • whereas ~에 반해서, ~이지만
- prefer 선호하다, 더 좋아하다 • complete 완성시키다
- overnight 하룻밤 사이에 • route 길, 경로, 노선
- quite a few 상당수의, 꽤 많은 수의 • article 기사, 글
- You may **take** only about 5 minutes **to eat** a hamburger, but your friend might **take** at least 20 minutes **to finish** the meal. : 「take + 시간 + to부정사」 구문은 '~하는 데 …시간이 걸리다'의 의미이다. the meal은 a hamburger를 가리킨다.

2

0 Ⓐⓓ Ⓑⓑ Ⓒⓐ Ⓓⓒ
1 ① **2** ① **3** ② **4** ① **5** ③

Ⓐ Koreans are well known for their strong work ethic. This feature accounts for Korea's economic miracle in the 1970s and 1980s. Korea has now emerged as one of the advanced countries in the world. It is really amazing that a small rural country has turned into one of the economic powers in less than 50 years.

Ⓑ However, this fast and remarkable achievement belies a dark side. There is a downside to the excessive emphasis on work. The never-ending push for achievement has caused high levels of depression.

Ⓒ Korea is now ranked first in the world in suicide rate. A recent survey has found that young Koreans are now the unhappiest group among the OECD countries. Subway stations in Seoul have barriers that prevent people from jumping on the tracks. Every bridge along the Han River has suicide-watch cameras with messages that urge people to think again before jumping down to the river.

Ⓓ Korea is now rich as a nation, but its people are not happy. In the next section, we will try to find a logical explanation for this turnaround.

이 글의 구조와 요약

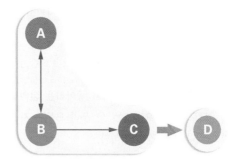

화제 도입	A	Koreans' strong work ethic and Korea's economic miracle (한국인의 강한 근면성과 한국의 경제적 기적)
판단	B	a dark side of the achievement (성취의 어두운 측면)
근거	C	Korea's suicide rate (한국의 자살률)
결론	D	a rich nation but unhappy people (부유한 국가와 불행한 국민)

전문해석

Ⓐ 한국은 강한 근면성으로 잘 알려져 있다. 이 특징은 1970년대와 1980년대 한국의 경제적 기적을 설명한다. 한국은 이제 세계 선진국 중 하나로 부상했다. 작은 시골 나라가 50년도 안 되어 경제 강국 중 하나로 변했다는 것은 정말 놀라운 일이다.

Ⓑ 그러나 이 빠르고 놀라운 성과는 어두운 면을 가리고 있다. 일에 대한 지나친 강조에는 바람직하지 않은 면이 있다. 성과를 향한 끝없는 압박은 높은 수준의 우울증을 야기했다.

Ⓒ 한국은 현재 자살률에서 세계 1위이다. 최근의 한 조사는 젊은 한국인들이 현재 OECD 국가들 중에서 가장 불행한 집단이라는 것을 알아냈다. 서울의 지하철역에는 사람들이 선로로 뛰어내리는 것을 방지하는 장벽이 있다. 한강을 따라 모든 다리에는 사람들에게 강으로 뛰어내리기 전에 다시 생각해보라고 촉구하는 메시지와 함께 자살 감시 카메라가 설치되어 있다.

Ⓓ 한국은 지금 국가로서는 부유하지만 국민들은 행복하지 않다. 다음 섹션에서는 이러한 반전에 대한 논리적 설명을 찾아보겠다.

1 전개 방식 이해

강한 근면성으로 단시간 내에 놀라운 경제 성장을 이뤄냈다고 언급한 다음, 이 빠르고 놀라운 성과 이면에는 높은 자살률이라는 어두운 측면이 있다고 말하고 있으므로, 글의 전개 방식으로는 ①이 가장 적절하다.

2 연결어 추론

작은 시골 나라가 50년도 채 안 되어 경제 강국이 되었다는 것과 놀라운 성과 이면에는 어두운 측면이 있다는 것은 상반되는 내용이므로, 빈칸에는 ① However(그러나)가 가장 적절하다.

② 그러므로
③ 예를 들어
④ 결과적으로

3 이어질 내용 추론

국가는 부유하지만 국민들은 행복하지 않다는 것에 대한 논리적 설명을 찾아보겠다고 했으므로, 이어질 내용은 ②가 가장 적절하다.

4 유의어

belie는 '가리다, 감추다, 위장하다'의 뜻이므로 hide(숨기다)와 의미가 가장 가깝다.

② 피하다
③ 유발시키다
④ 지원하다

5 유의어

downside는 '불리한 면, 부정적인 면'이라는 의미이므로 ③ negative part(부정적인 부분)와 의미가 가장 가깝다. downside의 뜻을 몰랐더라도, 앞 문장의 dark side를 통해서 그 의미를 유추해 볼 수 있고, 부정적 의미를 갖고 있는 excessive(과도한, 지나친)를 통해서도 그 의미를 짐작할 수 있다.

① 유용한 측면
② 약속
④ 해결책

어휘·구문

A
- well known 잘 알려진 · work ethic 근면 · feature 특징
- account for ~을 설명하다, ~의 원인이다
- economic 경제의, 경제에 관한 · emerge 부상하다, 나타나다, 출현하다
- advanced country 선진국 · rural 시골의 · turn into ~로 변하다

B
- remarkable 놀라운, 주목할 만한 · achievement 성취, 성과
- belie 감추다, 숨기다 · downside 이면, 불리한 면
- excessive 과도한, 지나친 · emphasis 강조 (v. emphasize)
- depression 우울증, 우울함

C
- suicide 자살 · barrier 장벽, 장애물, 방벽 · urge 촉구하다, 권고하다
- A recent survey has found [**that** young Koreans are now the unhappiest group among the OECD countries]. : that이 이끄는 명사절 [   ]는 has found의 목적절이다.
- Subway stations in Seoul have barriers **that** prevent people from jumping on the tracks. : that은 barriers를 선행사로 하는 주격 관계대명사이다. 「prevent A from -ing」는 'A가 ~하는 것을 막다'라는 의미이다.

D
- explanation 설명 (v. explain) · turnaround 전환, 선회

3

0 A ⓒ B ⓐ C ⓐ

1 ④　　　　**2** 모든 역경(심한 인종차별)에도 불구하고 또는 모든 역경(심한 인종차별)을 딛고　　　**3** ③

4 discrimination, prejudice, racism, disdain　　　**5** tolerated

---

A Among the pioneers who stood up against racism, Jackie Robinson, who became the first African American Major League Baseball (MLB) player against all odds, must be remembered. Jackie Robinson should be respected not only for his talents as a baseball player but for his courage against racism.

B Jackie Robinson heard his name announced as the first baseman of the Brooklyn Dodgers on April 15, 1947, with pride. On that day, he became the first African American to play in MLB. Before him, African Americans could only play in Negro leagues or minor leagues, regardless of their talents. Robinson broke the color barrier in MLB.

C However, the racial discrimination in baseball still remained, and Jackie Robinson's career was not trouble free. After his MLB debut, Jackie Robinson had to hear his name called with disdain and had to watch his honor insulted with hatred. Robinson refused to respond to racist remarks. Robinson endured all these prejudices and racial discrimination and proved his worth as a baseball player with excellent records. He was the MLB Rookie of the Year in 1947, was an All-Star from 1949 through 1954, and won the National League MVP Award in 1949. Today, Jackie Robinson is respected not only for his unquestionable talent, but also for his character that tolerated all vicious racial discrimination with complete calm.

이 글의 구조와 요약

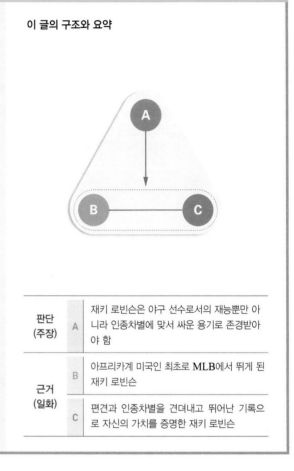

판단 (주장)	A	재키 로빈슨은 야구 선수로서의 재능뿐만 아니라 인종차별에 맞서 싸운 용기로 존경받아야 함
근거 (일화)	B	아프리카계 미국인 최초로 MLB에서 뛰게 된 재키 로빈슨
	C	편견과 인종차별을 견뎌내고 뛰어난 기록으로 자신의 가치를 증명한 재키 로빈슨

전문해석

A 인종차별에 맞서 싸운 선구자들 중에서, 재키 로빈슨은 모든 역경을 딛고 최초의 아프리카계 미국인 메이저 리그 야구 선수가 되었는데, 우리는 그를 기억해야 한다. 재키 로빈슨은 야구선수로서의 그의 재능뿐만 아니라 인종차별에 대항하는 그의 용기로 존경받아야 한다.

B 1947년 4월 15일 재키 로빈슨은 자신의 이름이 브루클린 다저스의 1루수로 발표되는 것을 자랑스럽게 들었다. 그 날, 그는 MLB(메이저 리그 야구)에서 뛰는 최초의 아프리카계 미국인이 되었다. 그 이전에 아프리카계 미국인들은 그들의 재능에 상관없이 흑인 리그나 마이너 리그에서만 뛸 수 있었다. 로빈슨은 MLB에서 피부색의 장벽을 깨뜨렸다.

C 그러나 야구에서 인종차별은 여전히 남아있었고 재키 로빈슨의 경력은 문제가 없었던 것은 아니었다. MLB 데뷔 후, 재키 로빈슨은 자신의 이름이 경멸과 함께 불리는 것을 들어야 했고, 증오와 함께 그의 명예가 모욕당하는 것을 지켜봐야 했다. 로빈슨은 인종차별적 발언들에 대응하는 것을 거부했다. 로빈슨은 이러한 모든 편견과 인종차별을 견뎌냈고, 뛰어난 기록으로 야구 선수로서의 그의 가치를 증명했다. 그는 1947년 MLB 올해의 신인 선수였고, 1949년부터 1954년까지 올스타 선수였으며, 1949년 내셔널 리그 MVP 상을 수상했다. 오늘날, 재키 로빈슨은 의심할 여지가 없는 재능뿐만 아니라 모든 악랄한 인종차별을 완전히 침착하게 견뎌낸 그의 성격으로 존경을 받고 있다.

0 **A**에서 '재키 로빈슨은 야구 선수로서의 재능뿐만 아니라 인종차별에 맞선 용기로 존경받아야 한다'는 주장을 한 다음 **B**와 **C**에서 그 주장을 뒷받침하는 근거로 그가 모든 편견과 인종차별을 견뎌내고 뛰어난 기록으로 야구 선수로서의 가치를 증명해낸 일화를 보여주고 있다.

1 연결어 추론

B의 마지막 부분에서는 재키 로빈슨이 MLB에서 인종차별의 장벽을 깨뜨렸다는 긍정적인 내용이 나오고, **C**의 첫 문장에서는 인종차별이 여전히 존재했다는 대조적인 내용이 나오고 있으므로, 빈칸에는 역접의 접속사 However(그러나)가 들어가야 한다.

① 게다가
② 그러므로
③ 그렇지 않으면

2 문맥 추론

against all odds에서 odds는 '역경, 곤란'의 의미이므로, against all odds는 '모든 역경을 딛고, 모든 역경에도 불구하고'의 의미이며, 이 글에서 역경은 재키 로빈슨이 겪어야 했던 인종차별을 나타낸다.

3 제목 파악

모든 편견과 인종차별을 이겨내고 성공한 야구 선수에 대한 이야기이므로, 글의 제목으로는 ③ '인종차별에 맞선 재키 로빈슨의 승리'가 가장 적절하다.

① MLB 내의 아프리카계 미국인 선수들의 역사
② 야구 선수로서 재키 로빈슨의 재능
④ 인종차별 장벽을 깬 후 MLB의 발전

4 문맥 추론

color barrier는 '(사회·경제·정치적) 유색인종 차별 장벽'을 의미하므로, discrimination(차별), prejudice(편견), racism(인종차별), disdain(업신여김, 무시)은 the color barrier의 의미와 관계가 있는 단어들이다. honor(명예), pioneer(선구자)는 관계가 없다.

5 유의어

endure는 '참다, 견디다'의 의미이므로, 마지막 문장의 tolerated와 의미가 같다고 할 수 있다.

어휘·구문

- pioneer 선구자, 개척자 • stand up against ~에 저항하다
- racism 인종차별, 인종주의
- against all odds 모든 역경을 딛고[극복하고] • courage 용기
- Among the pioneers **who** stood up against racism, Jackie Robinson, **who** became the first African American Major League Baseball (MLB) player ~. : who는 둘 다 주격 관계대명사로 첫 번째 who는 the pioneers를, 두 번째 who는 Jackie Robinson을 선행사로 한다.

- announce 발표하다 • baseman [야구] (1·2·3) 루수
- regardless of ~에 상관없이
- Jackie Robinson **heard** his name **announced** ~ : 「지각동사+목적어+목적보어」 구문으로 목적어와 목적보어의 관계가 수동의 관계일 때는 목적보어 자리에 과거분사가 온다.

- racial discrimination 인종차별 • trouble free 문제가 없는
- disdain 경멸, 업신여김, 무시 • insult 모욕감을 주다, 모욕하다
- hatred 증오 • refuse 거절[거부]하다 • racist 인종차별주의자
- endure 참다, 견디다 • prejudice 편견, 선입견
- rookie 신인 선수, 초보자, 초심자 • unquestionable 의심할 여지가 없는
- tolerate 참다, 견디다, 이겨내다 • vicious 악랄한, 악의가 있는
- complete 완전한, 완벽한 • calm 침착함, 차분함
- ~ Jackie Robinson had to **hear** his name **called** with disdain and had to **watch** his honor **insulted** with hatred. : 「지각동사+목적어+목적보어」 구문으로 목적어와 목적보어의 관계가 수동이므로 목적보어 자리에 과거분사 called와 insulted가 쓰였다.

0 Ⓐ ⓑ Ⓑ ⓒ Ⓒ ⓐ

1 ② **2** ② **3** ④ **4** ④ **5** ②

Ⓐ In a capitalist society, there are many inequalities, such as wage inequality, so many people argue that there are fundamental problems in capitalism. However, inequality is an essential ingredient of capitalism, and without it, capitalism cannot work properly.

Ⓑ The definition of capitalism is an economic system in which capital is owned privately and resources are distributed according to the principle of free markets with minimal government intervention. Then, why is inequality an essential ingredient of capitalism? There are two main reasons.

Ⓒ The first is the profit motive. A fundamental principle of capitalism is that individuals are motivated by the profit incentive. Businesspersons undertake a risky venture because they anticipate a substantial profit if they succeed. If there were not this profit incentive, they would not take on the risk of starting a business. The potential of reward makes inequality a necessary ingredient of capitalism. The second is the work incentive. If every worker received the same wage regardless of their skills and efforts, there would be no reason to work hard. Without wage inequality, it is impossible to motivate workers.

Ⓓ Some people argue that the government should redress the inequalities of the capitalist society. However, when the government intervenes, it means that society is becoming less capitalist and less effective in creating profit.

이 글의 구조와 요약

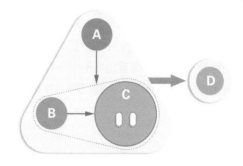

판단	A	자본주의의 필수 요소 – 불평등은 자본주의의 필수 요소임
근거	B	자본주의의 정의 – 자본을 사적으로 소유, 자유시장의 원칙에 따른 자원 분배, 최소한의 정부 개입
	C	불평등이 자본주의의 필수 요소인 이유 – 이윤 추구, 임금 격차
결론	D	자본주의 효율성을 위한 정부 개입 최소화

전문해석

Ⓐ 자본주의 사회에서는 임금 불평등과 같은 여러 불평등이 있어서, 많은 사람들이 자본주의에 근본적인 문제가 있다고 주장한다. 그러나 불평등은 자본주의의 필수적인 요소이며 그것 없이는 자본주의가 제대로 작동할 수 없다.

Ⓑ 자본주의의 정의는 정부의 개입을 최소화하면서 자본이 사적으로 소유되고 자원은 자유시장의 원칙에 따라 분배되는 경제체제이다. 그렇다면, 왜 불평등이 자본주의의 필수적인 요소인가? 두 가지 주요 이유가 있다.

Ⓒ 첫 번째는 이윤 동기이다. 자본주의의 근본적인 원칙은 개인이 이윤 동기에 의해 동기부여를 받는다는 것이다. 사업가들은 성공한다면 상당한 이익을 기대하기 때문에 위험한 사업을 시작한다. 만약 이러한 이윤 동기가 없다면, 그들은 사업을 시작하는 위험을 감수하지 않을 것이다. 보상의 잠재력은 불평등을 자본주의의 필수 요소로 만든다. 두 번째는 노동 동기이다. 만약 기술과 노력에 상관없이 모든 노동자가 동일한 임금을 받는다면 열심히 일할 이유가 없을 것이다. 임금 불평등 없이는 노동자들에게 동기부여를 하는 것은 불가능하다.

Ⓓ 일부 사람들은 정부가 자본주의 사회의 불평등을 바로잡아야 한다고 주장한다. 하지만 정부가 개입하면, 그것은 사회가 덜 자본주의적이 되고 이윤 창출에 덜 효과적이 되고 있다는 것을 의미한다.

1 빈칸 추론

빈칸 앞 문장에서 사업가들은 그들이 성공할 경우에 상당한 이윤을 기대할 수 있기 때문에 위험성이 큰 사업을 하려고 한다고 했으므로, 빈칸 문장은 이윤 동기가 없다면 사람들이 사업을 시작하는 모험을 감수하지 않을 것이라는 내용이 와야 한다. 따라서 빈칸에는 ② '사업 시작하기'가 들어가는 것이 가장 적절하다.

① 직원 채용하기
③ 연구에 투자하기
④ 대출받기

2 내용 이해

의 If every worker received the same wage regardless of their skills and efforts, there would be no reason to work hard.에서 모든 노동자가 기술과 노력에 상관없이 동일한 임금을 받는다면 열심히 일할 이유가 없을 것이라고 했으므로, same wage system(동일 임금 체계)은 자본주의의 기본 요건에 해당하지 않는다.

① 이윤 동기
③ 자유시장의 원칙
④ 최소한의 정부 개입

3 중심내용 파악

자본주의에서 불평등은 필수 요소로 자본주의는 이윤 추구와 임금 격차라는 두 가지 동기에 의해 작동한다고 말하고 있다. 따라서 글쓴이가 말하고자 하는 바로 가장 적절한 것은 ④이다.

4 유의어

motivate는 '동기부여를 하다'라는 의미이므로, prevent(막다, 못하게 하다)와는 의미상 거리가 멀다.

① 장려하다, 고무하다
② 마음을 움직이다, ~할 마음이 나게 하다
③ (~할 마음이 생기도록) 유도하다

5 유의어

redress는 '바로잡다, 시정하다'의 의미이므로, correct가 의미상 가장 가깝다. 글쓴이와 다른 의견을 가진 사람들이 자본주의 사회의 불평등에 대해 어떤 입장을 취하고 있는지를 생각해 보면 단어의 의미를 짐작할 수 있다.

① 예상하다, 예견하다
③ (~을 하도록) 허락하다
④ 인정하다

 어휘·구문

A

• capitalist 자본주의적인; 자본가, 자본주의자 • inequality 불평등
• fundamental 근본적인 • capitalism 자본주의
• essential 필수적인 • ingredient 구성요소, 재료, 성분
• properly 제대로, 적절히

B

• definition 정의 • capital 자본 • distribute 분배하다
• principle 원칙, 원리 • minimal 최소한의, 아주 적은
• intervention 개입 (v. intervene)

• The definition of capitalism is an economic system **in which** capital is owned privately and resources are distributed ~ : in which 이하는 「전치사+관계대명사」절로 an economic system을 선행사로 한다. capital(자본)과 resources(자원)는 '소유되고 분배되는 것'이므로 is owned와 are distributed의 수동태로 쓰였다.

C

• motive 동기, 이유 • motivate 동기를 부여하다
• incentive 동기, 유인 • anticipate 기대하다, 예상하다, 예견하다
• substantial 상당한(= considerable)

• **If** there **were** not this profit incentive, they **would** not take on the risk of starting a business. : 현재 사실과 반대되는 내용을 가정하는 가정법 과거가 쓰인 문장이다.
• The potential of reward **makes** inequality a necessary ingredient of capitalism. : '~를 …하게 만들다'의 의미인 「make+목적어+목적보어」 구문으로 inequality가 목적어, a necessary ingredient of capitalism이 목적보어인 5형식 문장이 쓰였다.

D

• redress 바로잡다, 시정하다 • intervene 개입하다 (n. intervention)
• effective 효과적인

5 Ⓤ Ⓐ We all / ⓒ Ⓑ The first / ⓐ Ⓒ One example / ⓑ
1 ③ **2** ② **3** ④ **4** ③ **5** ③

Ⓐ We all have to compete at every stage in life. Whenever there is competition, someone has to lose, and it could be you. Therefore, it is essential to learn how to lose gracefully.

Ⓑ The first thing to do is to let your feelings out. Losing hurts, and it's okay for you to cry and be angry. Just keep your feelings under control and try not to look foolish. Second, accept your loss. No one respects a person that cries out for a second chance and is revengeful towards a winner. Next, acknowledge the winner with dignity. Even though you lost this time, you will earn respect and can be given a second chance.

Ⓒ One example of a good loser is Shaun White, a three-time Olympics gold medalist in men's halfpipe. At his third Olympics in Sochi in 2014, the judges ranked him as the fourth against people's expectations, and he did not receive any medal. However, he acknowledged his defeat with dignity and just asked for a hug from his fellow competitors. Knowing how to lose gracefully, he won <u>respect and admiration</u> from his fellow competitors and many TV viewers worldwide. Eventually, he won the gold medal at the Pyeongchang Olympics in 2018.

이 글의 구조와 요약

판단 (주장)	A	우아하게 지는 법을 배울 필요성
근거	B	우아하게 지는 법 1. 감정을 드러내기 2. 패배를 받아들이기 3. 승자를 위엄 있게 인정하기
예시	C	훌륭한 패자의 모습을 보여준 Shaun White의 사례

전문해석

Ⓐ 우리 모두는 인생의 모든 단계에서 경쟁해야 한다. 경쟁을 할 때마다 누군가는 져야 하고, 그것은 당신일 수도 있다. 그러므로, 우아하게 지는 법을 배우는 것은 필수적이다.

Ⓑ 가장 먼저 해야 할 일은 당신의 감정을 드러내는 것이다. 지는 것은 아픈 것이므로, 당신이 울고 화내는 것은 괜찮다. 그저 그 감정들을 통제하고 바보처럼 보이지 않도록 노력하라. 둘째, 패배를 받아들여라. 아무도 두 번째 기회를 달라고 외치며 승자를 향해 복수심에 불타는 사람을 존경하지 않는다. 다음으로, 승자를 위엄 있게 인정하라. 당신은 이번에는 패배했지만, 존경을 받을 것이고 두 번째 기회가 주어질 수 있다.

Ⓒ 훌륭한 패배자의 한 예는 Shaun White인데, 그는 남자 하프파이프에서 세 번이나 올림픽 금메달을 딴 선수이다. 2014년 소치에서 열린 그의 세 번째 올림픽에서 심사위원들은 사람들의 예상을 깨고 그를 4위로 평가했고, 그는 어떤 메달도 받지 못했다. 하지만 그는 자신의 패배를 위엄 있게 인정했고 그저 동료 경쟁자들에게 포옹을 요청했다. 우아하게 지는 법을 알고 있는 그는 동료 경쟁자들과 전 세계의 많은 TV 시청자들로부터 존경과 감탄을 받았다. 결국 그는 2018년 평창 올림픽에서 금메달을 땄다.

0 우아하게 지는 법을 배울 필요가 있다는 글쓴이의 주장이 제시된 **A**, 그 주장에 대한 근거로 우아하게 지는 방법과 이유가 제시된 **B**, 그리고 그에 대한 구체적인 예를 들고 있는 **C**로 나눌 수 있다.

1 빈칸 추론

경쟁에서 지더라도 우아한 패자의 모습을 보인다면, 존경을 받을 것이라고 언급하며 Shaun White를 예시로 보여주고 있다. Shaun White가 보여준 행동은 우아한 패자의 전형적인 모습에 해당하므로 빈칸에는 ③ '존경과 감탄'이 가장 적절하다.
① 동정과 연민
② 상과 승리
④ 분노와 분함

2 내용 이해

No one respects a person that cries out for a second chance라고 했으므로 ② '두 번째 기회를 달라고 외치는 것'은 good loser의 태도로 볼 수 없다.
① 감정을 드러내는 것
③ 승자를 위엄 있게 인정하는 것
④ 동료 경쟁자들에게 포용을 요청하는 것

3 제목 파악

우아하게 지는 법에 대한 글이므로 ④ '우아한 패자가 되기 위해 해야 할 일'이 제목으로 가장 적절하다.
① 실패를 인정해야 할 때
② 인생에서 승자가 되는 법
③ 사람들로부터 존경을 받는 법

4 유의어

본문에서는 빈칸에 '필수적인', '극히 중요한'의 의미인 essential이 쓰여 글쓴이의 주장을 나타냈다. significant, important, necessary는 모두 의미가 유사하다. demanding은 '부담이 큰, 힘든, 요구가 많은'의 의미이므로 빈칸에 들어갈 수 없다.

5 유의어

acknowledge는 '인정하다', '시인하다'의 의미로 accept, recognize, admit과 유사한 의미를 가진 것으로 볼 수 있다. 반면에 deny는 '부인하다, 부정하다'라는 의미이므로 반의어에 속한다.

어휘·구문

- compete 경쟁하다 • competition 경쟁, 대회
- essential 필수적인 • gracefully 우아하게, 품위 있게

- let ~ out (감정 등을) 발산[표출]하다
- under control 통제되는, 지배되는 • foolish 어리석은, 바보 같은
- accept 받아들이다, 수용하다 • loss 패배, 손실, 손해
- revengeful 복수심에 불타는
- acknowledge 인정하다, 승인하다, 용인하다 • dignity 위엄, 존엄, 품위
- No one respects a person [that cries out for a second chance and is revengeful towards a winner]. : [ ]는 a person을 선행사로 하는 주격 관계대명사절이며, 등위접속사 and를 중심으로 cries와 is가 병렬구조를 이루고 있다.

- halfpipe 하프파이프(반원통형 슬로프에서 하는 스노우보드 경기의 한 종목)
- judge 심판관, 재판관; 심판[재판]하다
- rank (순위나 등급을) 매기다[평가하다] • expectation 예상, 기대
- receive 받다 • defeat 패배 • competitor 경쟁자
- admiration 감탄, 존경 • eventually 결국에는
- **Knowing** how to lose gracefully, he won respect and admiration from his fellow competitors ~. : Knowing 이하는 분사구문으로 As he knew how to lose gracefully로 바꿔 쓸 수 있다.

6

0 **A** The metric system / ⓓ **B** It was France / ⓐ **C** However, a few / ⓑ **D** One recent accident / ⓒ
1 (1) meter, liter, gram   (2) the USA, Liberia, Myanmar   **2** ③   **3** ①   **4** ③   **5** ④

A The metric system is a system of measurement that uses the meter, liter, and gram as base units of length, capacity, and weight. The metric system is an official system of measurement worldwide.

B It was France that first introduced the metric system in 1799. Before then, people in France used different measurement units, and it caused a lot of confusion. To solve this problem, France introduced a universal measurement system. Now, it is an internationally accepted system, and almost every nation in the world uses the same system.

C However, a few countries, such as the United States, Liberia, and Myanmar, do not use the metric system. They use units such as the inch, mile, ounce, and pound. It is called the Imperial System because the former British Empire used this system in the past. This different system, if used in small countries, would cause little problem. However, with the USA's great power in the world, the different system has led to some trouble.

D One recent accident in space provides an example. It was reported that NASA lost a satellite of Mars worth $125 million because of different measurement systems within the team. While the laboratory used meters and kilograms, the satellite manufacturer used inches, feet, and pounds. This led to incorrect calculations, and the expensive satellite was lost as a result. If everyone had used the universal measurement system, this kind of accident would not have happened.

이 글의 구조와 요약

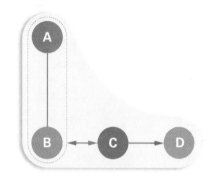

화제 도입	A	the definition of the metric system (미터법의 정의) – 미터법은 미터, 리터, 그램을 길이, 용량, 무게의 기본 단위로 사용하는 측정법임
	B	the introduction of the metric system (미터법의 도입) – 프랑스가 미터법을 처음 도입했고, 세계의 거의 모든 나라가 미터법을 사용함
판단 (우려)	C	issues regarding different measurement systems (다른 측정법에 관한 문제들) – 다른 측정법을 사용하는 것은 문제를 일으킬 수 있음
근거 (예시)	D	an example of a possible problem (일어날 수 있는 문제의 예) – 다른 측정법 사용으로 NASA에서 값비싼 위성을 잃어버리는 사고가 발생함

전문해석

A 미터법은 미터, 리터, 그램을 길이, 용량, 무게의 기본 단위로 사용하는 측정 시스템이다. 미터법은 전 세계적으로 공식적인 측정 시스템이다.

B 1799년에 미터법을 처음 도입한 것은 프랑스였다. 그 이전에는 프랑스 사람들은 다양한 측정 단위를 사용했고, 그것은 많은 혼란을 야기했다. 이 문제를 해결하기 위해 프랑스는 보편적인 측정 시스템을 도입했다. 현재 그것은 국제적으로 용인된 시스템이고, 세계의 거의 모든 나라가 동일한 시스템을 사용한다.

C 그러나 미국, 라이베리아, 미얀마와 같은 몇몇 나라들은 미터법을 사용하지 않는다. 그들은 인치, 마일, 온스, 파운드와 같은 단위를 사용한다. 그것은 예전 대영제국이 과거에 이 시스템을 사용했기 때문에 제국 시스템이라고 불린다. 이 다른 시스템이 만약 작은 나라들에서 사용된다면, 거의 문제를 일으키지 않을 것이다. 하지만 미국의 세계에서 막강한 영향력으로 인해 그 다른 시스템은 문제로 이어졌다.

D 최근 우주에서 일어난 한 사고가 한 가지 예시이다. NASA는 팀 내 다른 측정 시스템 때문에 1억 2천 5백만 달러 상당의 화성 위성을 잃었다고 보고되었다. 실험실은 미터와 킬로그램을 사용한 반면, 위성 제조업체는 인치, 피트, 파운드를 사용했다. 이것은 잘못된 계산으로 이어졌고, 그 결과 값비싼 위성을 잃어버렸다. 모든 사람들이 보편적인 측정 시스템을 사용했었더라면, 이런 종류의 사고는 일어나지 않았을 것이다.

1 내용 이해

	미터법	제국 시스템
단위	(1) 미터, 리터, 그램	인치, 마일, 온스, 파운드
국가	전 세계 대부분의 국가들	(2) 미국, 라이베리아, 미얀마

와 에 미터법에 대한 설명이, 에 제국 시스템에 대한 설명이 제시되어 있다.

2 이유 추론

에 제시된 Before then, people in France used different measurement units, ~ France introduced a universal measurement system.을 통해 다른 측정 단위의 사용이 많은 혼란을 야기했고, 이를 해결하기 위해 보편적인 측정 시스템을 도입했다는 것을 알 수 있다.

3 요지 파악

상이한 측정법 사용은 문제를 일으킬 수 있으므로 동일한 측정법을 사용하는 것이 바람직하다는 내용의 글이다. 따라서 ① '모든 나라가 동일한 측정법을 사용하는 것이 더 편리하다'가 요지로 가장 적절하다.
② NASA는 모든 부서에서 제국 측정법을 사용해야 한다.
③ 미터법은 제국 시스템보다 훨씬 더 우월하다.
④ 대영제국은 제국 시스템을 포기했어야 했다.

4 다의어

문장 속의 capacity는 '용량'이라는 의미이므로, ③ '연료 탱크는 25,000리터의 용량을 가지고 있다.'에서의 의미와 동일하다.
① 그가 이 일을 감당할 능력이 있니?
② 우리의 모든 공장들은 현재 생산 능력을 최대로 하여 작업하고 있다.
④ 어떤 새들은 날 수 있는 능력이 없다.

5 유의어

문장 속의 while은 서로 대조적인 내용을 표현하고 있으므로, whereas(~인 반면에)와 바꿔 쓸 수 있다.
① ~할 때, ~이기 때문에
② ~할 때까지
③ ~한 이래로, ~이기 때문에

어휘·구문

A
• metric system 미터법 • measurement 측정, 측량
• length 길이 • capacity 용량, 수용력, 능력

B
• introduce 도입하다, 소개하다 • confusion 혼란, 혼동
• universal 보편적인, 일반적인, 전 세계적인
• internationally 국제적으로

• **It was** France **that** first introduced the metric system in 1799. : 「It is ~ that」 강조구문으로 France가 강조되고 있다.

C
• imperial 제국의, (도량형이 영국의) 야드·파운드법에 의한
• former 전자의, 예전의 • British Empire 대영 제국

• This different system, **if used** in small countries, would cause little problem. : if used 사이에는 it(this different system) were가 생략되었다고 볼 수 있다.

D
• satellite 위성 • Mars 화성 • laboratory 실험실
• manufacturer 제조업체, 제조업자 • incorrect 잘못된
• calculation 계산

• **If** everyone **had used** the universal measurement system, this kind of accident **would not have happened**. : 가정법 과거완료 구문으로, 과거 사실과 반대되는 내용을 가정하고 있다.

왜 구조로 썼을까?

④

A One unspoken truth about creativity — it isn't about wild talent so much as it is about <u>productivity</u>. To find a few ideas that work, you need to try a lot that don't. It's a pure numbers game.

B Geniuses don't necessarily have a higher success rate than other creators; they simply do more — and they do a range of different things. They have more successes *and* more failures.

C That goes for teams and companies too. It's impossible to generate a lot of good ideas without also generating a lot of bad ideas.

D The thing about creativity is that at the outset, you can't tell which ideas will succeed and which will fail. So the only thing you can do is try to fail faster so that you can move onto the next idea.

이 글의 구조와 요약

판단 (주장)	A	창의성은 재능에 관한 것이 아니라 다양하고 많은 것을 시도해보는 생산성에 관한 것임
근거 (사례)	B	다양하고 많은 시도를 통해 더 많은 성공과 실패를 하는 천재들의 예
	C	나쁜 아이디어를 많이 만들어내야 좋은 아이디어를 만들어 낼 수 있는 팀과 회사의 예
결론	D	창의성에 있어 중요한 것은 성공한 아이디어를 발견하기 위해 많은 실패를 해 봐야 한다는 것임

전문해석

A 창의성에 관해 알려지지 않은 사실 중 하나는, 그것이 자유분방한 재능에 관한 것이라기보다는 생산성에 관한 것이라는 점이다. 쓸모 있는 몇몇 아이디어를 발견하기 위해서 여러분은 그렇지 못한 많은 것들을 시도할 필요가 있다. 그것은 순전히 숫자 게임이다.

B 천재들이 반드시 다른 창조자들보다 성공률이 더 높은 것이 아니다. 그들은 그저 더 많이 하는 것에 불과하며 여러 가지 다양한 것들을 한다. 그들은 더 많은 성공, 그리고 더 많은 실패를 한다.

C 그것은 팀과 회사에도 해당된다. 나쁜 아이디어 또한 많이 만들어 내지 않으면서 좋은 아이디어를 많이 만들어내는 것은 불가능하다.

D 창의성에 관한 중요한 것은, 처음에는 여러분이 어떤 아이디어가 성공하고 어떤 아이디어가 실패할 것인지를 알 수 없다는 것이다. 그래서 여러분이 할 수 있는 유일한 것은 다음 아이디어로 이동할 수 있도록 더 빨리 실패하려고 하는 것이다.

빈칸 추론 ▶ 빈칸이 포함된 문장의 역할을 파악했는가?

A 첫 문장에 빈칸이 제시된 경우이다. 이런 경우 뒤에 이어지는 내용을 바탕으로 빈칸의 내용을 추론해야 하는데, 글쓴이는 쓸모 있는 아이디어를 발견하기 위해서는 그렇지 못한 많은 것들을 시도해야 한다고 제안하고 있다. 이것이 바로 글쓴이의 주장이고, 빈칸 문장은 창의성에 대한 글쓴이의 주장이 제시되어 있다는 것을 알 수 있다.

B 천재들의 예를 통해 주장을 뒷받침하고 있다. 천재들이 성공률이 높은 것이 아니라 다양하고 많은 시도를 통해 많은 성공과 실패를 한다고 말하고 있다.

C 팀과 회사의 예에서도 나쁜 아이디어를 많이 만들어야 좋은 아이디어를 많이 만들어낼 수 있다는 점을 말하고 있다.

D 어떤 아이디어가 성공할지 실패할지는 알 수 없다고 언급하면서 창의성에 있어 중요한 것은 많이 시도하고 실패해 보는 것이라는 주장을 다시 강조하고 있다.

결국 창의성이란 재능이 아니라 많은 노력과 시도를 통한 성취라는 사실을 강조한 글이라고 볼 수 있다. 어려운 단어들이 거의 없는 문장에서 오답률이 높았다는 것은 무엇을 의미할까? 글의 구조를 이해하고 빈칸이 포함된 문장의 역할을 파악했다면 어렵지 않게 풀 수 있는 문제다.

① 민감성
② 우월성
③ 상상력
④ 생산성
⑤ 성취

A
- not ~ so much as ... ~이라기보다는 …인
- wild 자유분방한, 터무니없는
- To find a few ideas [that work], you need to try a lot [that don't]. : [　]는 각각 바로 앞의 a few ideas와 a lot을 수식하는 관계대명사절이고, don't 뒤에는 동사 work가 생략되어 있다.

B
- genius 천재　• creator 창조자　• failure 실패

C
- go for ~에 해당하다　• generate 만들어내다

1

0 A ⓓ B ⓐ C ⓒ D ⓕ

1 the reason for it　　**2** ④　　**3** ③　　**4** confusing　　**5** (1) sent　(2) respected

6 ③

A Suppose you are traveling in a foreign country. You stop a woman on a street to ask for directions. She just points you in the right direction without making any eye contact, and then she walks away. Upon seeing her behavior, you may find it very puzzling. It may even make you angry. However, you don't really know what was behind her behavior. Perhaps she was afraid of you or she disliked something about you.

B Here, in intercultural contexts, it is important to distinguish observation from interpretation. You saw only the woman's response, but it is more important to understand the reason for it. Until you learn more about the woman's culture, <u>you can't really understand why she behaved in a particular way.</u>

C Perhaps, gender distinction in her culture made her very shy. Or, maybe in her culture, making eye contact with strangers makes her an impolite person.

D It is important to hold your judgment about a person's behavior in other cultures until you understand their culture.

이 글의 구조와 요약

A → B → C → D

가정	A	외국 여행 중 겪게 되는 상황을 가정 – 한 여성에게 길을 물어봤을 때 눈도 마주치 지 않고 방향만 가리키고 가버림
주장	B	문화 간 접촉 상황에서는 관찰과 해석의 구별 이 중요함
근거	C	상황에 대한 해석의 예시 – 그녀의 문화권에서는 성별의 차이가 행동을 소극적으로 만들 수도 있고, 낯선 사람과의 눈 마주침이 무례한 것일 수도 있음
결론	D	문화를 이해하기 전에는 판단을 유보해야 함

전문해석

A 당신이 외국을 여행하고 있다고 가정해보자. 당신은 길을 물어보기 위해 한 여성을 길에서 세운다. 그녀는 눈도 마주치지 않고 당신에게 방향을 가리킨 다음 걸어가 버린다. 그녀의 행동을 보자마자, 당신은 그녀의 행동이 매우 당혹스럽다고 생각할지도 모른다. 그것은 심지어 당신을 화나게 할 수도 있다. 하지만 당신은 그녀의 행동 뒤에 무엇이 있었는지 정말로 알지 못한다. 아마 그녀는 당신을 두려워했을 수도 있고 아니면 당신의 어떤 점을 싫어했을 수도 있다.

B 여기 문화 간 맥락에서는 관찰과 해석을 구별하는 것이 중요하다. 당신은 그 여성의 반응만 보았지만, 그런 반응에 대한 이유를 이해하는 것이 더 중요하다. 당신이 그 여성의 문화에 대해 더 알게 되기 전까지는 당신은 그녀가 왜 특정한 방식으로 행동했는지를 이해할 수 없다.

C 어쩌면 그녀의 문화권에서는 성별의 차이가 그녀를 매우 수줍게 만들었을 수도 있다. 또는 그녀의 문화권에서는 낯선 사람들과 눈을 마주치는 것이 그녀를 무례한 사람으로 만들 수도 있다.

D 당신이 그들의 문화에 대해 이해할 때까지는 다른 문화권에 있는 어떤 이의 행동에 대한 판단을 유보하는 것이 중요하다.

0 외국 여행에서 겪을 수 있는 상황을 가정하고, 문화 간 접촉 상황에서는 관찰과 해석의 구별이 중요하다는 주장과 주장에 대한 예시를 근거로 제시한 다음, 주장을 재진술하며 글을 마무리 짓고 있다.

1 내용 이해

> 관찰은 무슨 일이 일어나고 있는지 보는 것이고, 해석은 <u>그것에 대한 이유</u>를 이해하는 것이다.

B의 You saw only the woman's response, but it is more important to understand the reason for it.에서 관찰은 그 사람의 행동이나 반응만을 보는 것이고, 해석은 그 사람이 그렇게 행동하는 이유를 이해하는 것이라고 했으므로, 빈칸에는 the reason for it이 들어가야 한다.

2 빈칸 추론

빈칸 다음에서 그녀가 그렇게 행동한 이유에 대해 추정해 보는 내용이 나오고 있으므로, 빈칸에는 다른 문화권에 대해 알게 되기 전에는 특정한 행동의 이유를 이해할 수 없다는 내용이 와야 한다.
① 당신은 당신 자신의 문화 규칙을 따라야 한다
② 당신은 스스로 길을 찾는 방법을 배워야 한다
③ 당신은 외국에서는 낯선 사람들을 멀리하는 것이 좋다
④ 당신은 그녀가 왜 특정한 방식으로 행동했는지를 이해할 수 없다

3 요지 파악

마지막 문장(It is important to hold your judgment about a person's behavior in other cultures until you understand their culture.)에 다른 문화권을 알 때까지는 섣부른 판단을 내리지 말라는 글의 요지가 잘 나타나 있다.

4 현재분사와 과거분사

본문 속의 문장(Upon seeing her behavior, you may find it very puzzling.)에서 puzzling을 대체할 수 있는 것으로는 confusing(혼란스러운)이 적절하다. 그녀의 행동이 혼란스러운 감정을 갖게 만드는 것이므로 현재분사형으로 쓴다. 과거분사형 confused는 '혼란스러워하는'의 의미로 사람의 감정을 말할 때 쓴다.

5 형용사 역할의 분사

(1) 나는 출판사에 <u>보내진</u> 자료의 1퍼센트 미만이 출판된다고 추정한다.
→ material과 send의 관계가 수동(자료가 출판사로 보내지는 것)이므로 과거분사형(sent)이 적절하다.

(2) 모든 직원들이 직장에서 <u>존경받는다고</u> 느끼는 것이 중요하다.
→ employees와 respect의 관계가 수동(직원들이 존경을 받는 것)이므로 과거분사형(respected)이 적절하다.

6 유의어

본문에서는 세 문장의 빈칸에 모두 important가 쓰여 글쓴이의 견해를 강조하여 나타내고 있다. important와 유사한 의미로 essential, necessary, significant 등을 쓸 수 있으며, optional(선택적인)은 적절하지 않다.

어휘·구문

A
- suppose 가정하다 • foreign 외국의 • direction 방향
- contact 접촉, 맞닿음 • behavior 행동
- puzzling 당혹스러운, 당황하게 만드는 (*cf.* puzzled 당황한, 어쩔 줄 모르는)
- dislike 싫어하다
- **Upon** see**ing** her behavior, you may **find** it very puzzling. : 「Upon/On - ing」는 '~하자마자'의 의미이고, 절로 표현하면 As soon as you see her behavior로 쓸 수 있다. 주절에서 find는 5형식 동사로, it이 목적어, very puzzling이 목적보어이다.

B
- intercultural 문화 간의 • context 맥락, 상황
- distinguish A from B A와 B를 구별하다
- observation 관찰 (v. observe) • interpretation 해석 (v. interpret)
- response 반응 (v. respond) • behave 행동하다 (n. behavior)
- particular 특정한

C
- gender 성, 성별 • distinction 구분, 차이, 대조
- stranger 낯선 사람, 이방인 • impolite 무례한, 실례되는 (↔ polite)
- Or, maybe in her culture, **making** eye contact with strangers **makes** her an impolite person. : 동명사구 making eye contact with strangers가 주어이므로 단수형 동사 makes가 쓰였으며, makes는 5형식 동사로, her가 목적어, an impolite person이 목적보어이다.

D
- hold 유보하다, 보류하다, 유지하다 • judgment 판단, 판정, 재판

2

0 A ⓔ B ⓓ C ⓐ

1 ②　　　2 인생에서 성공하려면 성장형 사고방식이 필요하다.　　　3 ③　　　4 (1) develop　(2) succeed

5 ④　　　6 ①

A People have different views of life and various lifestyles. They also have different mindsets.

B According to psychologist Carol Dweck, there are two kinds of mindsets: a fixed mindset and a growth mindset. A person who has a fixed mindset believes that all of the qualities, including intelligence and ability, are carved in stone and <u>can't change in any meaningful way</u>. In contrast, a person with a growth mindset believes that these basic qualities are what you can develop through your own efforts. People with this mindset believe that anyone can be anything in their life, if they work hard to improve their abilities.

C Obviously, of these two mindsets, what you need for success in your life is a growth mindset. You must believe that you can be anyone, if you have proper motivation and education. As long as you work hard, you can be Mozart, Einstein, Michael Jordan, or Steve Jobs. Your true potential is unknown and yet to be discovered. It is impossible to predict what you can achieve with this growth mindset and with your endless efforts.

이 글의 구조와 요약

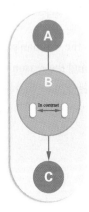

도입	A	사람마다 다른 사고방식
배경 이론	B	Carol Dweck의 이론 – 고정형 사고방식: 지성과 능력을 포함한 　모든 자질은 정해져 있음 – 성장형 사고방식: 기본 자질과 능력은 노력 　여하에 따라 발전 가능함
주장	C	성공을 위해 성장형 사고방식이 필요함

전문해석

A 사람들은 삶에 대한 다른 관점과 다양한 생활방식을 가지고 있다. 그들은 또한 다른 사고방식을 가지고 있다.

B 심리학자 Carol Dweck에 따르면, 두 가지 종류의 사고방식이 있는데, 고정형 사고방식과 성장형 사고방식이다. 고정형 사고방식을 가진 사람은 지성과 능력을 포함한 모든 자질이 돌에 새겨져 있으며 <u>어떤 의미 있는 방식으로 변할 수 없다</u>고 믿는다. 이와는 대조적으로, 성장형 사고방식을 가진 사람은 이러한 기본적인 자질들이 여러분 자신의 노력을 통해 발전시킬 수 있는 것이라고 믿는다. 이런 사고방식을 가진 사람들은 자신의 능력을 향상시키기 위해 열심히 노력한다면 누구나 인생에서 무엇이든 될 수 있다고 믿는다.

C 분명히, 이 두 가지 사고방식 중에서, 여러분이 인생에서 성공하기 위해 필요한 것은 성장형 사고방식이다. 여러분은 적절한 동기부여와 교육을 받는다면, 어떤 사람이든 될 수 있다고 믿어야 한다. 여러분이 열심히 노력하는 한, 여러분은 모차르트, 아인슈타인, 마이클 조던, 또는 스티브 잡스가 될 수 있다. 여러분의 진정한 잠재력은 알려지지 않았고 앞으로 발견될 예정이다. 이러한 성장형 사고방식과 끝없는 노력으로 여러분이 무엇을 성취할 수 있을지 예측하는 것은 불가능하다.

0 글쓴이는 **A**에서 화제를 도입하고 **B**에서 고정형 사고방식과 성장형 사고방식을 비교하여 설명한 다음, **C**에서는 성공을 위해 성장형 사고방식이 필요하다고 주장하고 있다.

1 빈칸 추론

빈칸 다음에 In contrast(그에 반해서)가 왔으므로, 빈칸에는 뒤에 이어지는 내용과 반대되는 내용이 온다는 것을 알 수 있다. 빈칸 뒤에서 성장형 사고방식을 가진 사람은 노력을 통해 자질을 발전시킬 수 있다고 믿는다고 했으므로, 빈칸에는 이와 반대되는 내용인 ② '어떤 의미 있는 방식으로 변할 수 없다'가 가장 적절하다.
① 어린 나이에 드러날 수 없다
③ 사람마다 다르지 않다
④ 교육과 훈련을 통해 습득된다

2 주장 파악

C의 첫 문장 Obviously, of these two mindsets, what you need for success in your life is a growth mindset.에 글쓴이의 주장(인생에서 성공하려면 성장형 사고방식이 필요하다.)이 잘 드러나있다.

3 주장 파악

글쓴이는 성장형 사고방식과 끝없는 노력을 통해 자질을 발전시킬 수 있고 무엇이든 성취할 수 있다는 입장이므로, 타고난 재능이 중요하다는 수지의 입장은 글쓴이가 주장하는 바와 다르다.

4 요약문 완성

성장형 사고방식을 가진 사람들은 노력을 통해 능력을 발전시킬 수 있다고 믿는다. 그러면, 그들은 잠재력을 실현시킴으로써 인생에서 성공할 수 있다.

성장형 사고방식을 가진 사람들은 자신의 능력을 향상시키기 위해 열심히 노력한다면 인생에서 어떠한 사람도 될 수 있고 어떤 것도 성취할 수 있다고 했으므로, 빈칸에는 develop과 succeed가 들어가는 것이 적절하다.

acquire 얻다, 획득하다   develop 발전시키다   succeed 성공하다
participate 참여하다

Q. acquire ▶ ②   develop ▶ ③   participate ▶ ①
① 활동이나 행사에 참여하다
② 어떤 것을 얻거나 획득하다
③ 더 크거나 더 발전된 것으로 변하다

5 단어 관계

intelligence 지능   ability 능력   creativity 창의성, 독창성
kindness 친절함

quality(자질, 특성), feature(특성), trait(특성)는 유사한 의미로 제시된 단어들을 포괄할 수 있지만, phenomenon(현상)은 관계가 없다.

6 be to-v

당신의 진정한 잠재력은 알려지지 않았고 앞으로 발견될 것이다.

「be to-v」의 쓰임 중에서 '~할 예정이다'의 의미로 쓰였다.
② 발견될 수 없다
③ 만약 발견된다면
④ 발견되기 위해서

어휘·구문

A
• various 다양한   • mindset 사고방식

B
• according to ~에 의하면   • psychologist 심리학자
• fixed 고정된   • growth 성장   • quality 자질, 특성, 품질
• intelligence 지성, 지능   • carve 조각하다, 새기다
• meaningful 유의미한 (↔ meaningless 무의미한)
• in contrast 대조적으로   • effort 노력

• [A person who has a fixed mindset] believes **that** all of the qualities, including intelligence and ability, are carved in stone and can't change in any meaningful way. : [   ]가 문장의 주어, believes가 동사이고, that 이하는 believes의 목적어 역할을 한다. that절 내에서 are carved와 can't change가 병렬구조로 연결되어 that절의 동사 역할을 한다.
• In contrast, a person with a growth mindset believes [**that** these basic qualities are **what** you can develop through your own efforts]. : that절이 believes의 목적어 역할을 하며, what은 선행사를 포함한 관계대명사로 '~인 것'이라는 의미이다.

C
• obviously 분명히, 명백히   • success 성공   • proper 적당한
• motivation 동기   • as long as ~하는 한
• potential 잠재력, 가능성; 잠재적인   • unknown 미지의, 알려지지 않은
• predict 예측하다   • achieve 성취하다, 달성하다   • endless 끝없는

3

0 A ⓓ B ⓒ C ⓐ D ⓕ

1 누군가가 쇼핑몰에서 당신을 따라다니면서 구매목록을 기록하고 행동을 관찰하고 그 정보를 분석하여 관심 상품 목록을 만드는 것

2 ② **3** ③ **4** ② **5** (1) were to, 그런 사고가 발생한다면 수백만 명의 사람들이 죽을 것이다.

(2) were to, 해가 서쪽에서 뜬다 해도 내 생각은 바뀌지 않을 것이다.

Ⓐ Imagine if someone were to follow you around at the shopping mall, taking notes on everything you buy and everything you're looking at. Then this person starts to analyze this information and creates a shopping list of products you might be interested in.

Ⓑ This is what online shopping malls are doing right now. The fact is we humans are much more predictable than we think. Nowadays, machines are able to identify human behavioral patterns through data analysis, and they can even point out preferences which we didn't even know we had.

Ⓒ For instance, online shopping malls tell us, "People who bought this product also bought that product." Many people think that this is great. But there are huge problems with this trend because this powerful data engine can create an enormous personality profile which contains frightening details about someone.

Ⓓ If these machines succeed in guiding our lifestyles, and even change our preferences and views, this could lead us to question our own free will. We may think, "My data belongs to me." But in reality this is not the case. And the price we pay will be our freedom to think and act on our own accord.

이 글의 구조와 요약

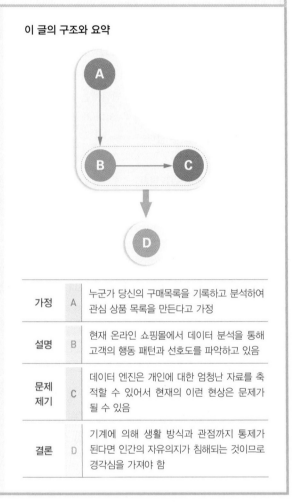

가정	A	누군가 당신의 구매목록을 기록하고 분석하여 관심 상품 목록을 만든다고 가정
설명	B	현재 온라인 쇼핑몰에서 데이터 분석을 통해 고객의 행동 패턴과 선호도를 파악하고 있음
문제 제기	C	데이터 엔진은 개인에 대한 엄청난 자료를 축적할 수 있어서 현재의 이런 현상은 문제가 될 수 있음
결론	D	기계에 의해 생활 방식과 관점까지 통제가 된다면 인간의 자유의지가 침해되는 것이므로 경각심을 가져야 함

전문해석

Ⓐ 누군가가 쇼핑몰에서 당신이 사는 모든 것과 당신이 보고 있는 모든 것을 메모하면서 당신을 내내 따라다닌다고 상상해 보라. 그런 다음 이 사람은 이 정보를 분석하기 시작하고, 당신이 관심을 가질 수도 있는 제품의 쇼핑 목록을 만든다.

Ⓑ 이것이 지금 온라인 쇼핑몰들이 하고 있는 일이다. 사실은 우리 인간은 우리가 생각하는 것보다 훨씬 더 예측 가능하다는 것이다. 요즈음, 기계는 데이터 분석을 통해 인간의 행동 패턴을 식별할 수 있고, 심지어 우리도 가지고 있는지 몰랐던 선호도를 지적할 수 있다.

Ⓒ 예를 들어, 온라인 쇼핑몰들은 우리에게 "이 제품을 산 사람들이 저 제품도 샀다."고 말해준다. 많은 사람들은 이것이 멋지다고 생각한다. 그러나 이러한 추세에는 큰 문제가 있는데, 이 강력한 데이터 엔진이 누군가에 대한 무서운 세부 사항을 포함하는 거대한 성격 프로필을 만들 수 있기 때문이다.

Ⓓ 만약 이 기계들이 우리의 생활 방식을 안내하는 데 성공하고, 심지어 우리의 선호와 관점을 바꾼다면, 이것은 우리로 하여금 우리 자신의 자유 의지에 의문을 품게 할 수도 있다. 우리는 "내 데이터는 내 것이다."라고 생각할 수 있다. 그러나 실제로는 그렇지 않다. 그리고 우리가 지불하는 대가는 우리 스스로 생각하고 행동할 수 있는 자유가 될 것이다.

0 글쓴이는 어떤 상황을 상상하여 가정한 다음, 그 상황에 대한 설명과 문제점을 제시하고 이런 상황을 경계해야 한다며 글을 마무리 짓고 있다.

1 지칭 추론

B의 밑줄 친 This는 단락 **A**의 내용을 가리킨다. 즉, 누군가가 쇼핑몰에서 당신을 따라다니면서 구매목록을 기록하고 분석하여 관심 상품 목록을 만드는 것을 지칭한다.

2 내용 일치

B의 ~ they can even point out preferences which we didn't even know we had.에서 우리 자신도 몰랐던 선호도를 제안할 수 있다고 했으므로, ② '기계는 인간에게 발견되지 않은 관심 영역을 찾아내서 제안할 수 있다.'는 이 글의 내용과 일치한다고 볼 수 있다.
① 인간의 행동은 너무 정교해서 기계가 예측할 수 없다.
→ 인간은 우리가 생각하는 것보다 훨씬 예측 가능하다고 했다.
(The fact is we humans are much more predictable than we think.)
③ 기술은 아직 데이터를 기반으로 상세한 개인 프로필을 만들 수 없다.
→ 강력한 데이터 엔진이 거대한 성격 프로필을 만들 수 있다고 했다. (~ this powerful data engine can create an enormous personality profile ~.)
④ 글쓴이는 데이터 분석이 인간이 자유를 행사할 수 있는 새로운 방법을 열어줄 것이라는 데 동의한다.
→ 글쓴이는 기계가 인간의 선호와 관점을 바꾼다면, 인간의 자유 의지가 침해되는 것이라고 했다. (~ this could lead us to question our own free will.)

3 주제 파악

기계가 개인에 대한 정보를 너무 많이 축적하게 되면 인간의 자유 의지가 침해받을 수 있다는 것이 글쓴이의 의견이므로, 글의 주제는 ③ '데이터 수집이 인간의 삶에 어떻게 부정적인 영향을 끼치는가'가 가장 적절하다.
① 기계는 개인 정보를 어떻게 수집하는가
② 쇼핑 패턴은 어떻게 진화해왔는가
④ 온라인 쇼핑에 대한 우리의 견해는 어떻게 변해왔는가

4 연결어 추론

빈칸 앞의 문장에서 기계가 데이터 분석을 통해 고객들의 행동 패턴을 식별하여 몰랐던 선호도를 알려줄 수 있다고 언급하고 있고, 빈칸 다음 문장에서는 고객들의 소비 패턴을 분석하여 소비 패턴에 맞는 상품을 추천해 주는 예시가 제시되었다. 따라서 빈칸에는 예시의 연결어 For instance가 적절하다.
① 그러므로　　③ 그럼에도 불구하고　　④ 반면에

5 were to

were to는 '절대 일어나서는 안 되는 일' 또는 '일어날 가능성이 거의 없는 일'을 표현할 때 쓰는 것으로 (1), (2)의 빈칸에는 모두 were to 가 적절하다.
(1) 그런 사고가 발생한다면 수백만 명의 사람들이 죽을 것이다.
(2) 해가 서쪽에서 뜬다 해도 내 생각은 바뀌지 않을 것이다.

어휘 · 구문

A
- follow ~ around　~를 내내 따라다니다　• take notes　메모를 하다
- analyze　분석하다　• create　만들어내다, 창조하다
- be interested in　~에 관심이 있다
- Imagine if someone were to follow you around at the shopping mall, **taking** notes on everything [you buy] and everything [you're looking at]. : taking 이하는 동시동작을 나타내는 분사구문이다.
  [ ]는 everything을 수식하는 목적격 관계대명사절이다.

B
- predictable　예측할 수 있는　• machine　기계
- identify　식별하다, 신원을 확인하다　• behavioral　행동의
- analysis　분석　• point out　지적하다　• preference　선호, 선호도
- This is **what** online shopping malls are doing right now. : what은 선행사를 포함한 관계대명사로 what이 이끄는 명사절이 이 문장의 보어절이다.
- The fact is we humans are **much** more predictable than we think. : is 다음에는 명사절을 이끄는 접속사 that이 생략되어 있으며, much는 비교급을 강조하는 부사이다.

C
- enormous　거대한, 어마어마한　• personality　성격
- profile　개요, 프로필　• contain　포함하다
- frightening　무서운

D
- belong to　~에 속하다, ~의 것이다
- on one's own accord　스스로, 자기 의지에 따라

0 A ⓒ B ⓐ C Then / ⓑ
1 ③　　**2** ②　　**3** ③　　**4** ④　　**5** ④

A Suppose that you were in an embarrassing situation. Maybe you couldn't answer a very simple math question in class. What would be your first reaction? Most likely, you would blush. Blushing is unique to humans, and most people blush when they are embarrassed.

B Granted that blushing makes you look even more embarrassed, you cannot control it, for blushing is involuntary. Blushing is caused by a hormone called adrenaline. In an embarrassing moment, adrenaline makes you breathe faster, and it speeds up your heart rate. <u>Adrenaline also widens your blood vessels to carry more oxygen.</u> As widened blood vessels allow more blood to flow, your face turns red.

C Then why do we blush? Psychologists explain that blushing is a way of social communication. When we blush, we show other people that we are aware of our situation, and we feel sorry about it. In return, people understand because they see our blushing as an apology. Thus, blushing is often called our emotional intelligence. As smart people show their intelligence by solving difficult math problems, people show their emotional intelligence by their blushing. People won't blush <u>unless</u> they are sensitive to other people's feelings.

이 글의 구조와 요약

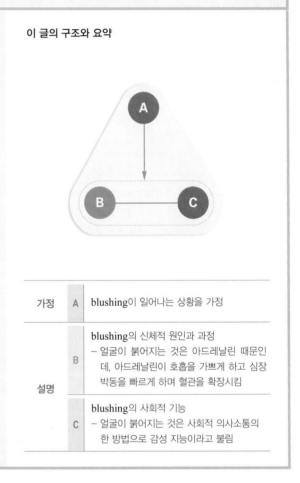

가정	A	blushing이 일어나는 상황을 가정
설명	B	blushing의 신체적 원인과 과정 – 얼굴이 붉어지는 것은 아드레날린 때문인데, 아드레날린이 호흡을 가쁘게 하고 심장 박동을 빠르게 하며 혈관을 확장시킴
	C	blushing의 사회적 기능 – 얼굴이 붉어지는 것은 사회적 의사소통의 한 방법으로 감성 지능이라고 불림

전문해석

A 당신이 당황스러운 상황에 처했다고 가정해보라. 당신이 수업 중에 매우 간단한 수학 문제에 대한 답을 하지 못했다고 가정해보라. 당신의 첫 반응은 무엇이겠는가? 아마도, 당신은 얼굴이 붉어질 것이다. 얼굴이 붉어지는 것은 인간에게만 있는 일이며, 대부분의 사람들은 당황할 때 얼굴이 붉어진다.

B 얼굴이 붉어지는 것이 당신을 훨씬 더 난처하게 보이게 만든다 하더라도, 얼굴이 붉어지는 것은 자신도 모르게 일어나는 것이기 때문에 당신은 그것을 통제할 수 없다. 얼굴 붉힘은 아드레날린이라는 호르몬에 의해 발생한다. 당황스러운 순간에 아드레날린은 당신이 더 빠르게 호흡을 하게 하고, 당신의 심박동수를 높인다. <u>아드레날린은 또한 당신의 혈관을 넓혀 더 많은 산소를 운반하게 한다.</u> 넓어진 혈관이 더 많은 피를 흐르게 함에 따라, 당신의 얼굴은 붉어지게 된다.

C 그러면 우리는 왜 얼굴이 붉어질까? 심리학자들은 얼굴이 붉어지는 것이 사회적 의사소통의 한 방법이라고 설명한다. 얼굴이 붉어질 때 우리는 다른 사람들에게 우리가 상황을 인식하고 있고, 그것에 대해 미안함을 느낀다는 것을 보여준다. 그 답례로 사람들은 우리의 얼굴 붉어짐을 사과의 의미로 보기 때문에 이해해 준다. 그래서 얼굴이 붉어지는 것을 종종 우리의 감성 지능이라고 부른다. 똑똑한 사람들이 어려운 수학 문제를 풀어 지능을 보여주듯, 사람들은 얼굴을 붉힘으로써 감성 지능을 보여준다. 타인의 감정에 <u>민감하지 않으면</u> 사람들은 얼굴을 붉히지 않을 것이다.

0 **A**는 얼굴이 붉어지는 상황을 가정하여 제시하였고, **B**는 얼굴이 붉어지는 현상의 신체적 원인과 그 과정을, **C**는 사회적 기능을 심리학자의 관점에서 설명하고 있다.

1 주어진 문장 넣기

주어진 문장에서 also라는 부사로 보아 앞 문장에서 아드레날린이 언급되었을 것이라는 추측을 할 수 있고, 아드레날린이 혈관을 넓힌다고 하였으므로 뒤 문장에 넓어진 혈관이 자연스럽게 다시 언급되는 ③의 위치가 가장 적절하다.

2 주제 파악

얼굴이 붉어지는 현상의 이유를 신체적인 측면과 사회심리학적인 측면에서 설명하고 있는 글이므로, ② '얼굴 붉어짐의 이유'가 글의 주제로 가장 적절하다.
① 얼굴 붉어짐의 문화
③ 얼굴 붉어짐과 지성
④ 사과로서의 얼굴 붉어짐

3 내용 불일치

(A)의 마지막 문장 Blushing is unique to humans ~.에서 '얼굴 붉어짐은 인간 고유의 것'이라는 내용이 있으므로 ③ '동물의 얼굴 붉어짐은 인간의 얼굴 붉어짐과는 다르다'는 글의 내용과 일치하지 않는다.
① 사람들은 아드레날린이 분비될 때 얼굴이 붉어진다.
② 얼굴 붉어짐은 비언어적 의사소통의 한 형태이다.
④ 얼굴 붉어짐은 우리가 우리의 상황을 알고 있음을 의미한다.

4 연결어 추론

얼굴 붉어짐이 사회적 의사소통의 한 방법이고 감성 지능을 나타낸다고 했으므로, '타인의 감정에 민감하지 않으면 얼굴을 붉히지 않을 것이다'라는 내용이 자연스럽다. 따라서 빈칸에는 ④ unless(~하지 않는다면)가 들어가야 한다.
① ~이기 때문에
② 마치 ~인 것처럼
③ 반면에

5 의미 이해

④ 'Sara는 입학시험에 합격해서 기뻤다'는 사례는 개인적인 것이므로, 타인의 감정을 생각하는 emotional intelligence를 보여주는 사례로 적당하지 않다.

① Jane은 Clara의 상처받은 감정에 속상해하며 부드럽게 그녀를 안아주었다.
② Tom은 작가로서의 Kate의 성공을 진심으로 축하했다.
③ Deborah는 그녀의 어리석은 실수를 깨닫고 진심으로 사과했다.

어휘·구문

- **embarrassing** 당황스러운, 난처하게 만드는 · **situation** 상황
- **reaction** 반응 · **blush** 얼굴을 붉히다, 얼굴이 빨개지다
- **embarrassed** 당황한, 난처해하는

B
- **granted that** 설사 ~라 할지라도 · **involuntary** 자기도 모르게 하는
- **adrenaline** 아드레날린 · **breathe** 숨 쉬다, 호흡하다 (n. breath)
- **heart rate** 심박동수 · **widen** 넓히다 · **blood vessel** 혈관
- **oxygen** 산소 · **flow** 흐르다

- **Granted that** blushing makes you look **even** more embarrassed, you cannot control **it, for** blushing is involuntary. : Granted that 은 '설사 ~이라 할지라도[하더라도]'의 의미이다. even은 비교급을 강조하는 부사로 far, still, a lot, much 등으로 바꿔 쓸 수 있다. it이 가리키는 것은 blushing이고, for는 이유를 나타내는 접속사의 역할을 한다.
- As widened blood vessels **allow** more blood **to** flow, your face turns red. : '~가 …하는 것을 가능하게 하다'의 의미인 「allow+목적어+목적보어(to부정사)」 구문이 쓰였다.

C
- **psychologist** 심리학자 · **be aware of** ~을 인식하다, ~을 알다
- **apology** 사과 (v. apologize) · **emotional** 감성적인, 감정적인
- **unless** ~하지 않으면(= if ~ not) · **sensitive** 민감한, 예민한

- People won't blush **unless** they are sensitive to other people's feelings. : unless는 '~하지 않으면'이라는 뜻으로 if they are not sensitive to other people's feelings로 바꿔 쓸 수 있다.

A In 1947, when the Dead Sea Scrolls were discovered, archaeologists set a finder's fee for each new document. Instead of lots of extra scrolls being found, they were simply torn apart to increase the reward.

B Similarly, in China in the nineteenth century, an incentive was offered for finding dinosaur bones. Farmers located a few on their land, broke them into pieces, and made a lot of money.

C Modern incentives are no better: Company boards promise bonuses for achieved targets. And what happens? Managers invest more energy in trying to lower the targets than in growing the business.

D People respond to incentives by doing what is in their best interests. What is noteworthy is, first, how quickly and radically people's behavior changes when incentives come into play, and second, the fact that people respond to the incentives themselves, and not the higher intentions behind them.

이 글의 구조와 요약

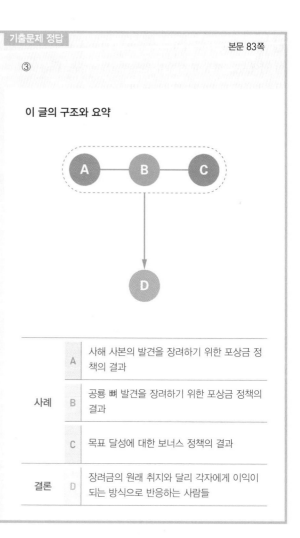

사례	A	사해 사본의 발견을 장려하기 위한 포상금 정책의 결과
	B	공룡 뼈 발견을 장려하기 위한 포상금 정책의 결과
	C	목표 달성에 대한 보너스 정책의 결과
결론	D	장려금의 원래 취지와 달리 각자에게 이익이 되는 방식으로 반응하는 사람들

전문해석

A 1947년 사해 사본이 발견되었을 때, 고고학자들은 새로 발견되는 각각의 문서마다 포상금을 걸었다. 다량의 두루마리가 추가로 발견되는 대신에, 포상금을 많이 받기 위해 그것들은 단순히 찢겨 나뉘어 있었다.

B 이와 유사하게 19세기 중국에서는 공룡의 뼈를 발견하는 것에 대해 포상금이 주어졌다. 농부들은 그들의 토지에서 몇 개를 찾아내어 그것들을 조각으로 부수어 많은 돈을 벌었다.

C 현대의 장려금도 나을 것이 없다. 회사 이사회는 달성된 목표에 대해 보너스를 주겠다고 약속한다. 그러면 어떤 일이 일어나는가? 관리자들은 사업을 성장시키는 것보다 목표를 낮추는 데 더 많은 에너지를 투자한다.

D 사람들은 그들에게 가장 이익이 되는 것을 하는 방식으로 장려금에 반응한다. 주목할 만한 것은 첫째로 장려금이 시행될 때 사람들의 행동이 얼마나 빠르고 급격하게 변화하는가이며, 두 번째로는 사람들이 그 이면에 있는 높은 차원의 의도가 아니라 장려금 그 자체에 반응한다는 사실이다.

제목 파악 ► 글쓴이가 사례를 통해 말하고자 하는 바를 파악했는가?

 구체적인 연도가 언급되어 실제 있었던 일로 시작하는 글임을 알 수 있다. 이렇게 사례를 제시하면서 시작하는 글은 글의 후반부에 글의 요지가 나올 가능성이 높다는 점을 생각해야 한다. 생소한 단어들이 있지만, 장려금의 취지와 다르게 고고학적 의미가 있는 문서들이 훼손되었다는 내용은 파악할 수 있다.

B Similarly로 보아 먼저 제시된 사례와 유사한 사례임을 짐작할 수 있어야 한다.

C 오늘날의 회사 장려금에 관한 사례로 앞의 두 사례와 유사한 내용임을 알 수 있다.

D 사례들의 공통점을 통해 글쓴이가 말하고자 하는 바가 무엇인가? 글쓴이는 장려금 정책이 원래 의도와는 다르게 작동된다는 점을 말하고 싶었던 것이다.

장려금과 관련된 본인의 주관적 판단을 배제하고 글의 구조 속에서 내용을 판단해야 한다. 글쓴이가 제시한 사례들은 모두 글의 주제와 관련이 있다는 점도 다시 한번 새겨두자. 제목은 주제를 함축적이고 비유적으로 표현한 것을 찾으면 된다.

① 과거 황금 시기의 영광을 다시 체험하라
② 어떻게 이기심이 협동 작업을 약화시키는가
③ 보상금들이 원래 목적들에 반대로 작동하다
④ 비물질적인 동기 부여들: 더 우수한 동기 부여들
⑤ 문화유산이 관광산업의 호황을 가져오다!

A
- archaeologist 고고학자   • fee 요금, 사례금
- tear 찢다   • reward 보상(금)

B
- similarly 유사하게   • incentive 장려책   • dinosaur 공룡
- locate ~의 정확한 위치를 찾아내다

C
- company board 회사 이사회   • achieve 성취하다   • target 목표
- invest 투자하다
- Managers invest more energy <u>in trying</u> to lower the targets **than** <u>in growing</u> the business. : 비교급 문장으로 비교 대상인 in trying to lower the targets와 in growing the business가 than을 기준으로 「전치사+동명사구」의 동일한 형태를 이루고 있다.

D
- respond 반응하다, 대응하다   • noteworthy 주목할 만한
- radically 급격하게   • come into play 작동하기 시작하다
- intention 의도

1

0 Ⓐ ⓑ Ⓑ ⓓ

1 ③   2 ④   3 ②   4 ④   5 ①

Ⓐ Have you heard of the "sick building syndrome"? People have worried about smog for several decades and have spent a huge sum of money to clean the outdoor air in big cities. However, recently there emerged another problem with the air we breathe. Scientists found that the air inside many homes and buildings is full of pollutants such as mold, bacteria, and chemicals. The most serious pollutant is chemicals in some products used in the construction of buildings. We breathe in a "chemical soup" released from these products. It causes the sick building syndrome characterized by symptoms such as sore throats, headaches, watering eyes, and so on.

Ⓑ Then, what is the solution? One solution is cleansing the building. It includes measures such as cleaning out the air-conditioning system, rebuilding the ventilation system, and replacing synthetic products with natural ones. Another solution, less difficult and expensive, is also available. It is growing certain houseplants, such as spider plants, that remove pollutants. As the air we breathe inside is just as important to our health as the air we breathe outside, the problem of the sick building syndrome should be solved.

이 글의 구조와 요약

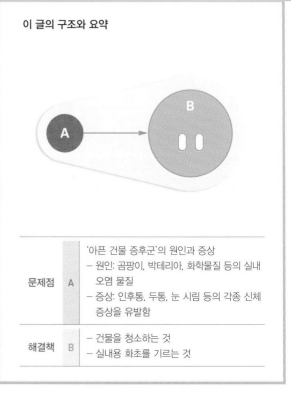

문제점	A	'아픈 건물 증후군'의 원인과 증상 – 원인: 곰팡이, 박테리아, 화학물질 등의 실내 오염 물질 – 증상: 인후통, 두통, 눈 시림 등의 각종 신체 증상을 유발함
해결책	B	– 건물을 청소하는 것 – 실내용 화초를 기르는 것

전문해석

Ⓐ '아픈 건물 증후군'에 대해 들어본 적이 있는가? 사람들은 수십 년 동안 스모그에 대해 걱정해왔고 대도시의 실외 공기를 깨끗이 하기 위해 엄청난 돈을 써왔다. 하지만 최근에 우리가 숨쉬는 공기에 대한 또 다른 문제가 알려졌다. 과학자들은 많은 집과 건물 안의 공기가 곰팡이, 박테리아, 화학물질과 같은 오염물질들로 가득 차 있다는 것을 알게 되었다. 가장 심각한 오염물질은 건물을 건축하는 데 사용되는 일부 제품의 화학물질들이다. 우리는 이 제품들에서 방출되는 '화학 수프'를 들이마신다. 그것은 인후통, 두통, 눈 시림 등의 증상을 특징으로 하는 아픈 건물 증후군을 유발한다.

Ⓑ 그렇다면, 해결책은 무엇일까? 한 가지 해결책은 건물을 청소하는 것이다. 여기에는 에어컨 청소, 환기 시스템 재구축, 합성 제품을 천연 제품으로 교체하는 등의 대책이 포함돼 있다. 덜 어렵고 비용이 적게 드는 또 다른 해결책도 이용 가능하다. 그것은 오염물질을 제거하는 거미 식물과 같은 특정한 실내용 화초들을 기르는 것이다. 우리가 실내에서 들이마시는 공기도 밖에서 들이마시는 공기만큼 우리의 건강에 중요하기 때문에 아픈 건물 증후군의 문제는 해결되어야 한다.

1 주어진 문장 넣기

주어진 문장의 these products는 ③ 앞에 있는 some products used in the construction of buildings를 지칭하므로, 주어진 문장은 ③에 들어가는 것이 가장 적절하다.

2 내용 일치

A의 마지막 문장에서 '아픈 건물 증후군'은 인후통, 두통, 눈 시림 등의 증상을 특징으로 한다고 했으므로, ④는 글의 내용과 일치한다.
① 수십 년 동안 스모그에 대해 걱정해왔다고 했으므로, 스모그의 해로움은 최근에 알려진 일이 아니다.
② 박테리아도 실내 오염물질 중 하나로 언급되었지만 실내 공기를 오염시키는 주범이라는 내용은 언급되지 않았다. 가장 심각한 오염물질은 건축에 사용되는 제품의 화학물질이라고 했다.
③ 건물 내 곰팡이에서 해로운 화학물질이 배출된다는 언급은 없었다.

3 제목 파악

'아픈 건물 증후군'의 원인과 증상에 대해 설명한 후, 그에 대한 해결책을 제시하고 있으므로, 글의 제목으로는 ② '아픈 건물 증후군의 원인과 해결책'이 가장 적절하다.
① 스모그의 피해와 아픈 건물 증후군
③ 화학물질이 인체에 미치는 영향
④ 깨끗한 실내 공기를 마시는 것의 중요성

4 유의어

emerge는 '(보이지 않던 것이) 모습을 드러내다', '(어떤 사실이) 드러나다, 알려지다'의 의미를 갖는다. 따라서 ④ become known(알려지다)과 의미가 가장 가깝다.
① 변하다
② ~를 가리다, 숨기다
③ ~를 다루다

5 유의어

available은 '이용할 수 있는, 구할 수 있는'의 의미를 갖는다. 따라서 ① obtainable(얻을 수 있는)과 의미가 가장 가깝다.
② 능률적인, 효과적인
③ 부재의, 결여된
④ 두드러진, 저명한, 탁월한

- emerge 드러나다, 나타나다, 알려지다 • breathe 숨 쉬다, 호흡하다
- pollutant 오염물질 • mold 곰팡이 • chemical 화학물질; 화학적인
- construction 건축, 건설 • release 배출하다, 방출하다, 풀어놓다
- characterize 특징짓다 • symptom 증상, 증세
- sore throat 인후통
- watering eyes (눈 시림, 눈 매움 등의) 눈물 나는 증상

- It causes the sick building syndrome **characterized** by symptoms such as sore throats, headaches, watering eyes, and so on. : characterized 이하는 the sick building syndrome을 수식하는 과거분사구이다.

- cleanse 청소하다, 깨끗이 하다 • measure 대책, 조치, 방안
- ventilation 환기 • synthetic 합성의 • available 이용 가능한
- houseplant 실내용 화초

- It includes measures such as **cleaning out** the air-conditioning system, **rebuilding** the ventilation system, and **replacing** synthetic products with natural ones. : cleaning out, rebuilding, replacing은 measures의 구체적 예시들로 등위접속사 and에 의해 병렬연결되어 있다. ones는 products를 받는 대명사이다.
- Another solution, (which is) less difficult and expensive, is also available. : 관계대명사 which와 be동사가 함께 생략됨으로써 형용사구가 삽입구로 남게 된 구조이다.
- As **the air** [we breathe inside] **is** just **as important** to our health **as** the air [we breathe outside], the problem of ~. : 종속절의 주어는 the air, 동사는 is이고, [ ]는 각각 앞에 나온 the air를 수식하는 목적격 관계대명사절이다. 「as+원급+as」는 '~만큼 …한'의 의미이다.

2

Ⓐ Have you ever heard of the Great Pacific Garbage Patch? It is a huge collection of marine debris in the North Pacific Ocean. People should take heed to this great garbage patch because it poses a serious threat to marine life and ecology.

Ⓑ People assume that a garbage patch is an island of trash floating on the ocean. However, actually, it is made up of tiny bits of plastic, called microplastics, because the sun breaks down various plastic garbage into tinier and tinier pieces. It is these tiny bits of plastic that are causing serious problems.

Ⓒ Marine debris is very harmful to marine life. For example, sea turtles often mistake plastic bags for jellyfish, their favorite food. Some seabirds mistake plastic bits for fish eggs and feed them to their chicks, which die of ruptured organs or later of starvation. Marine debris also disturbs marine food webs because it blocks sunlight from reaching plankton and algae below, which are the most common producers in the marine food web.

Ⓓ Then, is it possible to clean up this great garbage patch? It is virtually impossible because the cost would be too huge, and it would bankrupt any country that tries it. The sensible solution at the moment is not to let the garbage patch grow bigger, by limiting or banning the use of disposable plastics and making people use biodegradable resources.

이 글의 구조와 요약

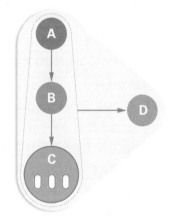

문제 제기	A	해양 생물과 생태계에 심각한 위협을 주는 태평양 쓰레기 지대
문제에 대한 설명	B	태평양 쓰레기 지대는 분해된 작은 플라스틱 조각으로 이루어져 있고, 이것이 심각한 위협을 초래함
문제에 대한 예시	C	해양 파편이 해양 생물에게 미치는 피해의 구체적 예시
해결책	D	합리적인 해결 방안 – 일회용 플라스틱 사용 제한 또는 금지 – 생분해성 자원을 사용하도록 함

전문해석

Ⓐ 거대한 태평양 쓰레기 지대에 대해 들어본 적이 있는가? 그것은 북태평양에 있는 거대한 해양 쓰레기의 집합체이다. 사람들은 이 거대한 쓰레기 더미가 해양 생물과 생태계에 심각한 위협을 가하기 때문에 주의를 기울여야 한다.

Ⓑ 사람들은 이 쓰레기 더미가 바다 위에 떠다니는 쓰레기섬이라고 생각한다. 하지만 실제로 그것은 미세 플라스틱이라고 불리는 작은 플라스틱 조각으로 이루어져 있는데, 그 이유는 태양이 다양한 플라스틱 쓰레기를 점차 더 작은 조각으로 분해하기 때문이다. 심각한 문제를 일으키고 있는 것은 바로 이 작은 플라스틱 조각들이다.

Ⓒ 해양 쓰레기는 해양 생물에게 매우 해롭다. 예를 들어, 바다거북들은 종종 비닐봉지를 그들이 가장 좋아하는 음식인 해파리로 착각한다. 어떤 바닷새들은 플라스틱 조각들을 물고기 알로 착각하여 그것들을 그들의 새끼들에게 먹이고, 그 새끼들은 장기 파열이나 굶주림으로 나중에 죽게 된다. 해양 쓰레기는 또한 해양 먹이 그물망을 교란하는데, 해양 먹이 그물에서 가장 흔한 생산자인 플랑크톤과 해조류에 햇빛이 닿는 것을 차단하기 때문이다.

Ⓓ 그렇다면, 이 거대한 쓰레기섬을 청소하는 것이 가능할까? 비용이 너무 많이 들기 때문에 그것은 사실상 불가능하며, 그것(청소)을 시도하는 어떤 나라라도 파산시킬 것이다. 현재의 현명한 해결책은 일회용 플라스틱 사용을 제한하거나 금지하고 사람들이 생분해성 자원을 사용하도록 함으로써 쓰레기 지대가 더 커지지 않도록 하는 것이다.

0 Ａ는 태평양 쓰레기 지대가 해양 생태계에 심각한 위협을 초래한다고 문제를 제기하고 Ｂ는 심각한 문제를 일으키는 실체가 미세 플라스틱임을 설명한다. Ｃ는 미세 플라스틱이 해양 생물에게 끼치는 해로운 사례들을 소개하며, Ｄ에서는 실질적인 해결 방안을 제시하고 있다.

1 주어진 문장 넣기
주어진 문장은 플라스틱 조각이 바닷새들에게 끼치는 해로운 영향의 실제 사례를 설명하고 있으므로, 바다거북의 사례 다음에, 그리고 해양 파편이 끼치는 또 다른 영향을 언급하고 있는 내용 앞인 ③에 들어가는 것이 가장 적절하다.

2 내용 불일치
④ 플라스틱 조각이 바다생물의 먹이 사냥을 직접 방해한다는 내용은 언급되지 않았다.
① For example, sea turtles often mistake plastic bags for jellyfish, their favorite food. Some seabirds mistake plastic bits for fish eggs ~.에서 바다 생물들이 플라스틱 조각을 먹이로 착각한다고 언급하였다.
② Marine debris also disturbs marine food webs ~.에서 해양 쓰레기가 해양 먹이 그물을 교란한다고 언급하였다.
③ ~ they block sunlight from reaching plankton and algae below ~.에서 해양 쓰레기로 인해 햇빛이 바다 생물에 닿지 못한다고 언급하였다.

3 제목 파악
태평양 쓰레기 지대가 해양 생물과 생태계에 미치는 피해와 해결책에 대한 글이므로 ② '태평양 쓰레기 지대의 위협'이 제목으로 적절하다.
① 태평양 쓰레기 지대의 원인
③ 육지와 바다에서 플라스틱 조각의 위험
④ 해양생물을 위한 국제협력의 중요성

4 유의어
take heed to는 '주의를 기울이다'라는 의미이므로 ② pay attention to와 의미가 가장 가깝다.
① ~에 대한 지배력을 갖다
③ ~을 끝내다
④ ~에게 기회를 주다

5 단어 관계
④의 disposable은 '일회용의'라는 뜻이고 biodegradable은 '생분해성의'라는 뜻으로 이 글에서는 환경에 해를 끼치는 일회용 제품과 환경에 해를 끼치지 않고 자연적으로 분해되는 자원을 대조할 때 사용되었다. 따라서 disposable과 biodegradable은 서로 대조되는 관계의 단어라고 할 수 있고 나머지 단어들은 모두 유의어 관계로 볼 수 있다.
① (위험 · 문제 등을) 야기하다 : (어떤 결과를) 초래하다
② 쓰레기 : 쓰레기
③ 제한하다 : 금지하다

6 유의어
virtually는 '사실상, 거의'라는 의미이고 ④ hardly는 '거의 ~이 아닌'이라는 의미이므로 바꿔 쓸 수 없다. close to, nearly, almost는 모두 '거의'라는 의미를 갖는다.

어휘 · 구문
A
- collection (물건 등의) 더미 • marine 바다의, 해양의
- debris 잔해, 파편, 쓰레기 • take heed to ~에 주의를 기울이다
- pose (문제 등을) 제기하다 • threat 위협, 협박 • ecology 생태(학)

B
- float 뜨다, 떠다니다 • tiny 아주 작은 • microplastics 미세 플라스틱
- break down A into B A를 부수어서 B로 만들다

- **It is** these tiny bits of plastic **that** are causing serious problems. : 「It is ~ that」 강조구문으로, these tiny bits of plastic를 강조하고 있다.

C
- mistake A for B A를 B로 착각하다[잘못 알다] • rupture 파열시키다
- organ (신체의) 장기 • starvation 굶주림, 기아
- disturb 방해하다, 교란하다
- block A from -ing A가 ~하는 것을 막다 • algae (해)조류

- Some seabirds mistake plastic bits for fish eggs and feed **them** to their chicks, **which** die of ruptured organs or later of starvation. : them은 plastic bits를 가리키고, which는 their chicks를 선행사로 하는 관계대명사이다.

D
- virtually 사실상, 거의 • bankrupt 파산시키다; 파산한
- disposable 일회용의, 처분 가능한 • biodegradable 생분해성의

3

0 A ⓑ B ⓒ C ⓐ

1 ⓒ, ⓑ   **2** ②   **3** ①   **4** ①   **5** (1) ⓐ (2) ⓓ (3) ⓑ (4) ⓒ

A Everyone knows that bees are beneficial not only to humans but also to the entire ecosystem. Nonetheless, bees are disappearing everywhere on this planet. In the USA alone, the population of bees is only half of what it was in the 1950s. Soon, it will be difficult to even find bees.

B Will it be a problem for humans? Unfortunately, it will! If bees disappear, humans will too. Bees perform a task that is essential to the survival of plants: pollination. While bees visit flowers to collect nectar, they pollinate plants, allowing them to bear fruit. In fact, bees pollinate almost one-third of the global food supply. Without bees, farms can't survive, and then what would we eat?

C Then, why are bees disappearing? There are many possible causes: use of pesticides, parasites, pollution, and climate change among others. Most of these causes are related to humans. We are responsible for bees' disappearance, and it will eventually threaten us. Therefore, <u>we should help bees to survive</u>. It is the only way we can survive, too.

이 글의 구조와 요약

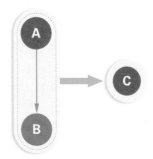

현상	A	사라지고 있는 벌 – 벌의 개체 수가 감소하고 있음
문제 제기와 근거	B	벌이 중요한 이유 – 벌의 수분 작용과 세계 식량 공급량과의 관계
주장 및 결론	C	벌이 사라지는 원인이 대부분 인간과 관련이 있으므로 우리는 벌이 살아남을 수 있도록 도 와야 함

전문해석

A 벌이 인간뿐만 아니라 생태계 전체에 유익하다는 것은 누구나 알고 있다. 그럼에도 불구하고, 벌이 지구상의 모든 곳에서 사라지고 있다. 미국에서만 벌의 개체 수는 1950년대 개체 수의 절반에 불과하다. 머지않아 벌을 찾는 것조차 어려워질 것이다.

B 그것은 인간에게 문제가 될까? 불행하게도, 그렇게 될 것이다! 만약 벌이 사라진다면, 인간들도 역시 그럴 것이다. 벌은 식물의 생존에 필수적인 일인 수분 작용을 수행한다. 벌이 꿀을 모으기 위해 꽃을 방문하는 동안, 그들은 식물을 수분시켜 열매를 맺게 한다. 사실, 벌은 세계 식량 공급량의 거의 3분의 1을 수분시킨다. 벌이 없다면, 농장은 살아남지 못할 것이고, 그렇다면 우리는 무엇을 먹어야 할까?

C 그렇다면, 왜 벌이 사라지고 있을까? 많은 가능한 원인들이 있는데, 그중에서도 특히, 살충제 사용, 기생충, 오염, 기후 변화 등의 원인이 있다. 이러한 원인들의 대부분은 인간과 관련이 있다. 우리는 벌이 사라지는 것에 책임이 있고, 그것은 결국 우리를 위협할 것이다. 그러므로, 우리는 벌이 살아남도록 도와야 한다. 그것이 우리가 생존할 수 있는 유일한 방법이기도 하다.

1 단락 내용 파악

는 벌의 개체 수가 감소하고 있는 현상을 사례로 제시하고 있고, 는 그것이 인류의 미래에 끼칠 부정적 영향(식량 부족)을 문제로 제기하고 있다.

2 내용 불일치

② 벌이 없다면, 수분은 전혀 일어나지 않을 것이다.
→ 벌은 전 세계 식량 공급에 있어서 농작물의 3분의 1정도를 수분 한다고 했지만, 벌이 없다고 해서 수분이 전혀 일어나지 않는다고는 언급되지 않았다.
① 인간의 활동은 벌들이 생존하는 것을 어렵게 만들었다.
③ 살충제의 남용은 환경을 벌들에게 해롭게 만들었다.
④ 1950년대 미국 내 벌의 수는 지금보다 두 배나 많았다.

3 빈칸 추론

벌의 개체 수 감소에 인간의 책임이 크고, 그것이 인류의 생존에 위협이 된다고 했으므로, 빈칸에 들어갈 말로는 ① '우리는 벌들이 살아남도록 도와야 한다.'가 적절하다.
② 인간은 벌 없이 살아야 할 것이다.
③ 우리는 환경을 안전하게 유지하기 위해 노력해야 한다.
④ 우리는 식물을 수분시키는 다른 방법을 찾아야 한다.

4 다의어

bear는 '참다, 견디다', '(책임 등을) 떠맡다', '(꽃이나 열매를) 맺다', '(무게를) 지탱하다' 등의 의미를 갖고 있는 다의어이다. 제시된 문장에서는 '(열매를) 맺다'의 의미로 쓰였으므로, ① produce(생산하다)의 의미로 볼 수 있다.
② 지지하다, 떠받치다
③ (안 좋은 일 등을) 겪다
④ 참다, 인내하다

5 조건절을 대신하는 without

(1) 만일 내가 시험에 떨어지면, 다시 시험을 칠 거야.
(2) 더 많은 나무들이 죽으면, 기후가 바뀔 수도 있어.
(3) 너의 도움이 없으면, 난 그 프로젝트를 못 끝낼 거야.
(4) 미세먼지를 줄이려는 노력이 없으면, 아이들의 건강에 심각한 문제가 생길 거야.

• beneficial 유익한, 이익을 가져오는   • entire 전체의, 완전한
• ecosystem 생태계   • nonetheless 그럼에도 불구하고
• disappear 사라지다, 없어지다   • planet 행성
• population 인구, 생물의 개체 수
• Everyone knows that bees are beneficial **not only** to humans **but also** to the entire ecosystem. : 「not only A but also B」는 「B as well as A」와 같은 의미로 'A뿐만 아니라 B도'라는 뜻이다.

B
• unfortunately 불행하게도   • perform (업무·임무 등을) 수행하다
• essential 필수적인   • survival 생존   • pollination 수분(v. pollinate)
• nectar (꽃의) 꿀, 과즙   • supply 공급; 공급하다
• survive 살아남다, 생존[존속]하다

C
• pesticide 살충제   • parasite 기생충   • pollution 오염
• climate change 기후 변화   • responsible 책임이 있는
• threaten 위협하다, 협박하다
• We **are responsible for** bees' disappearance, and **it** will eventually threaten us. : 「be responsible for」는 '~에 책임이 있다'라는 의미이고, it은 bees' disappearance를 가리킨다.

4

1 Methane, warming / milk or meat
2 ① 소화제를 먹인다. ② 소의 먹이에 단백질 함량을 늘린다. ③ 소의 먹이에 마늘과 허브를 추가한다. **3** ① **4** ① **5** ③

U Ⓐ ⓑ Ⓑ ⓐ

ⓐ Everyone knows about the danger of global warming and the greenhouse effect. It may sound strange, but one of the major causes is farts and burps of cattle. In fact, methane in cows' gases is 20 times more efficient than CO_2 in warming the atmosphere.

ⓑ Aside from this environmental issue, cattle farts and burps are bad news to farmers, too. The energy that cows get from their food goes to methane production instead of milk or meat. The more farts cows produce, the less milk they make.

ⓒ Therefore, both governments and farmers are trying to reduce cow farts and burps in many ways. A digestive aid is one way to reduce the emission of cattle. If cows digest their food better, they will fart less. Another way is to increase protein in cows' food. If they are fed high-protein food, they produce less gas. It was also found out that garlic and some herbs reduce methane emissions.

ⓓ To sum up, it is important to reduce cow farts and burps both for the earth and for the farmers, and we should develop more efficient ways to do so.

이 글의 구조와 요약

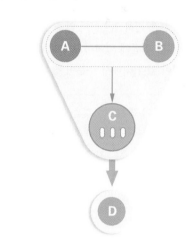

문제 제기	A	소의 방귀와 트림이 지구 온난화에 끼치는 악영향
	B	소의 방귀와 트림이 축산업의 생산성에 끼치는 악영향
해결책 제시	C	소의 메탄가스 배출 감소를 위한 방안 – 소화제 사용, 고단백질 사료 제공, 마늘과 허브 사용
결론	D	지구를 보호하고 낙농업 농가를 지키기 위해서 더욱 효과적인 메탄가스 배출 감소 방안을 마련해야 함

전문해석

ⓐ 모두가 지구 온난화와 온실 효과의 위험에 대해 알고 있다. 이상하게 들릴지 모르지만, 주요 원인들 중 하나는 소의 방귀와 트림이다. 사실, 소의 가스에 있는 메탄은 대기를 따뜻하게 하는 데 이산화탄소보다 20배 더 효율적이다.

ⓑ 이러한 환경 문제 외에도, 소의 방귀와 트림은 농부들에게도 나쁜 소식이다. 젖소가 음식에서 얻는 에너지가 우유나 고기 대신 메탄 생산에 사용된다. 젖소가 방귀를 더 많이 뀌면 뀔수록, 우유를 덜 만든다.

ⓒ 그러므로, 정부와 농부들 모두 다양한 방법으로 소의 방귀와 트림을 줄이기 위해 노력하고 있다. 소화제는 소의 가스 배출을 줄이는 한 가지 방법이다. 만약 소들이 음식을 더 잘 소화한다면, 그들은 방귀를 덜 뀌게 될 것이다. 또 다른 방법은 소의 먹이에 단백질 함량을 늘리는 것이다. 만약 소들이 고단백 먹이를 먹는다면, 그들은 가스를 덜 생산하게 된다. 마늘과 일부 허브가 메탄 배출을 줄인다는 사실도 밝혀졌다.

ⓓ 요약하자면, 소의 방귀와 트림을 줄이는 것은 지구와 농부들 모두에게 중요하며, 우리는 그렇게 하기 위한 더 효율적인 방법을 개발해야 한다.

1 내용 이해 (문제점)

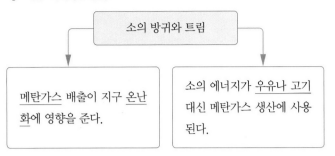

소의 방귀와 트림

메탄가스 배출이 지구 온난화에 영향을 준다.

소의 에너지가 우유나 고기 대신 메탄가스 생산에 사용된다.

2 내용 이해 (해결책)

Q. 우리는 어떻게 소의 방귀와 트림을 줄일 수 있을까?

A. ① 소화제를 먹인다.
② 소의 먹이에 단백질 함량을 늘린다.
③ 소의 먹이에 마늘과 허브를 추가한다.

C에서 소의 방귀와 트림을 줄일 수 있는 방법을 제시하고 있다.

3 제목 파악

소의 방귀와 트림에서 나오는 메탄가스가 지구 온난화의 원인일 뿐만 아니라 축산업의 생산성에도 나쁜 영향을 끼치므로 소의 메탄가스를 줄이기 위해 노력해야 한다는 내용의 글이다. 따라서 ① '소의 메탄 생산을 어떻게 줄일 것인가'가 글의 제목으로 가장 적절하다.
② 우유를 더 많이 생산하기 위해 소에게 무엇을 먹일 것인가
③ 농부들이 더 많은 돈을 벌 수 있도록 어떻게 도울 것인가
④ 지구를 돕기 위해 소를 어디서 기를 것인가

4 유의어

aside from은 '~외에도, ~뿐만 아니라'의 의미로 쓰였으므로 besides 와 바꿔 쓸 수 있다.
② ~가 없다면   ③ ~에도 불구하고   ④ ~ 때문에

5 유의어

본문에서는 빈칸에 '줄이다, 감소시키다'의 의미인 reduce가 쓰였다. diminish, lower, decrease는 모두 '(양이나 강도 따위를) 감소시키다'라는 의미를 갖는다. produce는 '생산하다'의 의미이므로 빈칸에 들어갈 수 없다.

어휘 · 구문

A
- global warming 지구 온난화   • greenhouse effect 온실 효과
- fart 방귀; 방귀를 뀌다   • burp 트림; 트림하다   • methane 메탄
- atmosphere 대기, 공기, 분위기
- In fact, methane in cows' gases is **20 times more** efficient **than** CO_2 in warming the atmosphere. : 「숫자+times+비교급 than ~」은 '~ 보다 몇 배 더 …하다'의 의미이다.

B
- aside from ~ 외에도   • environmental 환경의, 환경과 관련된
- issue 문제, 쟁점   • instead of ~ 대신에
- **The more** farts cows produce, **the less** milk they make. : 「The 비교급 ~, the 비교급 …」은 '~ 할수록 더 …하다'의 의미이다.

C
- digestive aid 소화제, 소화보조제   • emission 방출, 배출
- increase 증가하다, 증가시키다   • protein 단백질

D
- to sum up 요약하면   • efficient 효율적인

5

0 ④

1 ③ 2 ② 3 ④ 4 ④ 5 biodegrade

A We use plastic every day. By 2050, plastic in the ocean will outweigh fish. So far, the recycling effort hasn't been so successful. Only 9% of plastic is actually made into a new product. Because of the falling oil price and expensive reproduction cost, it's cheaper for businesses to make new plastic than to recycle old material.

B But there is hope. Recently, researchers found bacteria that are living off plastic bottles. These bacteria, however, only work on PET, just one type of plastics we use. Products are often made of multiple types of plastics, and currently magic bacteria which eat all plastics do not exist. On the other side of the spectrum, microbiologists are also working to identify plastics which biodegrade quickly — that is, break down naturally and quickly.

C For this research to bear fruit, manufacturers and consumers would have to change the way they make and use things, such as using plastics which are less chemically stable and therefore more biodegradable.

D The use of plastics will keep growing. But if we can develop ways to utilize environmentally friendly ways so that we can process waste and produce plastic material, we can change the course of environmental disruption.

이 글의 구조와 요약

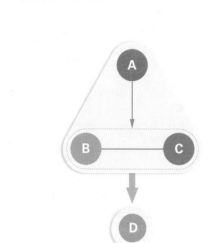

문제 제기	A	플라스틱 재활용 성과가 적은 현실
해결책 제시	B	플라스틱에 관한 최근 연구 성과 – PET 플라스틱 분해 박테리아 발견 – 빠르게 생분해되는 플라스틱 개발 연구
	C	제조 업계와 소비자가 노력해야 할 방향
결론	D	환경친화적인 플라스틱 폐기와 제조 방법 개발을 위한 노력

전문해석

A 우리는 매일 플라스틱을 사용한다. 2050년까지 바닷속 플라스틱의 무게가 물고기보다 더 나가게 될 것이다. 지금까지 재활용 노력은 그렇게 성공적이지 못했다. 오직 9퍼센트의 플라스틱만이 실제로 새로운 제품으로 만들어진다. 유가 하락과 비싼 재생산 비용 때문에, 기업들은 오래된 재료를 재활용하는 것보다 새로운 플라스틱을 만드는 것이 더 저렴하다.

B 하지만 희망은 있다. 최근 연구자들은 플라스틱병을 먹어 치우는 박테리아를 찾아냈다. 그러나 이 박테리아는 우리가 사용하는 플라스틱의 한 종류인 PET에만 작용한다. 제품은 보통 여러 종류의 플라스틱으로 만들어지며, 현재 모든 플라스틱을 먹는 마법의 박테리아는 존재하지 않는다. 다른 측면에서, 미생물학자들은 또한 빠르게 생분해되는 플라스틱, 즉 자연적이고 빠르게 분해되는 플라스틱을 찾아내기 위해 연구하고 있다.

C 이 연구가 결실을 맺기 위해서는 제조업자들과 소비자들이 가령, 화학적으로 덜 안정적이고 따라서 더 잘 생분해되는 플라스틱을 사용하는 것과 같이, 제품들을 만들고 사용하는 방식을 바꿔야 할 것이다.

D 플라스틱의 사용은 계속 증가할 것이다. 하지만 환경친화적인 방법을 활용하는 방안을 개발하여 폐기물을 처리하고 플라스틱 재료를 생산할 수 있다면, 우리는 환경파괴의 과정을 바꿀 수 있다.

0 는 플라스틱 사용을 줄이자는 주장이 아니라, 보다 친환경적인 폐기물 처리방식과 제조방식을 통해 환경파괴 과정을 바꾸자고 주장하고 있다.

1 내용 불일치

플라스틱의 한 종류인 PET를 생분해하는 박테리아를 발견했다고 했고, 아직 여러 종류의 플라스틱으로 만들어진 제품을 분해하는 박테리아는 없다고 했다. 따라서 글의 내용을 잘못 이해한 사람은 희재이다.

2 내용 일치

오직 9퍼센트의 플라스틱만이 실제로 재활용된다는 글의 내용으로 미루어 보아 ② '재활용 통에 버려지는 대부분의 플라스틱 쓰레기는 매립지에 버려진다.'는 것을 알 수 있다.
① 현재 바다에는 물고기보다 플라스틱이 더 많다.
→ 현재가 아니라 2050년이라고 언급했다.
③ 높은 유가가 낮은 플라스틱 재활용률의 원인이다.
→ 유가 하락과 비싼 재생산 비용을 원인으로 언급했다.
④ 플라스틱을 먹는 박테리아는 상업적으로 사용될 준비가 거의 되어 있다.
→ 상업적 이용에 관한 내용은 언급되지 않았다.

3 제목 파악

지구 환경을 위해 친환경적인 플라스틱 제조와 처리 방법을 고민하는 내용의 글이므로, ④ '플라스틱 폐기물 연구를 통한 지구를 구하기 위한 경주'가 제목으로 적절하다.
① 우연한 발견: 플라스틱을 먹는 박테리아
② 우리의 일회용 소비 문화로 인한 피해
③ 생분해성 플라스틱이 플라스틱 위기를 해결하지 못하는 이유

4 유의어

identify는 '찾아내다, 발견하다'의 의미로 쓰였으므로 discover, find out의 의미와 유사하다. determine도 '(어떤 사실을) 밝혀내다, 알아내다'의 의미를 갖고 있다. overlook은 '간과하다'의 의미이므로 identify의 의미와 거리가 멀다.

5 문맥 추론

that is(즉, 말하자면)는 앞에 나온 말을 쉽게 풀어서 설명할 때 쓸 수 있다. 따라서 biodegrade(생분해되다)를 이해하기 쉽도록 break down naturally(자연적으로 분해되다)라고 풀어서 다시 말해주고 있다.

A

- outweigh ~보다 무게가 더 나가다   • recycle 재활용하다
- reproduction 재생산

- ~. **it**'s cheaper <u>for businesses</u> **to make** new plastic than to recycle old material. : it이 가주어, to make 이하가 진주어, for businesses가 to부정사구의 의미상 주어이다.

B

- multiple 다수의, 다양한   • spectrum (관련 특질·생각 등의) 범위, 영역
- microbiologist 미생물학자   • identify 식별하다, 발견하다
- biodegrade 생분해되다

C

- manufacturer 제조업자   • consumer 소비자   • stable 안정적인

D

- utilize 활용하다   • environmentally friendly 환경친화적인
- disruption 파괴 (v.disrupt)

- ~ we can develop ways **to utilize** environmentally friendly ways **so that** we **can** process waste and produce plastic material.~ : to utilize는 ways를 수식하고 있고, 「so that A can」은 'A가 ~할 수 있도록'이라는 의미이다.

6

0 Ⓐⓐ Ⓑⓒ Ⓒⓓ

1 Now, answer   **2** ② **3** ① **4** ② **5** (1) linear (2) circular

Ⓐ Every year, hundreds of millions of clothing items are made, sold, and discarded worldwide. It takes an enormous amount of water, energy, and cotton to manufacture them. Still, too many clothes end up in landfills as garbage. Now, some fashion companies and consumers are considering an alternative to this wasteful process, and circular jeans could be an answer. Everybody has jeans in their wardrobe, and it takes 3,781 liters of water to make a pair of jeans. Therefore, the impact of jeans could be enormous as an example of a circular economy.

Ⓑ A circular economy is an alternative to the traditional linear 'take, make and waste' model. It deals with global issues like climate change, waste, and pollution. Instead of using natural resources and disposing of unsold items as garbage, a circular economy reuses, shares, recycles, and repairs. It aims to make our society more sustainable and autonomous.

Ⓒ As a part of a circular economy, circular jeans use organic cotton and reused cotton. Organic cotton is 90% biodegradable, and recycled cotton from other items could save water and other resources. One leading brand takes one step further by asking customers to return their unwanted jeans. That way, the company saved 50,000 kg of clothing from waste. However, there is one problem with circular jeans. It costs more to produce recycled cotton. Circular jeans would have to be cheaper and more stylish to become an attractive alternative.

이 글의 구조와 요약

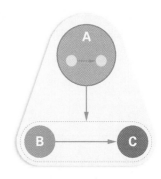

문제점과 대안	A	엄청난 의류 폐기물로 인한 자원 낭비와 그 대안이 될 수 있는 재생 청바지
대안의 보편적 정의	B	순환 경제는 전통적인 선형 경제의 대안으로 재사용, 공유, 재활용, 고쳐쓰기를 통해 지속 가능성을 추구함
구체적 사례	C	유명 패션 브랜드의 사례 – 고객들의 청바지를 수거하여 자원 낭비를 막음 – 하지만 재생 청바지는 비용적인 측면과 패션적인 측면에서 보완이 필요함

전문해석

Ⓐ 매년 전 세계적으로 수억 개의 의류 품목이 만들어지고, 팔리고, 버려진다. 그것들을 제조하기 위해서는 엄청난 양의 물, 에너지, 그리고 면화가 필요하다. 그러나 너무 많은 옷들이 결국에는 쓰레기 매립지에 버려진다. 이제, 몇몇 패션 회사들과 소비자들은 이러한 낭비적인 과정에 대한 대안을 고려하고 있으며, 재생[순환형] 청바지가 하나의 해답이 될 수 있다. 모든 사람들은 그들의 옷장에 청바지를 가지고 있고, 청바지 한 벌을 만드는 데는 3,781리터의 물을 필요로 한다. 그러므로 청바지의 영향은 순환 경제의 한 예로서 엄청날 수 있다.

Ⓑ 순환 경제는 전통적인 '자원 채취, 생산, 폐기' 선형 모델의 대안이다. 그것은 기후 변화, 폐기물, 오염과 같은 세계적인 문제들을 다룬다. 천연자원을 이용하고 안팔린 제품을 쓰레기로 처리하는 대신, 순환 경제는 재사용하고, 공유하고, 재활용하고, 고쳐쓴다. 그것은 우리 사회를 더 지속 가능하고 자율적으로 만드는 것을 목표로 한다.

Ⓒ 순환 경제의 일환으로, 재생 청바지는 유기농 면화와 재사용 면화를 사용한다. 유기농 면화는 90퍼센트가 생분해성이며, 다른 품목에서 재활용된 면화는 물과 다른 자원을 절약할 수 있다. 한 유명 브랜드는 고객들에게 원치 않는 청바지를 돌려달라고 요청함으로써 한 걸음 더 나아간다. 그 방법으로 그 회사는 50,000킬로그램의 옷이 쓰레기가 되는 것을 막았다. 하지만 재생 청바지에는 한 가지 문제가 있다. 재활용된 면화를 생산하는 데는 더 많은 비용이 든다. 재생 청바지가 매력적인 대안이 되기 위해서는 더 싸고 더 멋진 스타일이 되어야 할 것이다.

0 A는 의류 폐기물로 인한 자원 낭비 문제를 지적한 뒤 그 대안으로 순환 경제의 한 가지 예인 재생 청바지를 제시하고 있다. B는 순환 경제의 정의에 대해 설명하고 있고 C는 그에 대한 구체적 사례로 유명 패션 브랜드를 언급하고 있다.

1 중심 문장 파악

A에서 문제점을 언급한 다음, 그에 대한 대안을 제시하고 있는데, Now, some fashion companies and consumers are considering an alternative to this wasteful process, and circular jeans could be an answer.에서 그 대안이 재생 청바지라는 것을 알 수 있다.

2 재진술

C의 ~ recycled cotton from other items could save water and other resources.에서 '재생 청바지가 사용하는 재사용 면화는 물과 다른 자원을 절약할 수 있다'고 했다. 따라서 ② '제조 과정에서 더 많은 물을 사용한다'는 재생 청바지를 만드는 과정에 대한 설명이 아니다.

① 전통적인 선형 모델의 대안이다.
③ 헌 청바지를 재사용, 공유, 재활용한다.
④ 환경친화적인 생산 모델이다.

3 제목 파악

의류 업계의 자원 낭비에 대한 대안으로 순환 경제의 한 예시인 재생 청바지를 제시하고, 재생 청바지가 갖는 장점과 매력적인 대안이 되기 위해 보완해야 할 점에 대해 언급하고 있다. 따라서 이 글의 제목으로 가장 적절한 것은 ① '재생 청바지의 이로운 점과 미래'이다.

② 재생 청바지의 제조과정
③ 재생 청바지가 인기 있는 이유
④ 멋진 재생 청바지의 선도 브랜드

4 유의어

dispose of는 '버리다, 처분하다'의 의미이므로 ② discard와 바꿔 쓸 수 있다. '대신에'라는 의미의 instead of를 통해 dispose of가 reuse, share, recycle, repair과는 대조되는 의미를 갖는다는 것을 짐작할 수 있다.

① 소비하다   ③ 조립하다   ④ 보존하다

5 의미 이해

(1) linear economy(선형 경제): take(자원 채취) → make(제품 생산) → waste(폐기)로 이루어지는 경제 시스템
(2) circular economy(순환형 경제): reuse(재사용), share(공유), repair(수리), recycle(재활용)을 통해 자원을 버리지 않고 순환하여 활용하는 경제 시스템

어휘·구문

A

• discard 버리다, 폐기하다   • enormous 엄청난, 막대한
• landfill 쓰레기 매립지   • alternative 대안; 대안적인
• wasteful 낭비하는, 낭비적인   • wardrobe 옷장
• circular economy 순환 경제

• **It takes** an enormous amount of water, energy, and cotton **to manufacture them**. : 「It takes ~ to-v」는 '…하는 데 ~가 필요하다'의 의미로 어떤 일을 하는 데 얼마만큼의 시간, 비용, 노력 등이 소요됨을 표현할 때 쓰는 상용 구문이다. them은 앞 문장에 나온 hundreds of millions of clothing items를 가리킨다.

B

• linear 선형의, 일직선의   • natural resource 천연자원
• dispose of ~을 처리하다[없애다]   • sustainable 지속 가능한
• autonomous 자율적인, 자주적인

• **Instead of** using natural resources and disposing of unsold items as garbage, ~ : instead of는 '~ 대신에'라는 의미로 등위접속사 and에 의해 using과 disposing이 병렬구조로 연결되어 있다.

C

• organic cotton 유기농 면화   • biodegradable 생분해성의
• leading 선도적인, 저명한   • unwanted 원치 않는
• stylish 멋진, 우아한, 유행을 따른   • attractive 매력적인

0 Ⓐ ⓐ Ⓑ ⓑ Ⓒ The first / ⓓ
1 ③　　　**2** ③　　　**3** ③　　　**4** ⓒ　　　**5** ①

Ⓐ Increasing demand for seafood and advances in fishing technology have led to fishing practices that are rapidly depleting fish populations. Fishers are fishing more than 77 billion kilograms of fish and shellfish from the sea each year. There is a growing concern that continuing to fish at this rate will soon result in the collapse of the world's fisheries.

Ⓑ Catching a lot of fish at one time results in an immediate profit for fishers. However, overfishing, taking fish from the sea faster than they can reproduce, leaves few fish left in the ocean. In order to continue relying on fish as an important source of nutrition, we need to employ <u>sustainable fishing practices</u>.

Ⓒ The first method is to regulate commercial fishing such as trolling with multiple lines and trawling with large nets by making commercial fishers use specific equipment that eliminates or minimizes non-targeted species or undersized fish. The government can also encourage commercial fishers to change to rod-and-reel fishing that is a more sustainable alternative. Another way to prevent overfishing is to eat less fish and other seafood. Some scientists argue that people need to take a break from consuming seafood until we know a sure way to maintain a healthy fish population. Another way is fisheries management. By enforcing fishing regulations on catch limits and specifications on the types of gears used in certain fisheries, a nation can manage its coastal fisheries and fisheries in the international waters.

이 글의 구조와 요약

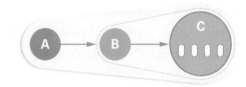

문제점 제기	A	과도한 어획으로 인한 세계 어장 붕괴에 대한 우려
해결책의 필요성 제시	B	지속 가능한 어업 관행 채택의 필요성 – 어류를 중요한 영양 공급원으로 계속 이용하기 위해서는 지속 가능한 어업 관행을 채택해야 함
해결책 제시	C	지속 가능한 어업을 위한 방안 1. 특정 장비를 사용하게 함으로써 상업 어획을 규제함 2. 지속 가능한 대체 어획 방법을 사용하도록 함 3. 생선과 해산물 섭취를 줄임 4. 어획 제한을 통해 어장을 관리함

전문해석

Ⓐ 해산물에 대한 수요 증가와 어업 기술의 발전은 어류 개체 수를 급격히 감소시키는 어업 관행으로 이어졌다. 어부들은 매년 바다에서 770억 킬로그램 이상의 어패류를 잡는다. 이러한 속도로 조업을 계속한다면 곧 세계 어업이 붕괴될 것이라는 우려가 커지고 있다.

Ⓑ 한 번에 많은 물고기를 잡는 것은 어부들에게 즉각적인 이익을 가져온다. 그러나 물고기가 번식할 수 있는 것보다 더 빠른 속도로 바다에서 물고기를 잡아가는 남획은 바다에 물고기를 거의 남기지 않는다. 중요한 영양 공급원으로서 어류에 계속 의존하기 위해서는 <u>지속 가능한 어업 관행</u>을 채택할 필요가 있다.

Ⓒ 첫 번째 방법은 어부들이 포획 대상이 아닌 어종이나 작은 크기 어종을 제외시키거나 최소화하는 특정 장비를 사용하도록 함으로써 여러 개의 줄을 사용한 견지낚시, 대형 그물을 이용한 저인망 조업과 같은 상업용 어획을 규제하는 것이다. 정부는 또한 어업인들이 보다 지속 가능한 대안인 낚싯대와 릴을 사용한 고기잡이로 바꾸도록 장려할 수 있다. 남획을 방지하는 또 다른 방법은 생선과 다른 해산물을 적게 먹는 것이다. 일부 과학자들은 건강한 어류 개체 수를 유지하는 확실한 방법을 알기 전까지 사람들이 해산물 섭취를 중단할 필요가 있다고 주장한다. 또 다른 방법은 어장 관리이다. 어획 제한과 특정 어업에 사용되는 조업 도구의 종류의 사양에 대한 어업 규제를 시행함으로써, 국가는 연안 어업과 공해상의 어업을 관리할 수 있다.

1 내용 이해 (문제점)

A의 There is a growing concern ~을 통해 글쓴이가 제기하는 문제가 무엇인지 알 수 있다. 글쓴이는 해산물 수요 증가와 어업기술의 발전으로 인해 과도한 어획이 행해졌고, 이는 전 세계 어장을 붕괴시킬 수도 있다는 우려를 제기하고 있다.

2 내용 이해 (해결책)

C에 과도한 어획을 막고 지속 가능한 어업을 할 수 있는 구체적인 방안이 제시되어 있다. ③ '어획 비용을 올려 어획의 감소를 유도한다'는 방안은 본문에 언급되지 않았다.

3 빈칸 추론

빈칸 앞 문장에서 남획은 바다에 물고기를 거의 남기지 않는다고 했고, 빈칸 다음에 이어지는 C에서는 남획을 막는 구체적인 방안들이 제시되고 있다. 따라서 빈칸에는 C의 구체적인 방안들을 모두 포괄할 수 있는 내용이 들어가야 하므로, 어류를 중요한 영양 공급원으로 계속 이용하기 위해 우리가 해야 할 일은 ③ '지속 가능한 어업 관행'을 채택하는 것이다.

① 경제적인 어업 관행
② 첨단기술을 활용한 어업 관행
④ 상업적 어업 관행

4 재진술

deplete는 '고갈시키다, 감소시키다'의 의미로 depleting fish population은 '어류 개체 수를 고갈시키다'라는 뜻이 된다. 따라서 ⓒ '바다에 어류를 거의 남기지 않는다'는 표현과 의미가 같다고 볼 수 있다. deplete의 의미를 모르더라도 해산물의 수요 증가와 어업기술의 발전이 어떠한 행태의 어업을 초래했을지를 생각해 보면 그 뜻을 유추할 수 있다.

ⓐ 이 속도로 계속 물고기를 잡다
ⓑ 한 번에 많은 물고기를 잡다
ⓓ 어류에 계속 의존하다

5 유의어

본문에서는 빈칸에 enforcing이 들어가 '규제를 시행[실시]하다'의 의미로 쓰였다. 따라서 enforce와 의미가 가장 가까운 것은 apply(규칙·원칙 등을 적용하다)이다.

② 깨다
③ 무시하다
④ 완화하다

어휘 · 구문

A

- demand 수요, 요구 • fishing practice 조업[어업] 관행[방법]
- deplete 고갈시키다, 감소시키다 • concern 우려, 관심
- collapse 붕괴, 몰락 • fishery 어장

- Increasing demand for seafood and advances in fishing technology have **led to** fishing practices **that** are rapidly depleting fish populations. : 「A lead to B(A가 B의 결과로 이어지다)」에서 to는 전치사이므로, B에는 명사(구)나 동명사(구)가 온다. that은 fishing practices를 선행사로 하는 주격 관계대명사이다.
- There is a growing concern **that** continuing to fish at this rate will soon **result in** the collapse of the world's fisheries. : that은 a growing concern의 내용을 말해주는 동격의 that이다. 「A result in B」는 'A가 B의 결과를 낳다, B를 초래하다'라는 의미이다.

B

- immediate 즉각적인 • profit 이득, 이익
- overfishing 물고기 남획 (물고기를 과도하게 많이 잡는 것)
- nutrition 영양 • employ (기술·방법 등을) 쓰다[이용하다]
- sustainable 지속 가능한, 오랫동안 유지 가능한

C

- regulate 규제[통제]하다 • troll 견지 낚시를 하다
- trawl 저인망 어업을 하다 • eliminate 제거하다
- alternative 대안 • maintain 유지하다 • management 관리
- coastal 해안의, 연안의

- The first method is **to regulate** commercial fishing such as trolling with multiple lines and trawling with large nets **by** making commercial fishers use specific equipment that eliminates or minimizes non-targeted species or undersized fishes. : to regulate 이하는 주격보어이고, 「by-ing」는 '~함으로써'의 의미이다. making commercial fishers use는 「사역동사(make)+목적어+목적보어(동사원형)」 구문으로 '~을 …하게 만들다'의 의미이다.

8

0 A ⓒ **B** There are / ⓔ **C** As sharks / ⓐ **D** ⓓ

1 (1) ⓒ (2) ⓐ (3) ⓑ   **2** ④   **3** ①   **4** (1) 몇 가지 가능한 원인 중 대부분은

(2) 듀공과 같은 먹이생물이 번성하는 것은

A Sharks are one of the oldest species on earth. Sharks first appeared around 400 million years ago, and some species today are identical to those over 150 million years ago. It means that sharks did not need to evolve because they were already the perfect predator of the ocean. Now, the species that ruled the oceans for 400 million years is threatened, and the number of sharks is dwindling fast.

B There are a few possible causes, most of which occurred because of humans. First, overfishing has cut down shark numbers by 71% since 1970. One hundred million sharks are estimated to be killed each year through fishing, finning, and accidental catching. Climate change is also responsible. A warmer ocean temperature caused by climate change has made sharks more vulnerable. It spread fatal skin disease, and it made baby sharks be born smaller and weaker, hence a smaller chance of survival.

C As sharks are the top predators in the ecosystem, their smaller numbers could make a chain reaction. For example, if sharks were to disappear, prey such as dugongs would thrive, which would lead to overgrazing. As seagrass meadows preserve carbons, overgrazing would worsen climate change. Also, overfishing sharks increases the amount of CO_2 in the atmosphere because sharks are composed of 10-15% carbon.

D Therefore, we need to conserve sharks, if not for sharks, but for us, humans. After all, sharks, though fearful predators, play a crucial role in protecting the environment and helping us to survive.

이 글의 구조와 요약

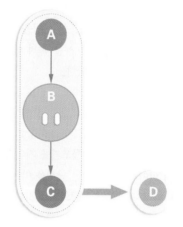

현상	A	상어가 처한 현재 상황 – 상어의 개체 수가 급격히 줄고 있음
원인	B	상어 개체 수 감소의 원인 – 과도한 어획과 기후 변화
결과	C	상어 개체 수 감소의 연쇄반응 – 생태계와 기후 변화에 영향을 미침
제안	D	상어 보호의 필요성 – 환경 보호와 인간의 생존을 위해 상어를 보호해야 함

전문해석

A 상어는 지구상에서 가장 오래된 종 중 하나이다. 상어는 약 4억 년 전에 처음 나타났고, 오늘날 몇몇 종들은 1억 5천만 년 전의 종들과 동일하다. 이것은 상어가 이미 바다의 완벽한 포식자였기 때문에 진화할 필요가 없었다는 것을 의미한다. 이제, 4억 년 동안 바다를 지배했던 종이 위협을 받고 있고, 상어의 수는 빠르게 줄어들고 있다.

B 몇 가지 가능한 원인이 있는데, 그중 대부분은 인간 때문에 발생했다. 첫째, 남획은 1970년 이후 상어의 수를 71퍼센트나 줄였다. 매년 1억 마리의 상어들이 낚시, 지느러미 채취, 그리고 우발적인 포획으로 인해 죽임을 당하는 것으로 추정된다. 기후 변화 또한 책임이 있다. 기후 변화로 인한 해수 온도 상승은 상어를 더 취약하게 만들었다. 그것은 치명적인 피부병을 퍼뜨렸고, 새끼 상어들을 더 작고 약하게 태어나게 했고, 따라서 생존 가능성이 더 작아졌다.

C 상어는 생태계의 최상위 포식자이기 때문에, 그들의 수가 감소하는 것은 연쇄반응을 일으킬 수 있다. 예를 들어, 상어가 사라지면 듀공과 같은 먹이생물이 번성할 것이고, 이것은 과도한 방목(과도하게 해초를 먹어 치움)으로 이어진다. 해초 목초지가 탄소를 보존하기 때문에 과도한 방목은 기후 변화를 악화시킬 것이다. 또한, 상어가 10~15 퍼센트의 탄소로 구성되어 있기 때문에 상어의 남획은 대기 중의 이산화탄소의 양을 증가시킨다.

D 그러므로, 우리는 상어를 보존할 필요가 있다. 상어를 위해서가 아니라면, 우리 인간을 위해서라도 말이다. 결국 상어는 무서운 포식자들이지만, 환경을 보호하고 우리가 생존하도록 돕는 데 중요한 역할을 한다.

0 **A**는 상어의 개체 수가 감소하는 현상을 제시하고 **B**는 감소의 원인을, **C**는 감소로 인한 연쇄적인 결과를 설명한다. **D**에서는 상어 보호의 필요성에 대해 언급하며 글을 마무리 짓고 있다.

1 내용 이해
C에 상어 개체 수 감소의 연쇄반응에 대한 내용이 제시되어 있다. 상어의 개체 수 감소로 인한 연쇄반응을 살펴보면, sharks' disappearance(상어가 사라짐) → thriving preys(먹이생물의 번성) → overgrazing(과도한 방목) → climate change(기후 변화) → sharks' disappearance(상어가 사라짐)로 순환 구조를 이루고 있다.

2 주제 파악
생태계 최상위 포식자인 상어의 개체 수 감소는 생태계에 연쇄반응을 일으켜 기후 변화를 악화시킬 수 있으므로 상어를 보존할 필요가 있다는 내용의 글이다. 따라서 이 글의 주제는 '상어가 해양 생태계를 관리하고 탄소 배출을 감소시키기 때문에 상어의 보존은 중요하다.'로 요약할 수 있다.
① 듀공과 같은 먹이생물의 수가 너무 급격하게 증가했다
② 아기 상어들은 더 강하고 건강하게 태어나기 위해 더 차가운 물이 필요하다
③ 지구상에서 가장 오래된 종 중 하나인 상어는 많이 진화하지 않았다

3 문맥 추론
• grazing: 방목(목초지에서 초식동물들이 풀을 뜯어 먹는 것)
• overgrazing: 초식동물이 목초지의 풀을 과도하게 먹어치우는 것
이 글에서 overgrazing은 '해초 목초지의 식물을 과도하게 먹어 치운다'는 뜻이므로 ① '동물들이 풀을 다 먹는 것'을 의미한다.
② 넓은 지역에 풀을 심는 것
③ 가드닝을 위해서 풀을 다듬는 것
④ 물 속에서 풀을 키우는 것

4 계속적 용법의 관계대명사
(1) 밑줄 친 부분의 which는 계속적 용법으로 쓰인 관계대명사로서 a few possible causes를 선행사로 한다. 따라서 밑줄 친 부분이 의미하는 바는 '몇 가지 가능한 원인 중 대부분'이다.
(2) 밑줄 친 관계대명사 which도 계속적 용법으로 쓰였으며, 바로 앞의 절(prey such as dugongs would thrive) 전체를 선행사로 받는다. 따라서 '듀공과 같은 먹이생물이 번성하는 것은' 과도한 방목으로 이어진다는 의미이다.

어휘·구문

A
• species (동·식물의) 종 • identical 동일한, 같은 • evolve 진화하다
• predator 포식자 • rule 지배하다 • dwindle 줄어들다, 축소되다

• Now, **the species** [that ruled the oceans for 400 million years] is threatened, and **the number of** sharks **is** dwindling fast. : the species가 주어인 문장과 the number가 주어인 문장이 and로 연결되어 있고, the species는 that이 이끄는 관계사절의 수식을 받고 있다. 「the number of+복수명사」는 '~의 수'라는 의미로 단수 취급하므로 is가 쓰였다. 「a number of+복수명사」는 '많은 ~'라는 의미로 복수 취급한다.

B
• overfishing (어류) 남획 • estimate 추정[추산]하다
• finning (상어의) 지느러미 채취 (fin 지느러미) • temperature 온도
• vulnerable 취약한 • fatal 치명적인

• **It** spread fatal skin disease, and **it** made baby sharks be born smaller and weaker, ~. : it은 모두 앞 문장의 A warmer ocean temperature를 가리킨다. '~을 …하게 만들다'의 의미인 「사역동사(make)+목적어+목적보어(동사원형)」 구문이 쓰였다.

C
• ecosystem 생태계 • chain reaction 연쇄반응
• thrive 번성하다 • overgrazing 과도한 방목 • meadow 목초지
• preserve 보존하다

D
• conserve 보존하다 • crucial 중요한

• After all, sharks, though fearful predators, **play a crucial role in** protecting the environment and helping us to survive. : 「play a role[part] in」은 '~에서 역할을 하다'라는 의미이고, 전치사 in의 목적어로 protecting과 helping이 등위접속사 and로 병렬 연결되어 있다.

왜 구조로 썼을까?

문제해결

A There is growing evidence that dependence on automobile travel contributes to insufficient physical activity, transport-related carbon dioxide emissions, and traffic congestion.

B The city of Freiburg in Germany has been successful in applying sustainable transport policies that may influence car-oriented countries around the world. (Thanks to the automobile, the vast majority of Germans soon had a freedom of movement previously unknown.) Over the last three decades, transport policies in Freiburg have encouraged more walking, cycling, and use of public transport.

C During this period, the number of bicycle trips has tripled, travel by public transport has doubled, and the proportion of journeys by automobile has declined from 38% to 32%. Since 1990, motorization rates have stayed the same and carbon dioxide emissions from transport have fallen, despite strong economic growth.

이 글의 구조와 요약

②

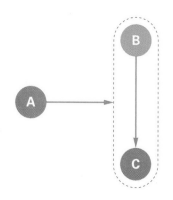

문제점	A	자동차 이용의 문제들 – 불충분한 신체 활동, 이산화탄소 배출, 교통 체증
해결책 (사례)	B	독일 프라이부르크의 지속 가능한 교통 정책 사례
	C	지속 가능한 교통 정책의 결과로 대중교통 이용 증가와 자동차 이용 감소 및 이산화탄소 배출 감소를 가져옴

전문해석

A 자동차를 통한 이동에 의존하는 것은 불충분한 신체 활동, 교통 관련 이산화탄소 배출, 그리고 교통 체증의 원인이라는 증거가 늘어나고 있다.

B 독일 프라이부르크시는 세계 곳곳의 자동차를 많이 사용하는 국가에 영향을 줄 수 있는 지속 가능한 교통 정책을 성공적으로 적용해 왔다. (자동차 덕분에 대다수의 독일인들이 이전에는 알지 못하던 움직임의 자유를 곧 누리게 되었다.) 최근 30년 동안 프라이부르크의 교통 정책이 더 많이 걷기, 자전거 타기, 대중교통 이용하기를 장려해 왔다.

C 이 기간 동안, 자전거 이용자 수가 세 배로 증가했고 대중교통 이용은 두 배로 늘었으며 자동차 이용 비율은 38%에서 32%로 감소되었다. 1990년 이래로 자동차 이용 비율은 안정화되었고 엄청난 경제 성장에도 불구하고 차량에서 나오는 이산화탄소 배출이 감소했다.

무관한 문장 파악 ► 글의 구조와 주제를 파악했는가?

A 첫 문장의 내용은 자동차를 이용하면서 생기는 문제들이다. 따라서 이 글이 문제에 대한 해결책을 제시하는 글인지 문제의 심각성을 부각하는 글인지 판단하면서 읽어야 한다.

B 독일의 프라이부르크시가 실시한 지속 가능한 교통 정책(sustainable transport policies)이 성공했다는 내용으로 보아, 문제에 대한 해결 사례를 보여주는 구조의 글임을 파악할 수 있다. 이 구조에 맞지 않은 문장을 찾으라는 문제다. ②는 자동차에 대한 내용이긴 하지만 '자동차 이용의 장점'에 대한 내용이므로 이 글의 구조 및 흐름과 관계 없는 문장임을 알 수 있다.

C 해당 정책의 효과를 언급한 문장들로 모든 문장이 글의 주제를 일관되게 전달하고 있다.

A

- dependence 의존   • automobile 자동차
- contribute to ~의 원인이 되다   • insufficient 불충분한
- transport 차량, 이동   • carbon dioxide 이산화탄소
- emission 배출   • traffic congestion 교통 체증
- There is growing evidence [that dependence on automobile travel contributes to insufficient physical activity, transport-related carbon dioxide emissions, and traffic congestion]. :
  [   ]는 evidence의 구체적인 내용을 전하는 동격절이다.

B

- sustainable 지속 가능한   • oriented ~ 지향적인, ~ 위주의

C

- triple 세 배가 되다   • motorization 자동차화
- despite ~에도 불구하고 (= in spite of)
- During this period, **the number of** bicycle trips **has** tripled, travel by public transport has doubled, and the proportion of journeys by automobile has declined from 38% to 32%. :
  「the number of + 복수명사」는 '~의 수'라는 의미로 the number가 주어이므로 동사를 단수형 has로 썼다.

1

0 **A** ⓐ **B** ⓒ **C** ⓓ

1 ① **2** ③ **3** ② **4** ② **5** ②

A We as food consumers tend to regard "processed foods" as unhealthy and "natural foods" as healthy. When we come across foods with the description "tinned," "rehydrated" or "freeze-dried," we are prone to think they are unhealthy or at least inferior.

B However, this is not always true, because processing foods sometimes makes them healthy and nutritious. Actually, naturalness does not necessarily mean a food is healthy. Natural foods can contain toxins, and minimal processing can make them safer. <u>For example, processing makes cow's milk safe to drink.</u> Milk has been pasteurized since the late nineteenth century to kill harmful bacteria. Processing food can also help to preserve nutrients in food. For example, freezing helps fruits and vegetables to retain nutrients that may otherwise degrade. Processing sometimes also adds vitamins and minerals to certain processed foods which do not have them in their natural state.

C Of course, some ultra-processed foods can be connected with bad health outcomes, but all processed foods should not be regarded with the same suspicion, <u>because some processing is beneficial to our health.</u> Consumers should not reject all processed foods but learn to tell the ones that are useful to our health from others that are not.

이 글의 구조와 요약

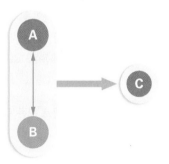

통념	A	가공식품은 건강에 좋지 않다고 여기는 경향
반박과 근거	B	가공식품이 항상 건강에 해로운 것은 아니라는 반론 • 가공식품이 갖는 이점 1. 식품을 안전하게 함 2. 영양소를 보존함 3. 자연상태에 없는 비타민과 미네랄을 첨가할 수 있음
제안	C	모든 가공식품을 거부할 것이 아니라 건강에 좋은 가공식품과 아닌 것을 구별해야 함

전문해석

A 식품 소비자로서 우리는 '가공식품'은 건강에 좋지 않고 '자연식품'은 건강에 좋다고 여기는 경향이 있다. '통조림', '수분 보충' 또는 '냉동 건조'라는 설명이 적힌 음식을 접하게 되면, 우리는 그 식품들이 건강에 좋지 않거나 적어도 질이 떨어진다고 생각하기 쉽다.

B 하지만 이것은 항상 맞는 것은 아닌데, 왜냐하면 음식을 가공하는 것은 때때로 음식을 건강하고 영양가 있게 만들기 때문이다. 사실, 자연 상태라는 것이 식품이 반드시 건강에 좋다는 것을 의미하지는 않는다. 자연식품에는 독소가 들어있을 수 있으며, 최소한의 가공으로 식품을 더 안전하게 만들 수 있다. <u>예를 들어, 가공은 우유를 마시기에 더 안전하게 만든다.</u> 우유는 해로운 박테리아를 죽이기 위해 19세기 후반부터 저온살균되어 왔다. 음식을 가공하는 것은 또한 음식의 영양소를 보존하는 데 도움을 줄 수 있다. 예를 들어, 냉동은 과일과 채소를 냉동시키지 않으면 분해될 수 있는 영양소를 보유하는 데 도움이 된다. 가공은 때때로 특정한 가공식품에 자연상태에서는 가지고 있지 않은 비타민과 미네랄을 첨가하기도 한다.

C 물론 일부 초가공 식품의 경우 건강에 좋지 않은 결과와 연관될 수 있지만, <u>어떤 가공은 우리의 건강에 이롭기 때문에</u> 모든 가공식품을 똑같이 의심스럽게 여겨서는 안 된다. 소비자들은 모든 가공식품을 거부하는 것이 아니라 건강에 도움이 되는 것과 그렇지 않은 것을 구별하는 것을 배워야 한다.

0 A는 가공식품이 건강에 해롭다는 통념을 제시하고 B는 그 통념에 대해 반박하며 가공식품이 갖는 이점을 구체적인 사례를 들어 설명하고 있다. C에서는 건강에 도움이 되는 가공식품과 그렇지 않은 것을 구별해야 한다는 제안을 하고 있다.

1 주제 파악

가공식품은 건강에 해롭고 자연식품이 건강에 좋다는 통념에 반론을 제기하며 가공식품이 항상 건강에 해로운 것은 아니라고 말하면서 가공식품의 이점을 근거로 제시하고 있으므로, 글의 주제로 가장 적절한 것은 ① '가공식품의 장점'이다.
② 식품 가공 방법의 다양성
③ 식품 선택에서 소비자의 책임
④ 가공식품의 유래와 발전

2 주어진 문장 넣기

For example로 시작하는 주어진 문장은 우유를 가공하면 더 안전하게 마실 수 있다는 내용으로, 가공 작업이 식품을 더 안전하게 할 수 있다는 내용의 예시라고 볼 수 있다. 따라서 자연식품에는 독소가 들어있을 수 있고 최소한의 가공으로 식품을 더 안전하게 만들 수 있다는 문장 다음인 ③에 주어진 문장이 들어가는 것이 자연스럽다. ③ 다음에 이어지는 '해로운 박테리아를 죽이기 위해 우유를 저온살균 해왔다'는 내용과도 자연스럽게 연결된다.

3 빈칸 추론

모든 가공식품을 의혹의 눈으로 보지 않아야 할 이유를 언급한 부분이므로, 빈칸에는 ② '어떤 가공은 우리의 건강에 이롭기 때문에'가 들어가는 것이 가장 적절하다.
① 그것들 모두가 우리의 건강에 도움이 되기 때문에
③ 식품 가공에 많은 발전이 있을 것이기 때문에
④ 어떤 것이 초가공된 것인지 구별할 방법이 없기 때문에

4 유의어

본문에서는 빈칸에 '유지[보유]하다'의 의미로 retain이 쓰였다. preserve(보존하다), keep(유지하다), save(쓰지 않고 확보해두다, 간직해 두다)는 모두 유사한 의미를 가지고 있다. spend는 '소비하다'라는 의미이므로 빈칸에 들어갈 수 없다.

5 부분부정

부분부정은 일부에만 해당하거나 예외가 있음을 보여 줄 때 사용한다.
② 자연상태라는 것이 어떤 식품이 반드시 건강에 좋다는 것을 의미하진 않는다.

→ 건강에 좋을 수도 있고, 그렇지 않을 수도 있다는 의미이므로 문장의 의미를 잘못 이해한 사람은 지나이다.
① 음식을 가공하는 것이 항상 건강에 해로운 것은 아니다.
③ 모든 가공식품을 똑같이 의심스럽게 여겨서는 안 된다.
④ 소비자들은 모든 가공식품을 거부하는 것이 아니라 건강에 도움이 되는 것과 그렇지 않은 것을 구별해야 한다.

 어휘·구문

A

- tend to ~하는 경향이 있다 • come across 우연히 마주치다
- description (~이 어떠한지에 대한) 설명[기술] • tinned 통조림으로 된
- rehydrated (물을 넣어) 건조된 식품을 원래 상태로 되돌린
- freeze-dried 동결건조된 • be prone to ~하기 쉽다
- inferior 질이 떨어지는, 열등한

B

- nutritious 영양가가 높은 • contain 포함하다, 가지고 있다
- toxin 독소 • pasteurize 저온살균하다 • preserve 보존하다
- nutrient 영양소, 영양분 • retain 보유하다, 함유하다, 유지하다
- However, this is not always true, because **processing foods** sometimes <u>makes</u> <u>them</u> <u>healthy and nutritious</u>. : 동명사구 주어 (processing foods)이므로 단수 취급을 하여 makes를 썼고, 대명사 them이 가리키는 것은 foods이다. them이 makes의 목적어, healthy and nutritious가 목적보어이다.

C

- outcome 결과 • suspicion 의혹, 의심 • beneficial 유익한, 이로운
- reject 거부하다, 거절하다 • tell A from B A를 B와 구별하다
- ~ but learn to tell the ones [that are useful to our health] from others [that are not]. : [ ]는 각각 the ones와 others를 수식하는 관계대명사절이고, others that are not 뒤에는 useful to our health가 생략되어 있다.

2

Ⓐ Anyone who's ever been on a diet knows the importance of daily calorie intake. In a fitness-obsessed society, we constantly think about the number of calories we consume. We even have apps that keep track of the number of calories we consume throughout the day.

Ⓑ One calorie is the amount of energy needed to raise 1 gram of water by 1 degree Celsius. The concept of food calorie was first introduced in 1896 by a chemist named Wilbur Atwater. Atwater claimed that humans need food as fuel to produce energy just as the steam engine moves on coal.

Ⓒ However, recent studies show that food calories are not so accurate. The margin of error is around 20%. So the cookie that you thought had 200 kcal could actually have 160 or 240. In addition, a high-calorie diet does not necessarily lead to weight gain. It's more about quality than quantity.

Ⓓ Our ideas of food and diet need to be reorganized. One need not worry about what we eat all the time. While we should be conscious about the food we consume, it's okay to have 'unhealthy' foods or overeat occasionally. It's important to focus on and enjoy the food in front of us. If we pay attention to the signals our body sends and tend to it, it will in return take care of us.

이 글의 구조와 요약

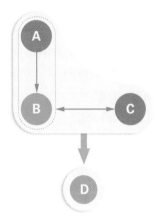

		음식 열량에 집착하는 사회 현상
통념	A	– 일일 섭취 열량에 집착하는 사회
통념의 전제	B	열량 개념이 현대 식단에 도입된 배경
반박과 근거	C	음식 열량 개념에 대한 반론 – 열량의 오차 범위는 약 20퍼센트로 수치가 정확하지 않음
제안	D	음식을 대하는 사람들의 태도 변화 요구 – 음식과 식단에 대한 태도의 변화가 필요함

전문해석

Ⓐ 다이어트를 해본 사람이라면 누구나 일일 열량 섭취량의 중요성을 안다. 건강에 집착하는 사회에서, 우리는 우리가 섭취하는 열량에 대해 끊임없이 생각한다. 우리는 심지어 하루 동안 우리가 섭취한 열량을 기록하는 앱도 있다.

Ⓑ 1칼로리는 물 1그램을 섭씨 1도 올리는 데 필요한 에너지의 양이다. 음식 열량의 개념은 1896년 Wilbur Atwater라는 화학자에 의해 처음 소개되었다. Atwater는 증기 기관이 석탄으로 움직이는 것처럼 인간이 에너지를 생산하기 위한 연료로서 음식이 필요하다고 주장했다.

Ⓒ 하지만 최근 연구들은 음식 열량이 그렇게 정확하지 않다는 것을 보여준다. 오차 범위는 약 20퍼센트이다. 그래서 여러분이 200킬로칼로리라고 생각했던 쿠키는 실제로 160이나 240킬로칼로리를 가지고 있을 수 있다. 게다가 고열량 식단이 반드시 체중 증가로 이어지는 것은 아니다. 그것은 양보다 질에 관한 문제이다.

Ⓓ 음식과 식단에 대한 우리의 생각은 재편될 필요가 있다. 우리는 무엇을 먹는지에 대해 항상 걱정할 필요는 없다. 우리는 우리가 먹는 음식에 대해 의식해야 하지만, 가끔 '건강하지 않은' 음식을 먹거나 과식하는 것은 괜찮다. 우리 앞에 있는 음식에 집중하고 즐기는 것이 중요하다. 만약 우리가 우리 몸이 보내는 신호에 주의를 기울이고 그것을 돌본다면, 그것은 그 대가로 우리를 돌볼 것이다.

0 글쓴이는 **A**에서 음식 열량에 집착하는 사회 현상을 언급하고 **B**에서 열량이라는 개념이 음식에 처음 도입된 배경을 설명하고 있다. 하지만 **C**에서 음식의 열량 계산이 부정확하다는 연구 결과를 근거로 제시하며 **D**에서 음식 열량에 집착하지 말고 음식을 대하는 태도의 변화가 중요하다고 말하고 있다.

1 연결어 추론

B에서는 열량의 정의와 열량 개념이 현대 식단에 도입된 배경을 설명하고 있고, **C**에서는 이런 열량 개념이 부정확한 수치라는 연구 결과를 제시하고 있으므로 빈칸에는 역접의 의미를 지닌 연결어 However가 들어가는 것이 적절하다.

① 그렇지 않으면   ② 그러므로   ③ 게다가

2 일반적 진술 파악

말하고자 하는 핵심 내용(음식과 식단에 대한 우리의 생각이 재편성되어야 한다)이 첫 문장에 드러나 있는 단락이다. 가장 중요한 내용을 단락 맨 앞에 제시한 다음 구체적인 내용을 이어나가고 있다.

3 주장 파악

글쓴이는 음식의 열량 계산이 부정확하다는 연구 결과를 근거로 제시하며 매일 섭취하는 음식의 열량을 기록하는 등의 열량에 집착하는 행동은 무의미하고 음식을 대하는 우리의 태도를 바꿀 필요가 있다고 말하고 있다. **D**에 글쓴이의 주장이 잘 드러나 있는데, need, should, important 등의 표현은 글쓴이가 자신의 의견을 드러낼 때 자주 사용하는 표현이다.

4 문맥 추론

오차 범위가 20퍼센트라는 것은 ±20퍼센트라는 의미이므로, 200의 20퍼센트인 40을 빼주고, 더해줘야 한다. 따라서 160과 240이 정답이다.

5 부분부정

In addition, a high-calorie diet does not necessarily lead to weight gain.에서 not과 necessarily가 함께 부분부정을 만들어, '열량이 높은 식단이 반드시 체중 증가로 이어지지는 않는다'고 하였으므로 ① '열량이 높은 식단일수록 몸무게도 증가한다'는 잘못 이해한 내용이다.

어휘·구문

A

- be on a diet 다이어트 중이다   • intake 섭취(량)
- fitness-obsessed 건강에 집착하는   • constantly 끊임없이
- consume 먹다, 마시다   • keep track of ~을 기록하다

- We even have apps **that** keep track of the number of calories we consume throughout the day. : that은 apps를 선행사로 하는 주격 관계대명사이다. calories와 we 사이에는 목적격 관계대명사 which나 that이 생략되어 있다.

B

- Celsius 섭씨, 섭씨의 (*cf.* Fahrenheit 화씨)   • concept 개념
- chemist 화학자   • claim 주장하다   • steam engine 증기 기관

C

- accurate 정확한   • margin of error 오차 범위
- weight gain 체중 증가   • quality 질   • quantity 양

D

- reorganize 재조직[재편성]하다   • conscious 의식하고 있는
- occasionally 가끔, 이따금   • pay attention to ~에 주의를 기울이다

3

0 Ⓐⓒ Ⓑⓓ Ⓒⓑ
1 ④ 2 ② 3 ② 4 eventually, because, as a result, cause, force, as

Ⓐ When a volcano erupts, people are usually afraid of lava and pyroclastic flows because these destroy everything in their paths. However, volcanic ash is just as dangerous, and it is even more destructive in long-term effects.

Ⓑ Volcanic ash is a mixture of rock, mineral, and glass particles expelled from a volcano during a volcanic eruption. Due to their tiny size and low density, the particles that make up volcanic ash can travel long distances, carried by winds. Eventually, the ash in the sky falls to the ground. It may create a thick layer of dust-like material on surfaces for miles.

Ⓒ Volcanic ash is dangerous because its particles are very hard and usually have jagged edges. As a result, it can cause eye, nose, and lung irritation, as well as breathing problems. While in the air, ash can cause problems for jet engines, forcing airlines to cancel flights through the affected area. Also, an ashfall that leaves a thick layer of ash may cause roofs to collapse. Animals in an area coated by volcanic ash may have difficulty finding food, as the plants in the region may be covered in ash. The ash can also contaminate water supplies. In this way, volcanic ash causes long-term harm around a widespread area.

이 글의 구조와 요약

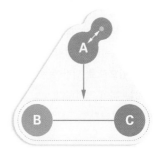

통념과 반박	A	통념: 화산 폭발 시 사람들은 용암과 화쇄류가 위험하다고 생각함 반박: 화산재가 장기적으로는 더 위험할 수 있음
반박의 근거	B	화산재의 특징 – 작은 입자와 낮은 밀도 → 바람으로 멀리 이동 → 지표면에 떨어져 먼지 같은 두꺼운 층 형성
	C	화산재의 위험성 – 눈, 코, 폐의 염증 및 호흡 문제 – 비행기 운항 취소 – 건물 지붕 붕괴 – 동물들의 먹이 사냥 방해 – 수질 오염

전문해석

Ⓐ 화산이 폭발할 때, 사람들은 보통 그들의 경로에 있는 모든 것을 파괴하기 때문에 용암과 화쇄류를 두려워한다. 그러나 화산재도 그만큼 위험하며, 장기적인 영향에 있어서는 더 파괴적이다.

Ⓑ 화산재는 화산 폭발 동안 화산에서 분출되는 암석, 광물, 유리 입자의 혼합물이다. 화산재의 작은 크기와 낮은 밀도 때문에, 화산재를 구성하는 입자들은 바람에 의해 운반되어 먼 거리를 이동할 수 있다. 결국, 하늘의 화산재는 땅으로 떨어진다. 그것은 수 마일에 걸쳐 표면에 먼지 같은 물질의 두꺼운 층을 만들 수 있다.

Ⓒ 화산재는 입자가 매우 단단하고 보통 모서리가 들쭉날쭉하기 때문에 위험하다. 결과적으로, 그것은 호흡 문제뿐만 아니라 눈, 코, 그리고 폐의 염증을 일으킬 수 있다. 공중에 있는 동안, 화산재는 제트 엔진에 문제를 일으켜 항공사들이 영향을 받는 지역을 통과하는 비행을 취소하게 만든다. 또한, 두꺼운 화산재 층을 남기는 화산재 퇴적물은 지붕을 붕괴시킬 수도 있다. 화산재로 뒤덮인 지역의 동물들은 그 지역의 식물들이 화산재로 뒤덮일 수 있어서 먹이를 찾는 데 어려움을 겪을 수 있다. 화산재는 또한 물 공급을 오염시킬 수 있다. 이런 식으로 화산재는 광범위한 지역에 장기적인 피해를 입힌다.

0 글쓴이는 **A**에서 사람들이 화산 폭발 시 용암과 화쇄류 분출을 걱정하지만 장기적으로는 화산재가 더 파괴적일 수 있다고 반박한 뒤, **B**와 **C**에서 반박의 근거로 화산재 입자의 특징과 그로 인해 발생할 수 있는 피해 내용을 자세히 설명하고 있다.

1 내용 불일치

Animals in an area coated by volcanic ash may have difficulty finding food, as the plants in the region may be covered in ash.에서 동물들은 그 지역의 식물들이 화산재로 뒤덮일 수 있기 때문에 먹이를 찾는 데 어려움을 겪을 수 있다는 내용은 있으나, ④의 내용은 언급되지 않았다.

2 제목 파악

화산재가 용암과 화쇄류보다 더 위험할 수 있다는 내용의 글이므로, ② '화산재의 위험한 영향'이 글의 제목으로 가장 적절하다.
① 화산재의 과학적 분석
③ 화산 폭발의 환경적인 영향
④ 화산 폭발의 파괴적인 결과

3 연결어 추론

빈칸에는 '결과적으로', '따라서'라는 의미의 표현이 들어가면 된다. 본문에 쓰인 As a result 이외에도 Consequently, Therefore, Accordingly 등이 들어갈 수 있다. ② Otherwise는 '그렇지 않으면'이라는 의미이므로 적절하지 않다.

4 인과 관계 표현

인과관계를 나타내는 표현으로 due to(~때문에), eventually(결국에는), because(~때문에), as a result(그 결과), cause(~을 야기하다), force(어쩔 수 없이 ~하게 만들다), as(~이므로, ~하므로)가 쓰였다.

4 **0** Ⓐ ⓐ Ⓑ ⓑ Ⓒ ⓑ Ⓓ ⓒ
1 ④ **2** ④ **3** ② **4** ④

Ⓐ Everybody seems to love solar power. It's nice, clean, and renewable, so it is regarded as one of the solutions that can tackle the problems of global warming and pollution. One major problem with solar power seems to be that it is expensive. However, there is another major issue that also needs to be addressed.

Ⓑ Solar power is not as environmentally friendly as people assume, because solar panels are manufactured through dirty processes from start to finish. Mining quartz for silicon, one of solar panels' main materials, causes the lung disease silicosis. The production of solar panels also uses a lot of energy, water, and toxic chemicals, meaning that the production of solar panels is closely related to greenhouse gas emissions and the pollution of the environment.

Ⓒ Moreover, solar panels are not so renewable. There is a life expectancy issue of solar cells. Solar cells have a relatively short life expectancy, roughly 25 years, compared to other sources of electricity. So almost all solar panels should be replaced after 25 years. Recycling them costs a lot of money, so without proper legal regulation, all used solar panels would go to landfills, which would pose a serious threat to the environment. Sunshine is renewable, but solar panels are hardly renewable.

Ⓓ So even though solar power uses sunshine, it is not all sunshine and roses.

이 글의 구조와 요약

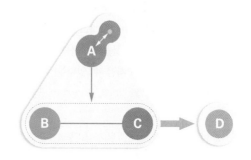

통념과 반박	A	통념: 태양광 발전은 지구 온난화와 환경오염의 해결책이며 높은 비용이 주요 문제임 반박: 태양광 발전은 높은 비용 이외에도 다른 주요한 문제가 있음
반박의 근거	B	환경친화적이지 못한 태양광 발전 – 태양 전지판 생산 과정의 실태
	C	재사용이 쉽지 않은 태양 전지판 – 태양 전지판 재사용의 낮은 가능성
결론	D	태양광 발전이 좋은 측면만 있는 것은 아님

전문해석

Ⓐ 모두가 태양광 발전을 사랑하는 것 같다. 그것은 좋고 깨끗하고 재생 가능하기 때문에 지구 온난화와 오염 문제를 해결할 수 있는 해결책 중 하나로 여겨진다. 태양광 발전의 한 가지 주요 문제는 비싸다는 것인 것 같다. 하지만 다룰 필요가 있는 또 다른 주요 문제가 있다.

Ⓑ 태양광 발전은 사람들이 생각하는 것처럼 환경친화적이지 않다. 왜냐하면 태양 전지판은 처음부터 끝까지 지저분한 과정을 통해 제조되기 때문이다. 태양 전지판의 주요 소재 중 하나인 실리콘을 위한 석영 채굴은 폐질환인 규폐증을 유발한다. 태양 전지판 생산은 또한 많은 에너지, 물, 독성 화학물질을 사용하는데, 이는 태양 전지판 생산이 온실가스 배출 및 환경오염과 밀접하게 관련되어 있다는 것을 의미한다.

Ⓒ 게다가, 태양 전지판은 그다지 재생 가능하지 않다. 태양 전지의 예상 수명 문제가 있다. 태양 전지는 다른 전기 공급원에 비해 수명이 약 25년으로 상대적으로 짧다. 그래서 거의 모든 태양 전지판은 25년이 지나면 교체되어야 한다. 그것들을 재활용하는 것은 많은 돈이 들기 때문에 적절한 법적 규제가 없다면, 사용된 모든 태양 전지판들은 쓰레기 매립지로 가게 될 것이고, 이것은 환경에 심각한 위협이 될 것이다. 햇빛은 재생이 가능하지만 태양 전지판은 재생이 거의 불가능하다.

Ⓓ 그래서 태양광 발전이 햇빛을 이용하긴 하지만, 그렇다고 좋은 측면만 있는 것은 아니다.

0 글쓴이는 에서 태양광 발전이 지구 온난화와 환경오염의 해결 책이라는 통념에 반박을 한 뒤, **B**와 **C**에서 태양광 발전이 생각보다 친환경적이지 못하다는 점과 태양 전지판의 재사용이 쉽지 않다는 점 등을 반박의 근거로 제시하며 사람들이 생각하는 것처럼 환경 친화적이지 않다고 말하고 있다.

1 주장 파악

태양광 발전이 비용이 많이 든다는 점을 제외하면 지구 온난화와 환경오염 문제를 해결할 대안으로 여겨지지만, 사실은 태양광이 사람들이 생각하는 것만큼 친환경적이지 않고 재사용도 어렵다는 점을 근거로 제시하며 반박하고 있으므로, 글쓴이가 주장하는 바로 가장 적절한 것은 ④ '태양광 발전이 환경친화적이지 않다는 점을 주목해야 한다.'이다.

2 빈칸 추론

태양 전지판은 교체 주기가 짧고, 재활용하는 것은 너무 많은 돈이 들기 때문에 결국 쓰레기 매립지로 가게 될 것이라고 말하고 있다. 이것은 환경에 좋을 리가 없으므로 빈칸에는 ④ '이것은 환경에 심각한 위협이 될 것이다'가 들어가는 것이 가장 적절하다.
① 이것은 거의 영원히 그곳에 남아있을 것이다
② 지방 정부가 그것을 승인할 것이다
③ 이것은 처리하는 데 많은 돈이 들게 할 것이다

3 연결어 추론

B는 태양광 발전이 생각보다 친환경적이지 않은 이유를 제시하고 있고, **C**에서도 태양 전지판을 재사용하는 것이 쉽지 않다는 비슷한 내용이 제시되어 있으므로, 앞의 내용과 유사한 내용을 추가할 때 사용하는 연결어가 들어가야 한다. 따라서 '게다가'라는 의미의 Moreover가 가장 적절한 연결어이다. 비슷한 표현으로는 in addition, furthermore, besides, additionally, what is more 등이 있다.
① 하지만   ③ 그러므로   ④ 그럼에도 불구하고

4 but for, without

but for와 without이 if절을 대신하는 의미로 쓰일 경우, 주절에는 가정법의 조동사(would, would have p.p. 등)가 사용된다. ①, ②, ③은 모두 '~ 가 없다면(없었다면)'의 가정의 의미로 쓰였지만 ④는 '~없이'의 의미이다.
① 너의 도움이 없었더라면, 나는 그때 일을 끝낼 수 없었을 것이다.
② 너의 시기적절한 경고가 없었더라면, 우리는 그 위험을 인식하지 못했을 것이다.

③ 적절한 법적 규제가 없다면, 사용된 모든 태양 전지판은 매립지로 가게 될 것이다.
④ 비행기가 연착되어 우리는 먹을 것도 마실 것도 없이 다섯 시간을 기다려야 했다.

어휘·구문

- solar power 태양광 발전, 태양열 발전   • renewable 재생 가능한
- be regarded as ~로 간주되다   • tackle (문제를) 다루다, 해결하다
- pollution 오염   • address (문제·상황에 대해) 다루다[고심하다]

B
- solar panel 태양 전지판   • manufacture 제조하다, 만들다
- mine (광물질을) 채굴하다   • quartz 석영(광물의 일종)
- toxic chemical 독성 화학물질   • emission 배출 (v. emit)

- The production of solar panels also uses a lot of energy, water, and toxic chemicals, **meaning** that the production of solar panels **is closely related to** greenhouse gas emissions and the pollution of the environment. : meaning은 분사구문을 이끌고 있으며 의미상 and it means로 이해할 수 있다. 「be related to」는 '~와 관련되어 있다' 라는 의미이고, be동사 다음에 부사 closely(밀접하게)가 들어가 있는 형태이다.

C
- life expectancy 기대 수명   • electricity 전기
- regulation 규정, 규제   • landfill 매립지
- threat 위협, 협박 (v. threaten)

- Recycling **them** costs a lot of money, so **without** proper legal regulation, all used solar panels would go to landfills, **which** would pose a serious threat to the environment. : them은 solar panels를 가리키고, without은 if it were not for로 바꿔 쓸 수 있다. which 는 계속적 용법의 관계대명사이며, 앞의 내용(all used solar panels would go to landfills)을 가리킨다.

D
- sunshine 햇빛

5

0 However

1 ④   **2** ④   **3** ④   **4** ②

A Legend says that the hair of Marie Antoinette, the last Queen of France, turned gray overnight just before her execution in 1793. Many other stories also tell that people's hair color could suddenly turn gray because of extreme stress. Contrary to this common belief, scientists have doubted the effect of stress on hair color change. Instead, hormone changes, autoimmune diseases, or nutritional problems were commonly cited as possible causes for the sudden change of hair color.

B However, a recent study by the Columbia University research team showed that stress actually affects the change of hair color. Furthermore, they found that gray hair can be restored to its original color when stress is diminished. They analyzed the hair of 14 volunteers and had them keep a stress diary. When they compared the stress diaries with the volunteers' hair color change, they found a striking connection between stress and hair graying. In one case, gray hair even went back to its dark color when the individual went on vacation.

C This research offers new clues regarding human aging in general. We can see that stress wields considerable influence on the process of aging. Also, human aging may not be linear and can be reversed. However, the reversal may be on a limited scale. The research warned that gray hair of people over 70 is not reversible regardless of their stress levels.

이 글의 구조와 요약

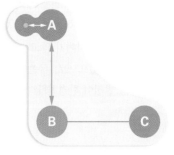

통념	A	백발의 원인에 대한 상반된 의견 – 스트레스가 백발에 영향 vs 호르몬 등의 다른 요인이 백발에 영향
반박과 근거	B	최근 연구 결과 – 스트레스와 백발의 연관성 입증
부연	C	연구로 인한 새로운 단서 – 스트레스와 노화의 관계

전문해석

A 전설에 따르면 프랑스의 마지막 왕비였던 마리 앙투아네트의 머리카락은 1793년 처형 직전 하룻밤 사이에 백발이 되었다. 많은 다른 이야기들도 극도의 스트레스 때문에 사람들의 머리 색깔이 갑자기 백발이 될 수 있다고 말한다. 이러한 일반적인 믿음과는 반대로, 과학자들은 스트레스가 머리카락 색깔 변화에 미치는 영향을 의심해왔다. 대신 호르몬 변화나 자가면역질환, 영양학적 문제 등이 머리카락 색깔의 갑작스런 변화에 대한 가능한 원인으로 흔히 언급되었다.

B 하지만 컬럼비아 대학 연구팀의 최근 연구는 스트레스가 실제로 머리카락 색깔의 변화에 영향을 미친다는 것을 보여주었다. 게다가, 그들은 흰머리가 스트레스가 줄어들면 원래의 색으로 회복될 수 있다는 것을 알아냈다. 그들은 열네 명의 지원자들의 머리카락을 분석하고 그들로 하여금 스트레스 일기를 쓰게 했다. 그들이 스트레스 일기와 지원자들의 머리 색깔 변화를 비교했을 때, 그들은 스트레스와 백발화 사이의 눈에 띄는 연관성을 발견했다. 어떤 경우에는 휴가를 갔을 때 백발이 다시 어두운 색으로 돌아왔다.

C 이 연구는 일반적인 인간의 노화에 관한 새로운 단서를 제공한다. 우리는 스트레스가 노화의 과정에 상당한 영향력을 행사한다는 것을 알 수 있다. 또한, 인간의 노화는 선형적이지 않고 역전될 수도 있다. 그러나 역전은 제한적인 범위에서 일어날 수 있다. 그 연구는 70세 이상 사람들의 흰머리는 그들의 스트레스 수준과 상관없이 되돌릴 수 없다고 경고했다.

0 글쓴이는 백발의 원인에 대한 상반된 두 가지 입장, 스트레스가 백발에 영향을 끼친다는 입장과 호르몬 등 다른 요인이 영향을 끼친다는 입장을 대조시키고 있고, However 다음에서는 최근의 연구 결과를 토대로 후자의 입장에 대한 반박을 하며 스트레스와 백발의 관련성을 입증하고 있다. 따라서 However부터 두 번째 단락 **B**가 시작한다고 볼 수 있다. **C**는 연구를 통해 알게 된 노화에 대한 새로운 단서에 대해 부연 설명하고 있다.

1 단락 역할 파악

B는 **A**에 제시된 내용 중 전자(백발은 스트레스와 관련 있다)의 입장에 대한 근거를 제시하고 있으므로, ④의 설명은 적절하지 않다.

2 내용 불일치

C의 However, the reversal may be on a limited scale. The research warned that gray hair of people over 70 is not reversible regardless of their stress levels.에서 (노화의) 역전은 제한적인 범위에서 일어날 수 있고, 70세 이상 사람들의 백발은 되돌릴 수 없다고 하였으므로, ④는 이 글의 내용과 일치하지 않는다.

3 유의어

diminish는 '줄이다'의 의미이므로 reduce, lessen, decrease와 유사한 의미이고, magnify(확대하다)와는 거리가 멀다.

4 문맥 추론

reverse는 '역전시키다, (반대로) 뒤바꾸다'의 의미이므로, be reversed는 ② '반대로 바뀌다'와 가장 가까운 의미이다.
① 뒤집히다
③ 차를 후진시키다
④ 법적 결정을 뒤엎다

- turn gray 백발이 되다   • overnight 하룻밤 사이에
- execution 처형, 사형 집행 (v. execute)   • extreme 극도의, 극단의
- contrary to ～와는 반대로   • effect 영향, 효과
- autoimmune disease 자가면역질환   • nutritional 영양의

- affect ～에 영향을 미치다   • furthermore 게다가, 더욱이
- restore 회복시키다, 복원[복구]하다   • original 원래의
- diminish 줄이다, 감소시키다, 줄어들다
- analyze 분석하다 (n. analysis)   • volunteer 지원자, 자원봉사자
- striking 두드러진, 눈에 띄는
- They **analyzed** the hair of 14 volunteers and **had** them **keep** a stress diary. : analyzed와 had는 and로 병렬 연결되어 있다. 「have(사역동사)+목적어+목적보어(동사원형)」 구문은 '～에게 …하게 하다'의 의미이다.

- regarding ～에 관하여   • wield (영향력 등을) 행사하다
- considerable 상당한   • linear 선형의
- reverse (정반대로) 뒤바꾸다, 역전시키다   • reversal 뒤바꿈, 역전
- reversible 되돌릴 수 있는
- We can see [that stress wields considerable influence on the process of aging]. : that은 see의 목적어 역할을 하는 명사절을 이끄는 접속사이고 여기서 see는 '～을 알다, 이해하다'의 의미로 쓰였다.

6

0 **A** Scientists say / ⓓ **B** Or are / ⓒ **C** Take the / ⓔ **D** The expression / ⓑ
1 ③　　　2 ④　　　3 (1) ⓐ　(2) ⓑ　(3) ⓒ　　　4 ①　　　5 irreversible

A Scientists say that we're driving species to extinction at a rate 1,000 times higher than their natural rate, and that humans are doing irreversible harm to earth's biodiversity.

B Or are we? It's true that humans wreak havoc on the environment, but we're also finding ways to undo the damage we've caused.

C Take the American chestnut tree, for example. It used to be one of the most abundant trees in the eastern region of the United States. Then in the late 1800s, Asian chestnut trees were brought into the U.S. as an ornamental tree. But these trees brought a disease, a fungal blight, infecting the native American chestnut trees. The American chestnut trees were all but completely wiped out as a result. Now, more than 100 years later, researchers found out why the blight killed the chestnut tree, and produced a strain of chestnut trees that is resistant to this fungal blight.

D The expression, 'the point of no return,' does not apply in this case. Biotechnology has succeeded in recovering and healing the damage done by humans, and this is the hope that biotechnology brings to conservation.

이 글의 구조와 요약

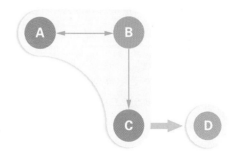

통념으로 화제 도입	A	인간은 지구의 생물 다양성에 돌이킬 수 없는 해를 가하고 있음
통념에 대한 반박	B	우리는 우리가 초래한 피해를 되돌릴 방법을 찾고 있음
반박의 사례 제시	C	미국 밤나무의 사례 – 미국 밤나무는 아시아 밤나무의 곰팡이병으로 거의 전멸했으나 병의 원인을 밝혀내서 저항력 있는 품종을 개발해 냄
사례의 의미와 결론	D	생명공학의 역할 – 인간이 끼친 피해를 복구하고 치유하는 데 도움이 됨

전문해석

A 과학자들은 우리가 자연적인 속도보다 1000배나 높은 속도로 종들을 멸종으로 몰고 있으며, 인간들은 지구의 생물 다양성에 돌이킬 수 없는 해를 가하고 있다고 말한다.

B 정말 그러한가? 인간이 환경에 큰 피해를 입히는 것은 사실이지만, 우리는 또한 우리가 초래한 피해를 되돌릴 방법을 찾고 있다.

C 미국 밤나무를 예로 들어보자. 그것은 미국 동부 지역에서 가장 풍부한 나무들 중 하나였다. 그 후 1800년대 후반, 아시아 밤나무가 장식용 나무로 미국에 들어왔다. 하지만 이 나무들은 곰팡이병을 가져왔고, 미국의 토착 밤나무를 감염시켰다. 그 결과 미국 밤나무들은 거의 전멸했다. 100년 이상이 지난 지금, 연구원들은 왜 그 병충해가 밤나무를 죽였는지를 밝혀냈고, 이 곰팡이병에 저항력이 있는 밤나무 품종을 만들어냈다.

D '돌아올 수 없는 지점'이라는 표현이 이 경우에는 적용되지 않는다. 생명공학은 인간이 가한 피해를 복구하고 치유하는 데 성공했으며, 이것이 생명공학이 보존에 가져다주는 희망이다.

0 글쓴이는 와 **B**에서 인간이 지구의 생물 다양성에 돌이킬 수 없는 해를 가하고 있다는 과학자들의 의견에 반박하며 피해를 복구하기 위해 노력하고 있다고 말하고 있다. 그에 대한 근거로 생명공학 기술을 통한 미국 밤나무 복원 사례를 **C**에서 제시하고 있고 **D**에서 생명공학의 역할에 대해 다시 언급하고 있다.

1 주제 파악

생명공학이 인간이 일으킨 환경문제를 복구하고 치유하는 데 도움이 될 수 있다는 것이 중심내용이므로 ③ '환경 보존에서 생명공학의 역할'이 글의 주제로 가장 적절하다.

① 인간이 야기한 환경 피해
② 식물병을 치료하기 위해 이루어진 연구의 진전
④ 외래종을 새로운 지역에 들여오는 것의 잠재적 위험

2 내용 일치

미국 밤나무는 미국 동부 지역의 지배종이었고, 아시아 밤나무가 장식용 나무로 미국에 들어올 때 곰팡이병을 가져왔으며, 그로 인해 미국의 토착 밤나무가 전멸하였다. 하지만 100년이 지난 후, 곰팡이병에 저항력이 있는 밤나무 품종을 다시 개발하였다. 따라서 사례를 통해 알 수 있는 내용은 ⓓ와 ⓔ이다.

3 재진술

(1) extinction(멸종): wiped out(완전히 파괴된)과 의미가 유사하다.
(2) wreak havoc(큰 피해를 입히다): doing irreversible harm(돌이킬 수 없는 피해를 주다)과 의미가 유사하다.
(3) undo the damage(피해를 원상태로 되돌리다): recovering and healing the damage(피해를 복구하고 치유하다)와 의미가 유사하다.

4 all but

all but ≒ almost(거의)
nothing but = only(오직)
anything but = never, not at all(결코 ~이 아닌)

① I give up. This is all but impossible.
  (나는 포기한다. 이것은 거의 불가능하다.)
② We want nothing but the best for our children.
  (우리는 우리 아이들을 위해 최고만을 원한다.)
③ For miles and miles there's nothing but desert.
  (몇 마일이고 사막밖에 없다.)
④ We went to see that new action film on Thursday night and it was anything but good. In fact, I fell asleep.
  (우리는 목요일 밤에 그 새로운 액션 영화를 보러 갔는데, 결코 좋지 않았다. 사실, 나는 잠이 들었다.)

5 재진술

the point of no return은 '돌아올 수 없는 지점'이라는 의미이므로, irreversible(되돌릴 수 없는)과 유사한 의미이다.

 어휘·구문

A
- species (생물의) 종 • extinction 멸종 (a. extinct)
- irreversible 돌이킬 수 없는 • biodiversity 생물 다양성

B
- wreak (큰 피해 등을) 입히다[가하다] • havoc 큰 피해, 대파괴
- undo 원상태로 돌리다, 무효로 만들다, (묶인 것을) 풀다

C
- abundant 풍부한 • region 지역 • ornamental 장식의, 장식용의
- fungal 균류[곰팡이]에 의한 (n. fungus 균류, 곰팡이류)
- blight 병충해 • infect 감염시키다
- wipe out 전멸시키다, ~을 완전히 파괴하다
- strain (동·식물의) 종류[품종] • resistant 저항력이 있는

- **It** used to be **one of the most** abundant trees ~ : It은 the American chestnut tree를 가리키고, 「used to-v」는 '과거에는 ~였는데 지금은 그렇지 않다'는 의미이다. one of the most abundant trees는 「one of the 최상급+복수명사」 구문으로 '가장 ~한 것들 중의 하나'의 의미이다.

D
- biotechnology 생명공학 • conservation 보존, 보호

- Biotechnology has succeeded in recovering and healing **the damage done** by humans, and this is the hope **that** biotechnology brings to conservation. : the damage와 done 사이에는 「관계대명사+be동사」인 which was가 생략되어 있다. that은 목적격 관계대명사로 hope를 선행사로 취한다.

왜 대립 구조로 썼을까?

A

For years business leaders and politicians have portrayed environmental protection and jobs as mutually exclusive.

(A) Pollution control, protection of natural areas and endangered species, and limits on use of nonrenewable resources, they claim, will choke the economy and throw people out of work. Ecological economists dispute this claim, however.

B (C) Their studies show that only 0.1 percent of all large-scale layoffs in the United States in recent years were due to government regulations. Environmental protection, they argue, not only is necessary for a healthy economic system, but it actually creates jobs and stimulates business.

C (B) Recycling, for instance, makes more new jobs than extracting raw materials. This doesn't necessarily mean that recycled goods are more expensive than those from raw resources. We're simply substituting labor in the recycling center for energy and huge machines used to extract new materials in remote places.

이 글의 구조와 요약

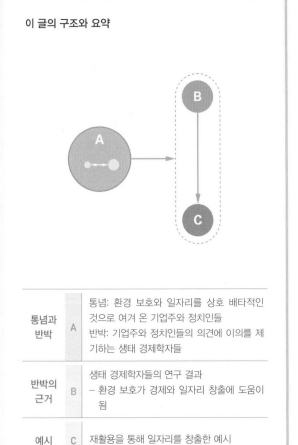

통념과 반박	A	통념: 환경 보호와 일자리를 상호 배타적인 것으로 여겨 온 기업주와 정치인들 반박: 기업주와 정치인들의 의견에 이의를 제기하는 생태 경제학자들
반박의 근거	B	생태 경제학자들의 연구 결과 – 환경 보호가 경제와 일자리 창출에 도움이 됨
예시	C	재활용을 통해 일자리를 창출한 예시

전문해석

A 수년간 기업주들과 정치인들은 환경 보호와 일자리를 상호 배타적인 것으로 묘사해 왔다. (A) 공해 방지, 자연 구역과 멸종 위기에 처한 종들의 보호, 그리고 재생 불가능한 자원 사용에 대한 제한은 경제의 숨통을 조여 사람들을 실직하게 할 것이라고 그들은 주장한다. 하지만 생태 경제학자들은 이러한 주장에 대해 이의를 제기한다.

B (C) 그들의 연구들은 최근 수년 간 미국 내 모든 대규모 해고 중 단지 0.1퍼센트만이 정부 규제 때문임을 보여준다. 환경 보호가 건강

한 경제 시스템을 위해서 필요할 뿐만 아니라, 실제로 일자리를 창출하며 사업을 촉진시킨다고 그들은 주장한다.

C (B) 예를 들면, 재활용은 원자재를 추출해 내는 것보다 더 많은 새로운 일자리들을 만든다. 이것은 재활용된 상품들이 원자재로부터 나온 상품들보다 반드시 더 비싸다는 것을 의미하지는 않는다. 우리는 먼 지역들에서 새로운 원자재를 추출하기 위해 사용되는 에너지와 거대한 기계들을 재활용 센터의 노동력으로 대체하고 있을 뿐이다.

글의 순서 파악 ▶ 글의 구조를 파악했는가?

 주어진 글에서 환경 보호와 일자리에 대한 기업주와 정치인들의 입장을 확인할 수 있는데, 글 전체에서 이 주제를 다룰 것이라는 점을 예측할 수 있어야 한다. (A)~(C) 중에서 (A)에 주어진 글에서 언급된 기업주와 정치인들의 주장이 자세히 드러나 있으며, 다른 집단인 생태 경제학자들이 그들의 주장에 반대하고 있다는 내용이 제시되어 있다. 그렇다면 뒤에는 생태 경제학자들의 주장이 무엇이며 어떤 근거로 그렇게 주장하는 것인지가 이어질 수밖에 없다. 글의 구조를 파악해야 하는 이유다.

 (C)에서는 환경 보호가 건강한 경제 시스템을 위해 필요하고 실제로 일자리를 창출하여 경제에 도움이 된다는 내용의 연구가 제시되었다. 따라서 생태 경제학자의 주장을 뒷받침하는 근거임을 파악할 수 있다.

C (B)에서는 생태 경제학자들의 주장에 대한 구체적인 예시가 이어지고 있음을 알 수 있다.

A
- mutually 상호 간에 • exclusive 배타적인
- endangered 멸종 위기에 처한 • species (생물의) 종
- nonrenewable 재생 불가능한 • claim 주장하다; 주장
- choke 숨을 막히게 하다, 질식시키다 • dispute 반박하다

B
- layoff 해고 • regulation 규정 • stimulate 자극하다

- Environmental protection, [they argue]. **not only** <u>is</u> necessary for a healthy economic system, **but** it actually creates jobs and stimulates business. : they argue(그들이 주장하기로)는 삽입된 절로, 문장의 주어는 Environmental protection이며 동사는 is이다. 「not only ~ but (also)」 구문이 쓰여 '건강한 경제 시스템을 위해서 필요할 뿐만 아니라 일자리 창출에도 도움이 되고 있음'을 강조하고 있다.

C
- extract 추출하다 • raw 가공하지 않은, 원자재의
- substitute 대체하다

1   **0** Ⓐ ⓒ Ⓑ ⓑ Ⓒ ⓐ
     1 ②   **2** ①   **3** ②   **4** ④   **5** ④

Ⓐ Who first invented writing, and what was it first invented for? As we are living in a highly literate society, we take writing for granted. But writing is a relatively modern technology, dating back around 5,500 years ago. Historians agree that humans invented writing at least four times in different places, including Mesopotamia, Egypt, China, and Mesoamerica. <u>Still</u>, the need for writing was similar.

Ⓑ Today, we use writing mainly to express our thoughts and ideas, but writing did not start for that purpose. The history of writing went hand in hand with urbanization. As cities developed, they needed to record numbers in agriculture, trade, commerce, army, administration, and taxation. Thus, the first writing had not much to do with language but was more like a spreadsheet. Then came the need for names of people. Unlike simple account-keeping, writing names gave a new challenge, and a primitive system of letters appeared. It took a long time before the tokens and symbols of primitive writing became a visual form of language. Research shows that writing first became a vehicle for recording speech when used in rituals.

Ⓒ Aside from Mesopotamia, Egypt, China, and Mesoamerica, other cultures' writing systems came into being from inspiration and imitation. Each culture was inspired by more developed civilizations and imitated them for their own writing system.

이 글의 구조와 요약

Ⓐ

Ⓑ + Ⓒ

질문으로 화제 도입	A	places where writing was invented (문자가 발명된 장소들) – 메소포타미아, 이집트, 중국, 메소아메리카에서 처음 문자가 발명되었음
	B	the reason writing was invented (문자가 발명된 이유) – 도시가 생겨나면서 기록이 필요하게 되었고, 최초의 문자는 숫자를 기록하기 위함이었음
답변	C	how other cultures made their own writing system (다른 문화권에서는 어떻게 그들만의 문자 체계를 만들었나) – 더 발전된 문명으로부터 영감을 받고 그것을 모방함

전문해석

Ⓐ 누가 처음으로 문자를 발명했고, 무엇을 위해 처음 발명되었을까? 우리는 고도로 문명이 퇴치된 사회에 살고 있기 때문에 문자를 당연한 것으로 여긴다. 그러나 문자는 약 5,500년 전으로 거슬러 올라가는 비교적 근대적인 기술이다. 역사학자들은 인간이 메소포타미아, 이집트, 중국, 그리고 메소아메리카를 포함한 다른 장소에서 적어도 네 번 문자를 발명했다는 것에 동의한다. 그래도 문자의 필요성은 모두 비슷했다.

Ⓑ 오늘날, 우리는 주로 우리의 생각과 아이디어를 표현하기 위해 문자를 사용하지만, 문자는 그 목적을 위해 시작되지 않았다. 문자의 역사는 도시화와 함께 진행되었다. 도시들이 발전함에 따라, 사람들은 농업, 무역, 상업, 군대, 행정, 그리고 조세에서 숫자를 기록할 필요가 있

었다. 따라서, 최초의 문자는 언어와는 큰 관련이 없었고 스프레드시트에 더 가까웠다. 그다음에 사람들의 이름이 필요해졌다. 단순한 회계 기록과는 달리, 이름을 쓰는 것은 새로운 도전을 주었고, 원시적인 문자 체계가 등장했다. 원시적인 글자의 표시와 상징이 언어의 시각적 형태가 되기까지는 오랜 시간이 걸렸다. 연구에 따르면 문자가 종교적인 의식에서 사용되었을 때 처음으로 연설을 기록하는 수단이 되었다고 한다.

Ⓒ 메소포타미아, 이집트, 중국, 그리고 메소아메리카를 제외하고, 다른 문화들의 문자 체계는 영감과 모방으로부터 생겨났다. 각각의 문화는 더 발전된 문명으로부터 영감을 받았고, 그들 자신의 문자 체계를 위해 그것들을 모방했다.

1 내용 일치

도시의 발달과 함께 농업, 무역, 상업, 군대, 행정, 그리고 세금에서 숫자를 기록할 필요가 생겨서 문자 체계가 고안되었으므로 ② '최초의 문자 기호들은 숫자를 세기 위한 것이었다.'가 글의 내용과 일치한다.

① 이집트는 중앙아메리카의 문자 체계를 모방하였다.

→ 이집트는 문자 체계를 발명했다.

③ 문자는 인간의 생각을 표현하기 위해 최초로 만들어졌다.

→ 오늘날 우리는 생각을 표현하기 위해 문자를 사용하지만, 문자가 최초로 만들어질 때는 그 목적으로 만들어지지 않았다.

④ 최초의 문자는 도시가 건설되기 전에 존재했다.

→ 문자는 도시가 생겨나면서 만들어지기 시작했다.

2 제목 파악

문자 체계가 생겨난 이유를 도시화를 중심으로 설명하고 있으므로,

① '문자와 도시화의 역사'가 제목으로 가장 적절하다.

② 숫자와 스프레드시트의 기원

③ 선사시대의 문자와 의식

④ 선사시대의 문자의 용도

3 연결어 추론

문자가 처음 만들어진 지역은 달라도 문자를 발명한 이유는 대체로 유사했다는 내용이므로, ② Still(그럼에도 불구하고, 그래도)이 가장 적절하다.

① 그러므로 ③ 게다가 ④ 그와 반대로

4 의미 추론

literate는 '읽고 쓸 줄 아는'이라는 의미이므로 ④가 정답이다. '문자를 당연한 것으로 여긴다'는 이어지는 내용을 통해서 그 의미를 유추해 볼 수 있다.

① 문학(문헌)을 다루는

② 여러 분야에서 교육받은

③ 격식 있는 예절을 갖춘

5 유의어

vehicle은 '수단, 매개체, 탈 것, 수송 수단' 등의 여러 가지 의미가 있는데, 본문에서는 '수단, 매개체'라는 의미로 쓰였으므로 ④ automobile(자동차)과는 거리가 멀다. channel, means, medium은 모두 '수단, 방법'의 의미를 갖고 있다.

어휘 · 구문

- highly 매우, 고도로 • literate 읽고 쓸 줄 아는
- take ~ for granted ~을 당연한 것으로 받아들이다
- relatively 비교적, 상대적으로
- date back (시간적으로 과거로) 거슬러 올라가다 • historian 역사학자
- Mesoamerica 메소아메리카(현재의 멕시코 중부에서 코스타리카 북서부에 거쳐 마야문명이 번창했던 중앙아메리카 지역)

- go hand in hand (두 가지 일이) 밀접히 연관되다, 함께 가다
- urbanization 도시화 • agriculture 농업 • commerce 상업
- administration 행정 • taxation 과세, 징세
- primitive 원시적인 • vehicle 수단, 매개체, 운송 수단
- ritual 종교적인 의식

- Thus, the first writing **had** not **much to do with** language but was more like a spreadsheet. : 「have much to do with」는 '~와 많은 관련이 있다'라는 의미인데, 부정어 not이 함께 쓰여 '~와 큰 관련이 없다'의 의미가 된다. 「have something[nothing] to do with」는 '~와 관련이 있다[없다]'라는 뜻이다.

- aside from ~는 제외하고, ~와는 별도로
- come into being 생겨나다, 존재하게 되다
- inspiration 영감 (v. inspire) • civilization 문명(화)

2 **0** Ⓐ ⓒ Ⓑ ⓑ Ⓒ ⓐ
1 ③ **2** ④ **3** ④ **4** ④ **5** ②

Ⓐ Jobs evolve over the course of time. New jobs have been constantly created and many jobs have disappeared throughout human history. Then, what will happen in the future?

Ⓑ The key to future job evolution is technology. Technology will play a crucial role in creating or destroying jobs. For example, there is automation technology. Robots have already taken away many jobs from manufacturing workers for several decades. But with the advent of new technology, automation will affect every sector of our society. Not only in manufacturing jobs but also in highly professional careers, robots will replace humans. One day, it won't be so unusual to see robots perform surgery or do research in laboratories. Because of automation, many people will lose their jobs.

Ⓒ But it will also give new opportunities for some people. People who are ready for the changes will succeed, while unprepared people will lose their jobs. Those who are equipped with new technology will get a good job and make a lot of money. So, which side do you want to be on? The endangered species or <u>the new aspiring one</u>?

이 글의 구조와 요약

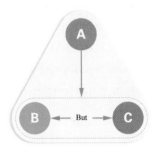

질문	A	직업의 미래 전망에 대한 질문
답변	B	기술발전과 자동화로 인한 로봇의 인간 일자리 잠식에 대한 예측
	C	준비된 사람에게는 이 변화가 기회가 될 수도 있음을 강조

전문해석

Ⓐ 직업은 시간이 지남에 따라 진화한다. 인류 역사를 거치면서 끊임없이 새로운 직업이 생겨나고 많은 직업이 사라졌다. 그렇다면, 미래에는 어떤 일이 일어날까?

Ⓑ 미래 직업 진화의 핵심은 기술이다. 기술은 일자리를 창출하거나 없애는 데 중요한 역할을 할 것이다. 예를 들어, 자동화 기술이 있다. 로봇은 이미 수십 년 동안 제조업 노동자들로부터 많은 일자리를 빼앗았다. 하지만 새로운 기술의 출현으로, 자동화는 우리 사회의 모든 분야에 영향을 미칠 것이다. 제조업뿐만 아니라 고도로 전문적인 직업에서도 로봇이 인간을 대체할 것이다. 언젠가 로봇이 수술을 하거나 실험실에서 연구하는 것을 보는 것이 그리 드문 일이 아닐 것이다. 자동화 때문에 많은 사람들이 일자리를 잃을 것이다.

Ⓒ 하지만 그것은 또한 몇몇 사람들에게 새로운 기회를 줄 것이다. 변화에 준비가 된 사람들은 성공할 것이고, 준비되지 않은 사람들은 일자리를 잃을 것이다. 새로운 기술을 갖춘 사람들은 좋은 일자리를 얻을 것이고 돈을 많이 벌 것이다. 그렇다면, 당신은 어느 쪽에 속하고 싶은가? 멸종위기에 놓인 종(種)인가, 아니면 <u>새롭게 부상하는 종</u>인가?

0 글쓴이는 **A**에서 직업의 미래 전망에 대해 질문을 한 다음, **B**에서 기술발전이 가져온 자동화로 인해 많은 사람들이 일자리를 잃게 될 수도 있다고 말하고 있고, **C**에서 이러한 변화가 준비된 사람에게는 새로운 기회가 될 수도 있다고 말하고 있다.

1 빈칸 추론

빈칸 앞 문장에서 어느 쪽에 속하고 싶은지를 묻고 있으므로, 빈칸에는 선택의 상황에서 The endangered species(멸종위기에 놓인 종)와 대조를 이루는 표현이 들어가야 한다는 것을 알 수 있다. 따라서 빈칸에는 ③ '새롭게 부상하는 종'이 들어가야 한다.
① 사라지는 직업들
② 정부 관료들
④ 제조업 노동자들

2 제목 파악

미래 직업 진화의 핵심은 기술발전이라고 언급하면서 새로운 기술을 갖춘 사람들은 좋은 일자리를 얻을 것이고, 그렇지 못한 사람들은 일자리를 잃을 것이라고 말하고 있다. 따라서 ④ '미래 직업 진화에 있어서의 기술의 역할'이 제목으로 가장 적절하다.
① 제조업 일자리의 미래
② 로봇과 자동화의 역사
③ 미래 전문직의 운명

3 관련 명언

글쓴이는 기술발전으로 인해 일어날 미래의 직업 변화에 대해 미리 준비할 것을 권하고 있으므로 ④ '내일은 오늘 그것을 준비하는 사람들의 것이다.'가 이 글에 가장 어울리는 명언이다.
① 위험을 감수하지 말고 위험을 경계하라.
② 최선을 바라되 최악을 대비하라.
③ 마음만 준비되었다면 모든 것이 준비된 것이다.

4 유의어

crucial은 '중요한, 결정적인'의 의미로 쓰였고, critical(대단히 중대한), central(핵심적인, 가장 중요한), decisive(결정적인) 모두 유사한 의미를 갖고 있다. partial은 '일부의, 부분적인'이라는 의미이므로 crucial과 바꿔 쓸 수 없다.

5 가주어 it

밑줄 친 it은 to see 이하를 진주어로 하는 가주어 it이다. ②의 It은 「It is ~ that」 강조구문의 It이므로 쓰임이 다르다.
① 그가 파티에 참석하지 못한 것은 유감이다.

② 내가 어제 도서관에서 본 사람은 제인이었다.
③ 그가 그녀와 다시 사랑에 빠진 것은 당연했다.
④ 그 노부인이 길을 건너는 것을 도와준 것은 정말 친절했어.

어휘·구문

- evolve 진화하다 • constantly 끊임없이, 항상
- disappear 사라지다

- evolution 진화 • crucial 중요한 • automation 자동화
- decade 십 년 • advent 도래, 출현 • replace 대체하다
- unusual 이상한, 드문, 생소한 • surgery 수술 • research 연구
- laboratory 실험실

- Technology will **play a crucial role in** creating or destroying jobs. : 「play a role in -ing」는 '~에서 역할을 하다'라는 의미이고, role 앞에는 important, crucial, essential, decisive, central, major와 같은 형용사가 자주 쓰인다.
- **Not only** in manufacturing jobs **but also** in highly professional careers, robots will replace humans. : 「not only A but also B」는 'A 뿐만 아니라 B도'라는 의미로, 「B as well as A」로 바꿔 쓸 수 있다.
- One day, **it** won't be so unusual **to see** robots <u>perform</u> surgery or <u>do</u> research in laboratories. : it은 가주어, to see 이하가 진주어인 구문으로, see는 지각동사이며 동사원형 형태의 perform과 do가 목적보어로 병렬 구조를 이루고 있다.

C

- opportunity 기회 • unprepared 준비되지 않은
- be equipped with ~을 장착하다, 갖추다
- endangered 멸종위기에 처한 • species (동·식물의) 종
- aspiring 포부가 있는, 상승하는

3

0 ④
1 ①　　2 crisp, soft, almond, powder / egg, shredded, shredded, coconut
3 ③　　4 (A) former　(B) latter　　5 오해를 바로 잡다, 잘못 알려진 사실을 바로 잡다
6 different, while, both, some ~, others …, the former ~, the latter …

Ⓐ Do you have a sweet tooth? Then you may want to try a macaron or a macaroon. Now, one might ask, "But aren't those two the same? What is the difference between them?"

Ⓑ Before we go any further, we need to set the record straight. "Macaron" is not a misspelling of "macaroon." In fact, "macaron" and "macaroon" are two very different things. A macaron is a sandwich-like pastry with two crisp crusts and a soft filling. <u>On the other hand</u>, a macaroon is a soft cookie made with egg whites, sugar, and shredded dried coconut. Macarons come in various flavors and colors, while macaroons are often dipped in chocolate.

Ⓒ However, both macarons and macaroons share the same historical background. Italian chefs baked cookies without using flour for the first time. Some used almond powder, and others used shredded coconut. The former became macarons, and the latter became macaroons. Nowadays, the macaron is largely known as a French delicacy, while macaroons are known as an American dessert.

Ⓓ So, take your pick! Which do you like more? Do you prefer the crispy macarons or the chewy macaroons?

이 글의 구조와 요약

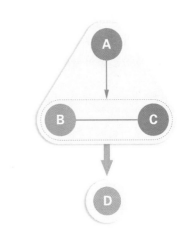

질문	A	macaron과 macaroon의 차이점에 대한 질문
답변	B	식재료의 차이점과 그 외 식감과 맛의 특성을 비교하여 설명
	C	같은 역사적 배경에서 출발하여 각각 지금의 모습을 갖게 된 경위를 설명
제안	D	독자들에게 취향에 따른 선택을 제안

전문해석

Ⓐ 당신은 단것을 좋아하는가? 그렇다면 당신은 macaron이나 macaroon을 먹어보고 싶을 것이다. 자, 누군가 "하지만 그 둘은 같은 거 아니에요? 그 둘의 차이점은 뭐죠?"라고 물어볼 수도 있다.

Ⓑ 더 나아가기 전에, 우리는 오해를 바로잡을 필요가 있다. 'macaron'은 'macaroon'의 틀린 철자가 아니다. 사실, 'macaron'과 'macaroon'은 매우 다른 두 가지이다. macaron은 바삭바삭한 두 개의 껍질과 부드러운 속을 가진 샌드위치 같은 페이스트리이다. 반면에, macaroon은 달걀 흰자, 설탕, 잘게 썬 말린 코코넛으로 만든 부드러운 쿠키이다. macaron은 다양한 맛과 색깔이 있는 반면, macaroon은 종종 초콜릿에 적셔진다.

Ⓒ 하지만 macaron과 macaroon은 같은 역사적 배경을 가지고 있다. 이탈리아 요리사들은 처음으로 밀가루를 사용하지 않고 쿠키를 구웠다. 어떤 이들은 아몬드 가루를 사용했고, 다른 이들은 잘게 썬 코코넛을 사용했다. 전자는 macaron이 되었고, 후자는 macaroon이 되었다. 오늘날, macaron은 프랑스의 별미로 널리 알려진 반면, macaroon은 미국의 디저트로 알려졌다.

Ⓓ 그러니 골라 보라! 당신은 어느 것이 더 좋은가? 바삭바삭한 macaron과 쫄깃한 macaroon 중 어느 것이 더 마음에 드는가?

0 macaron과 macaroon의 차이점이 무엇인지 질문을 던진 후에 어떤 점에서 다른지를 비교하여 설명하고 있다.

1 연결어 추론

macaron과 macaroon은 매우 다른 두 가지라고 했고, 둘의 차이점을 설명하는 내용이 이어지고 있으므로, 빈칸에는 대조를 나타내는 연결어인 On the other hand(반면에)가 적절하다.
② 예를 들어　③ 게다가　④ 그 결과

2 세부 내용 파악

- macaron의 특징: 바삭바삭한(crisp) 두 개의 껍질과 부드러운 (soft) 속을 가진 샌드위치 같은 페이스트리이며 아몬드 가루 (almond powder)를 이용함
- macaroon의 특징: 달걀(egg) 흰자, 설탕, 잘게 썬(shredded) 말린 코코넛으로 만든 부드러운 쿠키이며 잘게 썬 코코넛(shredded coconut)을 이용함

3 내용 이해

이탈리아 요리사들이 밀가루 대신 아몬드 가루를 넣고 쿠키를 구웠는데 그것이 macaron이 되었다고 했다. macaron을 발명한 사람의 이름은 언급되지 않았다.

① macaron과 macaroon은 어떻게 다른가?
② macaron과 macaroon은 어디에서 처음 만들어졌나?
③ macaron을 발명한 사람의 이름은 무엇인가?
④ 어떤 쿠키가 밀가루 대신 아몬드 가루를 사용하는가?

4 the former, the latter

> - 판다와 코알라는 둘 다 인기있는 동물인데, 단지 전자(former)는 중국이 원산지이고 후자(latter)는 호주가 원산지이다.
> - 원숭이와 나무늘보는 중앙아메리카의 정글에 산다. 하지만 전자(former)는 후자(latter)보다 훨씬 빠르다.

언급된 두 가지 중에서 먼저 언급된 것을 the former(전자)로, 나중에 언급된 것을 the latter(후자)로 지칭한다.

5 문맥 추론

set the record straight는 '기록을 바로잡다', '잘못 알려진 사실을 바로 잡다'라는 의미이다. 이 글에서는 macaron과 macaroon이 같은 것이라고 생각하는 사람들에게 '그건 잘못 알고 있는 사실'이라고 말하기 위해 쓰였다.

6 비교의 표현

두 대상의 유사점과 차이점을 설명하기 위해 쓰는 표현들을 찾는다. 이 글에서는 difference between(~간의 차이), different(다른), while(반면에), both(둘다), some ~, others …(어떤 것은 ~, 다른 것은 …), the former ~, the latter …(전자는 ~, 후자는 …)가 두 대상을 비교할 때 사용되었다.

어휘·구문

A
- have a sweet tooth　단맛을 좋아하다

B
- set ~ straight　~를 바로 잡다　• crisp　바삭바삭한
- crust　(딱딱한) 빵 껍질　• filling　(음식물의) 속, 충전물
- shred　잘게 찢다, 채로 썰다　• flavor　맛, 풍미　• dip　적시다, 담그다
- On the other hand, a macaroon is a soft cookie [**made** with egg whites, sugar, and shredded dried coconut]. : made 이하는 앞에 있는 a soft cookie를 수식하는 과거분사구로, made 앞에는 which is가 생략되어 있다고 볼 수 있다.

C
- chef　요리사, 주방장　• flour　밀가루　• almond powder　아몬드 가루
- the former　(전자와 후자 중에서) 전자
- the latter　(전자와 후자 중에서) 후자　• be known as　~로 알려지다
- delicacy　(특정 지역의) 진미[별미], 섬세함, 정교함　• dessert　후식
- **Some** used almond powder, and **others** used shredded coconut. : Some(= Some Italian chefs)은 Italian chefs 집단의 일부를 가리키고, others(= other Italian chefs)는 some을 제외한 또다른 일부를 가리킨다.

D
- take one's pick　고르다, 선택하다　• prefer　선호하다
- crispy　바삭바삭한　• chewy　쫄깃한

4
0 Ⓐⓒ Ⓑⓐ Ⓒⓑ
1 ③ 　　**2** ① 시민들이 정치에 직접 참여: 직접 모여 국가의 중대한 사안에 대해 논의, 국가의 중요한 문제를 투표로 결정
② 정부 공직을 시민들에게 개방　③ 남성에게만 정치 참여 기회 제공
3 ③ 　　**4** ③ 　　**5** The majority 　　**6** ③

Ⓐ In the modern world, most nations have a democratic government. Even the countries with a dictatorship claim to be democratic. But just when did democracy first begin, and how different was it from modern democracy?

Ⓑ Democracy first began in ancient Athens in the fifth century B.C. Unlike modern democracy, where politicians represent people, the people of Athens directly participated in politics. When there was a critical issue of the state, the citizens of Athens gathered and discussed the issue. They decided most of the important matters by voting, and the decision was final. Also, public positions of government were open to the citizens. It was an ideal political system that modern democracy only dreams about.

Ⓒ However, this ideal democracy applied only to the male citizens of Athens. At that time in Athens, male citizens made up less than 20% of the whole population. This small part of the population had all the political rights and enjoyed the benefits of democracy. The majority of the people of Athens, including women, slaves, and resident foreigners, were completely excluded from this political process and had no voice in the state.

이 글의 구조와 요약

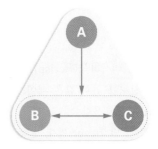

질문	A	민주주의의 시작과 현대 민주주의와의 차이점에 대한 질문
답변	B	고대 아테네에서 시작된 민주주의와 이에 대한 설명 – 아테네 민주주의는 현대 민주주의와 달리 시민의 직접적인 참여로 이루어짐
	C	아테네 민주주의의 이면에 대한 비판적 설명 – 여성, 노예, 외국인에게는 정치 참여가 봉쇄되었고 남성 시민들만 참여할 수 있었음

전문해석

Ⓐ 현대 세계에서 대부분의 국가들은 민주 정부를 가지고 있다. 심지어 독재 국가들도 민주적이라고 주장한다. 그렇다면 민주주의는 언제 처음 시작되었고, 현대 민주주의와 어떻게 달랐을까?

Ⓑ 민주주의는 기원전 5세기에 고대 아테네에서 처음 시작되었다. 정치인들이 사람들을 대표하는 현대 민주주의와 달리, 아테네의 사람들은 정치에 직접 참여했다. 국가의 중대한 문제가 있을 때에는 아테네 시민들이 모여 그 문제를 논의하였다. 그들은 투표로 대부분의 중요한 문제들을 결정했고, 그 결정은 최종적이었다. 또한, 정부의 공직은 시민들에게 개방되었다. 그것은 현대 민주주의가 꿈꾸는 이상적인 정치 체제였다.

Ⓒ 그러나 이러한 이상적인 민주주의는 아테네의 남성 시민들에게만 적용되었다. 그 당시 아테네에서는 남성 시민이 전체 인구의 20퍼센트 미만이었다. 이 소수의 사람들이 모든 정치적 권리를 가지고 있었고 민주주의의 혜택을 누렸다. 여성, 노예, 거주 외국인을 포함한 대다수의 아테네 사람들은 이 정치 과정에서 완전히 배제되었고 국가에서 발언권이 없었다.

1 연결어 추론

 에서는 현대 민주주의가 꿈꾸는 고대 아테네 민주주의의 이상적인 측면을 설명하고 있고 C 에서는 그 이면의 불공정한 측면을 비판하고 있으므로, 빈칸에는 역접의 접속사 However가 들어가야 한다.
① 요약하자면 ② 게다가 ④ 마찬가지로

2 내용 이해

고대 아테네 민주주의가 현대 민주주의와 다른 점으로는 직접 민주주의로 시민들이 직접 모여 중대한 사안에 대해 논의하고 국가의 중요한 문제를 투표로 결정했다는 점, 정부의 공직이 시민들에게 개방되었다는 점, 남성들만 정치 참여가 가능했다는 점이다.

3 내용 불일치

C 의 마지막 문장 The majority of the people of Athens, including women, slaves, and resident foreigners, were completely excluded from this political process and had no voice in the state.에서 아테네에 거주하더라도 외국인은 정치 참여 기회가 없었다는 것을 알 수 있다.

4 제목 파악

이 글은 민주주의가 언제 처음 시작되었고, 민주주의의 첫 시작이었던 고대 아테네 민주주의가 현대 민주주의와 어떻게 다른지에 대해 말하고 있다. 아테네 민주주의는 시민들이 직접 정치에 참여하는 직접 민주주의로 현재 민주주의가 꿈꾸는 이상적인 정치 체제였지만 정치적 권리가 남성 시민들에게만 주어졌고 여성과 노예, 거주 외국인은 정치에서 배제되었다고 설명하고 있다. 따라서 이 글의 제목으로 가장 적절한 것은 ③ '아테네 민주주의의 모순된 특징'이다.
① 정치적 자유를 위한 아테네 여성들의 투쟁
② 아테네 남성 시민들의 정치적 권리
④ 고대 아테네에서 민주주의의 중요성

5 반의어

• the small part of : ~의 작은 부분 (= the minority of: 소수의)
• the big part of : ~의 큰 부분 (= the majority of: 다수의)

6 단어 관계

③의 matter와 issue는 '문제'라는 의미로 유의어 관계이고, 나머지는 모두 반의어 관계이다.
① 배제하다 : 포함하다
② 독재 국가 : 민주 국가
④ 시민(국민) : 외국인

A
• democratic 민주주의의, 민주적인   • government 정부
• dictatorship 독재 정부, 독재 국가   • claim 주장하다, (권리를) 청구하다
• democracy 민주주의, 민주 국가

B
• ancient 고대의   • politician 정치인   • represent 대표하다
• participate in ~에 참여하다   • critical issue 중대한 문제
• gather 모이다, 모으다   • vote 투표하다   • decision 결정, 결의

C
• ideal 이상적인   • apply to ~에 적용되다   • male 남성(의)
• less than ~보다 적은   • population 인구   • right 권리, 권한
• benefit 이득, 혜택   • majority 대부분, 대다수   • include 포함하다
• slave 노예   • foreigner 외국인   • exclude 배제하다

0 A Can men and B Recently, a research C The research concluded
1 (1) differences between men and women   (2) develop into a romantic relationship
2 ②   **3** 남성 친구들에게 매력을 느꼈다   **4** ②   **5** ④

A Can men and women be "just friends?" It is a question that has provoked many debates. Some experts say that men and women can be friends, but one of them could consider the next step. Others say that men and women cannot be just friends, because friendship based on mutual trust will eventually develop into a romantic relationship.

B Recently, a research tried to answer the question, focusing on interesting differences between men and women. According to the research, more men felt attracted to their female friends than vice versa. Not only that, men expected their female friends to be more attracted to them than the women actually felt. Men also assumed that it would be possible to develop a romantic relationship between them. On the other hand, women generally were not attracted to their male friends, and they assumed that this feeling was mutual. In other words, women generally underestimated how their male friends felt towards them, while men <u>overestimated</u> the feelings of their female friends.

C The research concluded that it is possible for men and women to be "just friends." However, it warned that due to the differences between men and women, romance is lurking around the corner, and it can bloom from friendship.

이 글의 구조와 요약

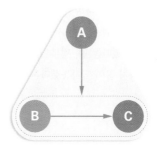

질문	A	남자와 여자는 친구가 될 수 있는가?
답변	B	남녀 간 친구 관계에서 나타나는 심리적 차이에 대한 연구
	C	남자와 여자는 친구가 될 수 있지만, 언제든지 로맨틱한 관계로 발전할 수 있음

전문해석

A 남자와 여자가 '그냥 친구'가 될 수 있을까? 그것은 많은 논쟁을 불러일으킨 질문이다. 일부 전문가들은 남자와 여자가 친구가 될 수 있다고 말하지만, 그들 중 한 명은 다음 단계를 고려할 수도 있다. 다른 전문가들은 남녀가 그냥 친구가 될 수 없다고 말하는데, 그 이유는 상호 신뢰에 기초한 우정은 결국 로맨틱한 관계로 발전할 것이기 때문이다.

B 최근, 한 연구는 남자와 여자 사이의 흥미로운 차이점에 초점을 맞춰 이 질문에 답하려고 노력했다. 그 연구에 따르면, 남성들이 그들의 여성 친구들에게 (이성으로서의) 매력을 느끼는 경우가 그 반대의 경우보다 더 많았다. 그뿐만 아니라, 남성들은 여성 친구들이 실제로 느끼는 것보다 더 자신들에게 끌리기를 기대했다. 남성들은 또한 그들 사이에 로맨틱한 관계를 발전시키는 것이 가능하다고 가정했다. 반면에, 여성들은 일반적으로 그들의 남성 친구들에게 끌리지 않았고 그들은 이 감정이 상호적이라고 가정했다. 즉, 여성들은 일반적으로 그들을 향한 남성 친구들의 감정을 과소평가한 반면, 남성들은 여성 친구들의 감정을 <u>과대평가했다</u>.

C 이 연구는 남성과 여성이 '그냥 친구'가 되는 것이 가능하다고 결론 내렸다. 하지만 남녀의 차이로 인해, 로맨스는 구석에 도사리고 있고 우정에서 피어날 수 있다고 경고했다.

1 내용 이해

최근의 한 연구는 '남자와 여자가 친구가 될 수 있을까?'라는 질문에 남녀 사이의 흥미로운 차이점에 초점을 맞춰 답하려고 노력했다고 했으므로, 그 질문에 대한 답은 남녀 사이의 차이점(differences between men and women)에 달려있다고 할 수 있다. 또한 이 연구는 남녀가 친구가 될 수 있지만 남녀의 차이로 인해 항상 로맨스가 도사리고 있다고 했으므로, 우정이 항상 로맨틱한 관계로 발전할 수 있다(develop into a romantic relationship)고 할 수 있다.

2 주제 파악

남녀가 친구가 될 수는 있지만 상대방에 대한 남녀의 인식의 차이로 인해 그 관계는 언제든지 로맨틱한 관계로 발전할 수 있다는 내용의 글이다. 따라서 글의 주제로는 ② '이성 간 친구 관계의 유지 가능성'이 가장 적절하다.
① 여성 친구들에 대한 남성 친구들의 편견
③ 관계에 대한 심리학적 실험
④ 남녀 간의 신체적 차이

3 문맥 추론

vice versa는 '반대로, 역으로'의 의미를 갖는다. 즉, '남성들이 여성 친구들에게 매력을 느꼈다'의 반대의 경우는 '여성들이 남성 친구들에게 매력을 느꼈다'가 된다.

4 문맥 추론

대조를 나타내는 연결어 while(~인 반면에)이 쓰였으므로, '여성들은 그들에 대한 남성 친구들의 감정을 과소평가한다'는 while 앞의 내용과 대조되는 내용이 와야 한다. 따라서 '과대평가하다'의 의미인 ② overestimated가 가장 적절하다.
① 이해하다
③ 존경하다
④ 과소평가하다, 얕잡아보다

5 의미 추론

lurk는 '숨어서 기다리다, 잠복하다'의 의미이므로 ④ '어딘가에서 조용히 몰래 기다리다'가 가장 적절하다.
① 매우 빠르게 움직이다
② 막 발생하려고 하다
③ 보는 게 불가능해지다

- provoke (감정 따위를) 불러 일으키다 • debate 토론, 논쟁
- expert 전문가 • consider 고려하다 • mutual 상호의
- eventually 결국, 마침내 • romantic 낭만적인, 연애의
- relationship 관계

- **Some** experts say that men and women can be friends, but one of **them** could consider the next step. **Others** say that men and women cannot be just friends, ~ : Some experts는 experts 집단의 일부를 가리키고, others(= other experts)는 some을 제외한 또다른 일부를 가리킨다. one of them의 them은 men and women을 가리킨다.

- research 연구, 조사 • attract 끌어당기다, (매력으로) 사람의 마음을 끌다
- female 여성의 • vice versa 반대로, 역으로
- assume 가정하다, ~라고 여기다 • underestimate 과소평가하다
- overestimate 과대평가하다

- Men also assumed [**that it** would be possible **to develop** a romantic relationship between them]. : that이 이끄는 [   ]가 assumed의 목적어이며, that절 내에서 it은 가주어, to develop 이하가 진주어이다.

- conclude 결론을 내리다 • warn 경고하다, 주의를 주다
- due to ~ 때문에, ~에 기인하여 • lurk 숨어서 기다리다, 잠복하다
- bloom 꽃이 피다, 꽃을 피우다

0 **A** Is guaranteeing equality / ⓒ **B** The Equality and / ⓐ **C** Equity is about / ⓑ

1 ④ **2** ② **3** ④ **4** ① **5** (1) which (2) what

A Is guaranteeing equality enough to make a truly equal society? To answer this question, it is necessary to understand not only equality but also equity.

B The Equality and Human Rights Commission describes equality as "Ensuring that every individual has an equal opportunity to make the most of their lives and talents." In this respect, equality is to give everyone the same opportunities. However, having the same opportunities does not necessarily lead to a truly equal society, because everyone has different circumstances and abilities. Even with the same opportunities, the outcomes should be different. In this respect, we should understand the concept of equity along with the concept of equality.

C Equity is about giving people what they need to make things fair. Equity is to give more to those who need it, which is proportionate to their circumstances and abilities, to ensure that everyone has fair opportunities. For example, to give the same amount of support to advantaged and disadvantaged students may be called equality, but it is not equity. Equity is to give more support to disadvantaged students for them to have a fair chance of competing with advantaged students. While equality achieves fairness through giving the same opportunities regardless of need, equity tries to arrive at fairness through treating people differently according to their needs. To make a truly equal society, equity is necessary as well as equality.

이 글의 구조와 요약

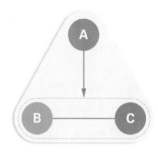

질문	A	the need to understand equality and equity (평등과 공평을 이해할 필요성) – '평등만으로 진정 평등한 사회를 만들 수 있는가'라는 질문에 답하기 위해서는 평등과 공평의 개념을 이해해야 함
답변	B	What is equality? (평등이란 무엇인가?) – 모든 사람에게 동등한 기회를 주는 것
	C	What is equity? (공평이란 무엇인가?) – 공정한 기회를 보장하기 위해 능력이나 환경의 차이에 따라 필요한 사람에게 더 많은 지원을 하는 것

전문해석

A 평등을 보장하는 것은 진정으로 평등한 사회를 만들기에 충분한가? 이 질문에 답하기 위해서는 평등뿐만 아니라 공평도 이해할 필요가 있다.

B 평등인권위원회는 평등을 '모든 개인이 자신의 삶과 재능을 최대한 활용할 수 있는 동등한 기회를 갖도록 하는 것'이라고 설명한다. 이 점에서 평등은 모든 사람에게 똑같은 기회를 주는 것이다. 그러나 모든 사람들은 다른 환경과 능력을 가지고 있기 때문에 똑같은 기회를 갖는 것이 반드시 진정으로 평등한 사회로 이어지는 것은 아니다. 똑같은 기회를 갖더라도 결과는 다를 것이다. 이런 점에서 우리는 평등의 개념과 더불어 공평의 개념도 이해해야 한다.

C 공평은 상황을 공정하게 하는 데 사람들이 필요로 하는 것을 주는 것이다. 공평은 모든 사람이 공정한 기회를 갖도록 하기 위해 필요한 사람들에게 더 많은 것을 주는 것인데, 그것은 그들의 환경과 능력에 비례하는 것이다. 예를 들어, 혜택받은 학생들과 혜택받지 못한 학생들에게 같은 양의 지원을 하는 것은 평등이라고 불릴 수 있지만, 그것은 공평이 아니다. 공평은 혜택받지 못한 학생들이 혜택받은 학생들과 경쟁할 공정한 기회를 가질 수 있도록 그들에게 더 많은 지원을 하는 것이다. 평등은 필요에 관계없이 동일한 기회를 줌으로써 공정성을 달성하는 반면, 공평은 사람들을 그들의 필요에 따라 다르게 대우함으로써 공정성에 도달하려고 한다. 진정으로 평등한 사회를 만들기 위해서는 평등뿐만 아니라 공평도 필요하다.

0 진정으로 평등한 사회를 만들기 위해서는 평등과 공평의 개념을 모두 이해할 필요가 있다고 언급한 다음, 두 개념의 차이점에 대해 설명하고 있다.

1 제목 파악

진정으로 평등한 사회를 만들기 위해서는 평등뿐만 아니라 공평도 필요하다는 것이 중심 내용이므로 ④ '평등사회에서 평등과 공평의 중요성'이 글의 제목으로 가장 적절하다.
① 민주주의에서 평등과 공평의 역할
② 평등과 공평을 보장하는 데 있어서 정부의 역할
③ 모든 사람에게 동일한 기회를 제공하는 것의 중요성

2 주어진 문장 넣기

For example로 시작하는 주어진 문장은 혜택받은 학생들과 혜택받지 못한 학생들을 예시로 들면서 처한 환경이 다른 학생들에게 같은 양의 지원을 하는 것은 공평이 아니라고 했으므로, 그 뒤에는 처한 환경이 다른 경우 혜택받지 못한 학생에게 더 많은 지원을 해주는 것이 공평이라는 내용이 오는 것이 자연스럽다. 따라서 주어진 문장의 적절한 위치는 ②이다.

3 내용 불일치

능력과 환경의 차이에 따라 필요한 사람에게 더 많은 지원을 하는 것이 공평이고, 평등사회에서 필요한 것이라고 했으므로 ④는 이 글의 내용과 일치하지 않는다.

4 유의어

guarantee는 '보장하다, 확실하게 하다'의 의미이므로, ensure가 가장 가까운 의미를 가지고 있다.
② 강화시키다   ③ 의욕을 꺾다, 좌절시키다   ④ 강조하다

5 관계대명사

(1)

> 야구는 전통적인 삶과 마찬가지로 자연의 리듬, 특히 지구의 자전에 따라 진행된다. 그것의 첫 반세기 동안, 경기는 밤에 행해지지 않았는데, 이것은 전통적인 근무일과 마찬가지로 야구 경기는 해가 지면 끝이 났다는 것을 의미했다.

앞의 내용(경기가 밤에 행해지지 않았음)을 선행사로 받아 추가적인 정보를 제공하는 계속적 용법으로 쓸 수 있는 것은 which이다. 관계대명사 that은 계속적 용법으로 쓰이지 않는다.

(2)

> 오늘날 조직, 지도자, 그리고 가족의 요구에 관해 곰곰이 생각할 때 우리는 독특한 특성 중 하나가 포용성이라는 것을 깨닫는다. 왜 그런가? 포용성은 모든 사람이 자신의 관계에서 궁극적으로 원하는 것인 협력을 뒷받침하기 때문이다.

선행사가 없으므로 선행사를 포함하는 관계대명사 what을 써야 한다.

어휘 · 구문

A
- guarantee 보장하다, 확실하게 하다   • equality 평등, 균등
- equity 공평, 형평성

B
- commission 위원회   • ensure 반드시 ~하게 하다, 보장하다
- make the most of ~을 최대한 이용하다
- respect 측면, 사항   • circumstance 환경, 형편, 상황
- outcome 결과   • along with ~와 함께

- However, **having** the same opportunities does <u>not necessarily</u> lead to a truly equal society ~. : having the same opportunities는 주어 역할을 하는 동명사구이고, not과 necessarily가 합쳐져서 '반드시 ~한 것은 아닌'이라는 부분부정의 의미를 나타낸다.

C
- proportionate 비례하는   • advantaged (사회·경제적으로) 혜택받은
- disadvantaged (사회·경제적으로) 혜택받지 못한   • compete 경쟁하다
- fairness 공정함

- Equity is about giving people **what** they need **to make** things fair. : what은 선행사를 포함한 관계대명사이고, to make는 목적을 나타내는 부사적 용법의 to부정사이다.

- Equity is **to give** more to those who need **it, which** is proportionate to their circumstances and abilities, **to ensure** that everyone has fair opportunities. : to give 이하가 주격 보어이고, it은 앞에 나온 more를 가리킨다. which는 계속적 용법의 which로 앞의 내용을 가리키며, to ensure는 목적을 나타내는 부사적 용법의 to부정사이다.

왜 🐑🐑🐑 구조로 썼을까?

A How can we access the nutrients we need with less impact on the environment?

B The most significant component of agriculture that contributes to climate change is livestock. Globally, beef cattle and milk cattle have the most significant impact in terms of greenhouse gas emissions(GHGEs), and are responsible for 41% of the world's CO_2 emissions and 20% of the total global GHGEs. The atmospheric increases in GHGEs caused by the transport, land clearance, methane emissions, and grain cultivation associated with the livestock industry are the main drivers behind increases in global temperatures.

C In contrast to conventional livestock, insects as "minilivestock" are low-GHGE emitters, use minimal land, can be fed on food waste rather than cultivated grain, and can be farmed anywhere thus potentially also avoiding GHGEs caused by long distance transportation.

D If we increased insect consumption and decreased meat consumption worldwide, the global warming potential of the food system would be significantly reduced.

이 글의 구조와 요약

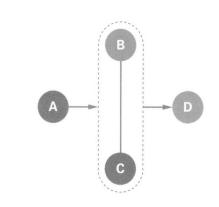

질문	A	환경에 영향을 덜 미치면서 영양분에 접근할 수 있는 방안에 대한 질문
답변	B	문제 상황 - 온실가스 배출로 기후 변화를 야기하는 가축 산업
	C	해결 방안 - 온실가스를 적게 배출하는 곤충 사육
결론	D	곤충 섭취로의 식습관 변동의 필요성

전문해석

A 어떻게 우리는 환경에 더 적은 영향을 미치면서 필요한 영양분에 접근할 수 있는가?

B 기후 변화를 야기하는 농업의 가장 중요한 요소는 가축이다. 세계적으로 육우와 젖소는 온실가스 배출(GHGEs)에 있어 가장 중요한 영향을 미치고, 세계의 이산화탄소 배출의 41%와 전 세계 온실가스 배출의 20%를 차지한다. 가축 산업과 연관된 운송, 벌채, 메탄 배출, 곡물 경작으로 야기된 대기의 온실가스 배출 증가는 지구의 온도를 높이는 주요 요인이다.

C 전통적인 가축과 대조적으로, "minilivestock"으로서의 곤충들은 온실가스를 적게 배출하고, 최소한의 땅을 사용하며, 재배된 곡물보다 음식물 쓰레기를 사료로 먹일 수 있고, 어느 곳에서나 사육될 수 있으며, 따라서 잠재적으로 장거리 운송으로 생기는 온실가스 배출을 줄일 수도 있다.

D 우리가 세계적으로 곤충 소비를 늘리고 육류 소비를 줄인다면 식량 체계로 인한 지구 온난화 가능성은 현저히 줄어들 것이다.

주제 파악 ► 질문의 의도를 파악했는가?

 글의 첫머리에 있는 질문은 대체로 글의 주제를 제시하는 역할을 한다는 점을 기억하자. 질문이 환경 영향을 줄이면서 영양분에 접근할 수 있는 방안에 대한 것이므로, 뒤에서 해결 방안을 언급할 것이라는 점을 예측할 수 있다.

 해결 방안을 제시하기 전에 문제 상황을 먼저 구체적으로 제시하였다. 문제의 원인을 알아야 해결 방안도 나올 것이기 때문이다. 이 글에서 다루는 주된 이슈는 가축으로 인한 온실 가스와 기후 온난화 문제다.

C 앞서 언급한 문제의 핵심인 전통적인 가축과 달리 온실가스를 적게 배출하는 곤충을 언급하고 있다. 환경에 영향을 덜 미치면서 영양분에 접근할 수 있는 방안에 대한 질문의 답변이라는 것을 알 수 있다.

D 곤충 소비를 늘리고 육류 소비를 줄인다면 지구 온난화 가능성을 현저히 줄일 수 있을 거라는 전망으로 글을 마무리하고 있다.

질문의 의도와 글의 구조를 파악했다면 선택지 ②를 선택하는 일은 없었을 것이다. ③을 선택했다면 글의 일부에만 집중한 결과다.

① 곤충 섭취로의 식습관 변동의 필요성
② 곤충 사육의 공급과 수요의 영향
③ 온실가스 배출 감소의 중요성
④ 지구온난화 예방을 위한 기술적 발전
⑤ 농업에 있어서 생산성 향상의 방법들

A
- access 접근하다   • impact 영향, 충격

B
- significant 상당한, 중요한   • component 요소   • agriculture 농업
- contribute to ~를 야기하다, ~에 공헌하다
- climate change 기후 변화   • livestock 가축
- cattle (집합적으로) 소   • in terms of ~라는 면에서
- emission 배출   • atmospheric 대기의   • land clearance 벌채
- methane 메탄   • grain 곡물   • cultivation 경작
- associated with ~와 연관된   • driver 요인

- The most significant **component** of agriculture [that contributes to climate change] **is** livestock. : 주어의 핵심은 component이며 동사는 is다. [ ]는 관계대명사절로 The most ~ agriculture를 수식한다.
- The atmospheric **increases** in GHGEs [caused by the transport, land clearance, methane emissions, and grain cultivation associated with the livestock industry] **are** the main drivers behind increases in global temperatures. : The atmospheric increases ~ the livestock industry가 주어로 과거분사구 [ ]의 수식을 받아 주어가 길어진 형태이다. 주어의 핵심은 increases이기 때문에 동사는 are가 왔다.

C
- in contrast to ~와 대조적으로   • conventional 전통적인, 관습적인
- emitter 배출하는 사람(것), 방사체, 발포자   • minimal 최소한의
- potentially 잠재적으로

- In contrast to conventional livestock, **insects** as "minilivestock" <u>are</u> low-GHGE emitters, <u>use</u> minimal land, <u>can be fed</u> on food waste rather than cultivated grain, and <u>can be farmed</u> anywhere thus potentially also avoiding GHGEs [caused by long distance transportation]. : 문장의 주어는 insects이고 동사는 밑줄 친 부분이다. thus potentially also avoiding 이하는 분사구문으로, thus they(= insects as "minilivestock") potentially also avoid ~의 의미를 표현한다. [ ]는 GHGEs를 수식하는 과거분사구이다.

D
- potential 가능성

- **If** we **increased** insect consumption and decreased meat consumption worldwide, the global warming potential of the food system **would** be significantly reduced. : 가정법 과거 문장으로 아직은 현실화되지 않은 '곤충 섭취의 장점' 가능성을 언급하고 있다.

영어 실력 자신감! 디딤돌 영어 시리즈

초등

영어독해. 부분에서 헤매지 말고,
글 전체 구조를 보라!

구조독해로 시작, 수능까지 연결되는 독해력!

- 구조독해를 체화하기 위해
  Ⅰ(4개 구조부터) → Ⅱ(5개 구조로) → Ⅲ(6개 구조까지)
  구조 6개를 반복, 확장하는 구성

- 구조를 보기 위해 설계된 문제와 글쓰기 전략, 어휘·어법 설명

- Lexile® 810L–1100L의 지문들로 권별 구성

정가 15,000원

53740

9 788926 163009
ISBN 978-89-261-6300-9